KB119712

마케팅 천재가 된 맥스

이야기로 배우는 세일즈와 마케팅의 모든 것

마케팅 천재가 된 맥스

제프 콕스 · 하워드 스티븐스 지음 | 김영한 · 김형준 옮김

위즈덤하우스

격변하는 시장에 대응하는 거의 모든 해법

《마케팅 천재가 된 맥스》 한국어판이 처음 출간되고 어느덧 15년이라는 세월이 흘렀습니다. 그럼에도 이 책에서 소개한 개념과 정보는 오늘날까지도 그 힘을 고스란히 간직하고 있습니다. 실제로 저는 이 책의 내용이 앞으로 15년, 아니 50년 뒤에도 유효할 것이라 생각합니다.

《마케팅 천재가 된 맥스》는 마케팅과 세일즈를 폭넓게, 그러면서도 상세하게 훑어주는 책입니다. 생산 주기의 변화에 따라 진화하는 소비자 니즈에 발을 맞춰야 한다는 사실을 보여주죠. 이 세상에 존재하지 않던 새로운 제품이나 서비스는 대개 기능 면에서 기초 수준을 벗어나지 못합니다. 그런데 값은 비싸고 고객층은 얼마 되지 않아요. 생전 처음 보는 물건이 과연 쓸모 있을까 의심하는 사람만 수두룩합니다.

최초의 제품(또는 서비스)이 시장에서 히트를 쳤다고 해도 보통은 장기간에 걸쳐 조금씩 개선해나가야 합니다. 제품 기술은 특정한 소비자 니즈에 맞춰 발달하는 경우가 많죠. 그래서 세일즈맨은 그런 소비자 니즈를 파악하고 소비자가 원하는 바를 정확히 전달하는 디자이너와 일해야 합니다. 그런 식으로 시간이 흐르다 보면 한때 새롭고 낯설었던 기술도 일상생활의 한 부분으로 익숙해집니다. 그때는 특수 기능과 부가 옵션으로 치열한 마케팅 경쟁이 벌어집니다. 시장에서 성공하려면 세일즈맨은 고객이 염려할 일없도록 수많은 세부 사항을 전부 다룰 줄 알아야 합니다. 하지만 결국에는 특수 기능과 부가 옵션도 표준 디자인에 들어가게 되죠. 고객과 돈독한 관계를 맺으며 고객의 소리에 귀를 기울이는 세일즈맨은 이제 필요하지 않습니다. 기업은 비용이 낮은 판매조직만으로도 충분합니다. 그 안에는 넘치는 에너지로 수많은 고객과 빠르게 소통하는 세일즈맨으로 채우고요.

이처럼 제품은 발전하는 동안 여러 단계를 거칩니다. 단계마다 다른 세일즈맨, 다른 시장 전략, 다른 광고 및 홍보, 다른 고객 서비스가 필요해요. 한 단계에서 다음 단계로 넘어갈 때마다 위험도 도사리고 있습니다. 경쟁력을 갖추려면 변화에 빠르게 적응해야 하는데 타성에 젖은 경영진이 현실에 안주한다는 것이죠. 기존 상품, 판매조직, 문화에 가로막혀 새로운 전략과 가치를 채택하지 못한다면 그 기업은 쇠락의 길을 걷게 됩니다. 반면 변화를 기꺼이 감싸 안는 기업은 어마어마한 기회를 창출할 수 있습니다. 경영진이 자기 할 일을 잘 알고 있다면 말이에요.

바꿔 말하자면 모든 고객에게 모든 역할을 하는 만능 세일즈맨은 어디에도 없습니다. 영업 방식은 크게 네 가지로 구분할 수 있는데 개인이 모든 방식의 경지에 오르기란 근본적으로 불가능합니다. 네 가지 방식에 어느 정도 능숙해지는 것조차도 어렵습니다.

이런 사실은 어떻게 알려졌을까요? 정답은 데이터 분석입니다. 미국 오하이오주 데이턴에 있는 챌리 그룹(구 H.R. 챌리 그룹)은 세일즈맨, 판매조직, 소비자에 관한 대규모 데이터베이스를 확보했습니다. 세일즈맨 25만여 명, 기업 내 판매조직 수천 개, 소비자 10만 명 이상에게서 데이터를 수집했고, 여기에는 서비스를 제공하는 세일즈맨과 판매조직에 대한 소비자의 평가도 들어갔습니다.

장기간에 걸쳐 데이터를 수집하자 패턴이 보이기 시작했습니다. 특정한 영업 상황에서 효과적으로 통하는 방법도 상황이 바뀌면 전혀 먹히지 않는다는 것이 분명해졌죠. 어떤 소비자를 상대했다면 문제없이 제품을 판매해냈을 기법도 니즈가 다른 소비자를 만나면 대재앙을 불러올 수 있습니다.

맥스의 이야기가 탄생하기까지

저는 1990년대 후반에 챌리 그룹과 함께 일할 기회가 몇 번 있었습니다. 그러던 어느 날, 챌리 그룹이 발견한 사실들을 생각하던 중 머리에 아이디어가 꽂힌 거예요. 그 자리에서 《마케팅 천재가 된 맥스》의 밑그림이 눈앞에 펼쳐졌습니다.

제게는 남다른 재능이 있습니다. 전문적이고 정확한 비즈니스 소설을 쓸 수 있다는 겁니다. 다시 말해 주제의 실제 가치를 그대로 지키며 독자에게 이야기를 전하는 능력이 있습니다.

저는 바퀴(모든 바퀴의 뿌리가 되는 원조 바퀴 말이죠)를 발명한 사람을 떠올렸습니다. 그 친구는 스스로 불구덩이에 뛰어든 셈이었을 겁니다. 왜일까요? 혁신적인 기술을 발명했지만 그걸 어떻게 팔아야 할지 전혀 몰랐기 때문입니다. 그래서 이 이야기에 나오는 발명가 맥스는 바퀴를 팔 방법을 찾으려 합니다. 또한 바퀴의 대중화와 표준화에 발맞춰 마케팅과 판매 전략도 몇 번이나 수정해야 합니다. 이 세상 모든 기업의 경영자와 임원진이 그러하듯 말입니다.

왜 이런 이야기를 하냐고요? 더 많은 분이 이 책을 읽기 바라기 때문이죠! 사실 세월이 흐르는 동안 이 이야기가 얼마나 재미있는지 잊고 있었다고 할까요. 여러분도 부디 재미있게 읽어주셨으면 좋겠습니다.

오랜 시간 변함없는 성원을 보내주신 위즈덤하우스 미디어그룹에 진심으로 감사의 말씀을 드립니다. 그리고 한국에 계신 훌륭하고 용기 있는 분들께도 깊은 감사를 전합니다.

미국 펜실베이니아주 피츠버그에서
2018년 제프 콕스

세일즈가 빛을 발해야
기업이 성공할 수 있는 시대

이 책은 소설 형식을 띠고 있다. 하지만 이 책에서 다루는 세일 즈맨과 고객의 관계에 대한 내용은 20년 이상의 연구를 통해 얻어진 것이다.

1970년대에 시작된 우리의 연구는 아직까지도 계속되고 있다. 우리는 25만 명의 세일즈맨, 8,500명의 기업 마케팅 관계자 그리고 이들의 세일즈 능력을 평가한 10만 명의 고객과 직접 인터뷰를 하여 25만 개의 데이터를 수집했다.

이렇게 얻어진 데이터를 분석하면서 우리는 흥미로운 사실을 발견했다. 모든 고객에게 자신이 마음먹은 대로 제품을 판매하는 완벽한 세일즈맨은 없다는 것이다. 다시 말해 세일즈의 달인이라고 평가받는 사람들조차 B2B(기업 간 전자상거래)에 대해서는 문외한이었다. 아무리 우수한 세일즈맨이라고 하더라도 모든 고객을 만족시킬 수는 없다.

세일즈에 있어 만능열쇠는 고객을 사로잡는 것이다. 고객의 요구를 제대로 이해하는 것만으로 세일즈는 거의 완성된 것이나 다름없다.

그래서 우리는 계속해서 쌓이는 데이터를 좀 더 쉽게 이해할 목적으로 고객과 관련된 두 개의 가장 중요한 기준을 세웠다. 첫째 기준은 구매 결정의 복잡성(즉 세일즈가 고객과의 한두 번에 걸친 접촉으로 성공할 수 있는지 아니면 상당한 시간이 소요되는지에 관한 문제)이며 둘째 기준은 제품을 구매할 때 고객의 경험과 전문지식(즉 고객이 제품이나 서비스를 잘 알고 있는지, 별다른 지원 없이도 제품을 무리 없이 구매하여 사용할 수 있는지, 또는 고객이 세일즈맨의 도움을 상당히 필요로 하는지 등에 관한 문제)이 어떤 영향을 주는지이다.

이렇게 데이터를 분석해서 다양한 성장 배경과 성격, 상이한 고객접근 방식을 가진 세일즈맨을 크게 네 가지 유형으로 분리했다. 이 유형의 세일즈맨들은 모두 나름대로의 효율성을 갖추고 있다.

이 밖에도 우리는 시장 진입 및 퇴출을 비롯해 가격 결정, 수익성 결정, 신제품 개발, 기업 이미지 홍보, 세일즈맨 보상방법 등에 이르기까지 시장 전략의 모든 면에 영향을 미치는 광범위한 요소들에 대해서도 다루었다.

독자들이 이 책을 재미있게 읽기를 바랄 뿐이다. 무엇보다 중요한 것은 자신과 자신의 기업이 속한 유형을 이 책에서 확인하는 것이다. 나아가 확인한 것을 이해하는 것 역시 자신은 물론 기업의 성공에 대단히 중요하다.

경쟁의 파고(波高)는 그 어느 때보다 높다. 하지만 무시무시한 경쟁을 이겨낼 수 있는 수단은 점점 적어지고 있다. 여기서 잠깐 지난 30년 동안 일어났던 변화를 한 번 훑어보자.

1970년대 이래 오랫동안 지켜왔던 많은 경영의 신념들이 도전을 받았고, 심지어 사라져버렸다. 특히 일본 기업들은 가격은 저렴하면서도 품질이 뛰어난 제품들로 시장을 장악해나갔다. 이렇게 품질 개선이 경쟁 우위의 지름길이 되었다.

마찬가지로 1980년대에는 강력한 컴퓨터 기술의 보급에 힘입어 빠른 시간 안에 신제품을 생산, 출시, 유통할 수 있게 되었다. 나아가 이들 제품에 고품질의 서비스가 제공되었다. 뿐만 아니라 경쟁업체가 자기 기업보다 뛰어난 제품을 개발하면 그것을 모방하여 유사한 제품을 더욱 빨리 시장에 출시할 수 있게 되었다. 결국 품질과 저렴한 가격만으로는 경쟁력을 확보하기가 어려워졌기 때문에 수준 높은 서비스가 중요한 과제로 떠올랐다.

1990년대에는 컴퓨터 네트워크의 확산, 글로벌 매뉴팩처링의 발전, 자동화 서비스 그리고 아웃소싱 등에 힘입어 인원을 최소화하면서도 더 효율적인 기업 조직을 만들 수 있게 되었다. 이렇게 생산자는 경비를 줄일 수 있게 되었고, 이에 따라 고객에게 저렴한 가격에 제품을 제공할 수 있게 되었다. 하지만 여기에도 문제가 있었다. 위에서 말한 것들을 따르다가는 부가가치의 상당 부분을 다른 업체에게 넘겨주어야 했기 때문이다.

그러나 이제는 품질, 기술 또는 적은 인원의 조직 등은 경쟁 우위가 되지 못한다. 그것들은 단지 시장에 진입하기 위한 최소한의 자격에 불과하다. 단지 시장에서 경쟁해볼 만한 것뿐이다. 이도 없다면 역사 속으로 사라질 것이다.

오늘날 경쟁력을 확보하기 위해 필요한 가장 중요한 자원은 제품이나 그것에 부속되는 서비스가 아니다. 제품을 판매하는 영업력(sales force)인 것이다. 이제 우리는 세일즈가 빛을 발해야만 기업이 성공할 수 있는 시대에 살고 있다.

시대를 초월하는
마케팅 성공 법칙을 보다

뛰어난 기술로 획기적인 신상품을 만든 기업가는 자신의 상품이 엄청나게 팔릴 것이라는 기대와 꿈에 부풀어 있다. 그러나 시장에 내놓은 상품이 팔리지 않아 회사가 문을 닫아야 할 정도로 위기에 빠지기도 한다. 제품은 있으되 그것을 사는 고객이 없기 때문이다. 아무리 좋은 제품도 구매하는 고객이 없으면 시장에서 사라지게 된다.

세일즈와 마케팅에 있어 만능열쇠는 고객의 마음을 사로잡는 것이다. 마케팅은 내가 가진 제품과 서비스를 구입할 고객이 누구인지 파악하는 것에서 실마리를 풀어가야 한다. 이 책은 바로 고객의 특성에 맞는 판매 유형과 전략을 크게 네 가지로 구분하여 보여주고 있다.

20년 이상의 오랜 연구 끝에 얻은 2만 5,000개의 데이터를 분석한 세일즈 유형을 제프 콕스는 소설 형식으로 재미있게 풀어내고 있다.

생산만 하면 팔려나가던 시대는 지났다. 다양한 기능의 제품들로 넘치는 '선택의 즐거움이 가득한 시대'로 접어든 현 시점에서는 제품의 특징과 가치를 제대로 전달하는 영업력(sales force)이 가장 중요한 자원이 된다. 이는 내가 가진 제품과 서비스를 철저히 분석하여 적합한 소비자층을 찾아내는 것에서 시작된다.

새로운 기술을 체험하는 것을 통해 꿈을 키워가는 혁신적 소비자, 솔루션이나 성능을 중시하는 발전 지향적인 고객, 검증된 제품의 신뢰성을 중시하는 인간관계 중시 고객, 저렴한 가격의 표준제품을 선호하는 가격 중시 고객 중 내가 가진 제품과 서비스가 어떤 고객층의 수요에 부응하는지를 파악해야 한다.

이 책을 읽어나가다 보면 곳곳에서 자신의 모습을 발견하게 될 것이다. 어떻게 의사 결정자에게 꿈과 가치를 강조하며 접근하는지, 어떻게 순발력 있는 독특한 솔루션으로 전문가에게 지식을 전달하는지, 어떻게 틈새시장을 파고들어 고객의 친구가 될 수 있는지, 어떻게 규모의 경제를 바탕으로 저가 마케팅을 지속하는지에 대한 나침반 같은 사례들이 녹아 있기 때문이다.

수많은 신제품들과 다양한 소비자가 공존하는 역동적인 시장에서는, 자신의 좌표를 제대로 점검하고 지향해야 할 곳에 대한 뚜렷한 방향성을 가져야 최고의 세일즈맨이 될 수 있다. 또한 고객에 대한 차별화된 정보를 적극적으로 수집하고 고객이 처한 문제를 신속하게 해결해주어야 한다.

우리는 오랫동안 세일즈에 관해 선입견을 가지고 있었다. 그러나 IMF 이후, 불황기에 들어서면서 세일즈야말로 기업의 성패를 결정하는 중요한 부분이라는 것을 깨닫게 되었다. 그동안 세일즈맨들이 일에 대한 비전과 자신들의 역할에 긍지를 갖지 못해 왔다면 이 책에서 새로운 자신의 모습을 그려볼 수도 있을 것이다.

제프 콕스는 세일즈맨의 생활과 마케팅 기법을 재미있는 소설로 표현하여 마케팅 성공 법칙을 쉽게 이해할 수 있도록 했다. 특히 오늘날 시장에서 벌어지고 있는 세일즈와 마케팅 이야기를 고대 이집트로 옮겨놓음으로써 마케팅 성공 법칙이 시대를 초월하여 존재함을 보여주고 있다.

세일즈맨과 경영자뿐만 아니라 기업에 근무하고 있는 모든 사람들에게 이 책을 꼭 읽어보라고 권한다. 학생들에게도 경영과 마케팅을 이해하는 데 도움을 줄 것이다.

자, 이제 고대 이집트 시대의 뛰어난 세일즈맨을 만나러 소설속으로 들어가보자.

김영한, 김형준

맥스

고대 이집트 수메르 지방 사람. 돌바퀴를 발명하여 상품화한다. 부인 미니와 함께 맥스 바퀴 제조 주식회사를 설립, 세계 최고의 기업으로 키운다.

미니

맥스의 부인이자 맥스 바퀴제조 주식회사 공동 창업자. 맥스가 바퀴를 개발하는 것을 돕고 그가 세계 굴지의 그룹 CEO가 되는 데에 조언을 아끼지 않는다.

오라클 오지

박학다식한 예언가. 시 외곽에 있는 동굴에 산다. 미니와 맥스의 사업이 안 풀릴 때 마케팅과 영업에 관한 지혜를 빌려준다.

클로저 카시우스

어떤 경우에도 제품을 파는 세일즈의 달인. 첨단 제품만을 취급하며 상위 1퍼센트의 계층을 상대한다. 한두 번의 만남으로 거래를 성사시키며 제품과 관계된 미래와 꿈을 보여주는 드라마틱한 화술을 발휘한다.

마법사 토비

기술 전문가로서 해맑고 당차다. 바퀴의 판매, 유지보수, 사용법 교육 등 고객이 원하는 결과를 확실하게 보장하는 데에 적임자. 기업의 핵심기술에 대해 꿰뚫고 있다. 맥스에 이어 맥시멈 바퀴제조 주식회사의 최고 경영자가 된다.

빌더 벤

인간관계 구축자라 불린다. 고객에게 충성을 다하기 때문에 한 번 그와 관계한 고객들은 모두 그의 충성고객이 된다. B2B거래가 빌더의 장기. 지속적인 인간관계를 유지하며 한 번에 대규모 거래를 성사시키는 능력을 가지고 있다. 맥시멈 바퀴제조 주식회사의 영업 담당 부사장이 된다.

세일즈 캡틴

쾌활하고 낙천적인 영업맨. 많은 고객을 상대하는 업무 특성상 직장에서 생긴 피로는 직장 내에서 푸는 재주가 뛰어나다. 강력한 리더십으로 세일즈 팀원들을 조직하고 훈련시켜 고객이 편리하게 구매할 수 있도록 돕는다. 메가마트 주식회사의 사장 겸 CEO가 된다.

차례

1장

세계 최초로
바퀴를 발명하다

맥스의 딜레마

"왜 아무도
획기적인 신제품에 관심이 없는 것인가?
도대체 어떻게 팔 것인가?"

아무도 거들떠보지 않는
'최고의 발명품'

파라오가 지배하던 고대 이집트 시대, 수메르(메소포타미아 남부) 지방에 맥스라는 사람이 살고 있었다.

어느 날 맥스는 대상(隊商)들과 함께 이집트를 지나치다가 대열에서 이탈했다. 잠시 시간이 남은 맥스는 그 지역에 사는 주민들에게 말을 붙였다. 그들은 현재 짓고 있는, 역사상 처음으로 건립되는 거대한 석재 구조물인 피라미드에 대한 이야기를 해주었다.

"피라미드 건축 현장이 어디 있습니까?"

맥스가 물었다.

"시내 변두리에 있는데, 어찌나 큰지 장님도 한눈에 찾아갈 수 있답니다."

주민들이 말했다.

"아, 그래요? 그러면 한번 둘러봐야겠군요."

맥스가 말했다.

그는 낙타를 대절하여 주민들이 알려준 시내 변두리로 갔다. 피라미드 공사 현장이 곧바로 눈에 들어왔다. 수천 명이 넘어 보이는 인부들이 땀을 뻘뻘 흘리며 커다란 석재를 망치와 끌로 자르고, 코끼리 수십 마리를 동원해 커다란 석재를 운반하는 데 여념이 없었다. 하지만 석재가 너무 커서 코끼리의 힘만으로는 역부족이었다. 코끼리들은 젖 먹던 힘까지 짜내며 최선을 다했지만 움직이는 속도는 더디기만 했다.

맥스는 그 모습을 지켜보다가 '이런 식으로 작업해서 어느 세월에 피라미드를 세울 수 있을까' 하는 생각이 들었다.

땀을 뻘뻘 흘리며 혼신의 힘을 다해 작업하는 코끼리와 인부들의 모습을 바라보며 맥스는 자신이 피라미드 현장에서 일하지 않는 것만으로도 신에게 감사해야 한다는 생각을 하며 안도의 숨을 내쉬었다.

맥스는 출장을 마치고 집으로 돌아왔다. 그런데 거대한 구조물인 피라미드와 석재를 옮기는 인부들의 모습이 뇌리에서 사라지지 않았다. 그러던 어느 날이었다. 그는 따가운 햇빛 아래에서 땀을 비 오듯 흘리며 커다란 석재를 옮기는 꿈을 꾸다가 심한 갈증을 느끼며 잠에서 깨어났다. 그리고 물을 마시기 위해 침대에서 몸을 일으켰다. 순간 번쩍이는 아이디어가 뇌리를 스쳤다.

그는 천천히 물을 마시면서 방금 떠오른 아이디어를 다시 한번 깊이 생각했다. 침대로 다시 돌아간 후에도 계속해서 그 생각에 빠져 있다가 결국 상당히 구체적인 아이디어로 발전시켰다.

맥스는 이내 다시 잠들었고 아침에 눈을 떴다. 밤 사이에 떠오른 번쩍이는 아이디어에 다시 생각이 미쳤다. 그는 아래층에 있는 작업실로 급히 달려갔다. 아이디어를 구체화하기 위해서였다.

그로부터 몇 년이 흘렀다. 맥스는 자신의 아이디어를 구체화하기 위해 헤아릴 수 없는 실패를 거듭했고, 수없이 낙담해야만 했다. 하지만 그는 포기하지 않았고, 그러던 어느 날 마침내 아이디어를 현실화할 수 있었다. 맥스는 날아갈 듯이 기쁜 마음으로 발명품을 작업실에서부터 굴려 부엌으로 가지고 나왔다. 물론 아내 미니에게 당당하게 보여주고 싶었기 때문이다.

"여보, 이것 좀 봐! 드디어 내가 해냈……."

그는 너무나 기쁜 나머지 말을 잇지 못했다.

"아니, 그게 뭔데 그렇게 호들갑을 떨어요?"

아내는 맥스의 기분을 조금도 이해하지 못하는 듯 심드렁하게 물었다.

"여보, 이게 바로 바퀴라는 거야."

맥스가 대답했다.

"그게 뭔데요?"

"바퀴라니까. 몇 년 동안 애쓴 끝에 내가 발명한 바퀴라니까."

"뭐라고요? 그래, 그게 뭐하는 물건인데요?"

"뭐하는 물건이라……. 여보 잘 봐."

맥스는 바퀴를 굴렸다.

"이제 봤지? 이렇게 굴러가는 거야. 하하하!"

"색다르긴 한데……. 그게 뭐하는 건데요?"

"아직 거기까지는 깊게 생각해 보지 않았지만 분명히 매우 유익한 물건이 될 거야."

"왜 그렇게 생각하죠?"

"무거운 물건을 사람이나 동물의 힘만으로는 옮길 수 없기 때문이야. 바퀴만 있으면 무거운 물건을 쉽게 옮길 수 있어."

"정말이에요?"

아내가 물었다.

"정말이라니까. 바퀴만 있으면 힘을 적게 들이고도 물건을 더 빨리 옮길 수 있어. 사람들은 더 적은 시간 일하면서도 더 많은 일을 할 수 있지."

"듣고 보니 정말 그럴 것 같아요."

미니는 짐짓 확신에 찬 표정을 지으며 말했다.

"그리고 말이야. 이제 이 바퀴로 우리는 얼마 안 있어 큰 부자가 될 거야."

맥스가 자신 있게 말했다.

"그게 무슨 말이죠?"

"음, 조만간 세계 각처의 많은 사람들이 내가 발명한 바퀴를 사용하게 될 거란 말이지."

"정말 그랬으면 좋겠어요. 여보, 우리가 부자가 되는 그날까지 계속 바퀴를 만들어보세요."

맥스는 쉬지 않고 바퀴를 만들었다. 시간이 흐르면서 바퀴는

"이게 바퀴라는 거야."
"아니, 그게 도대체 뭐예요?
어디다 쓰는 물건이에요?"

더욱 정교해졌고, 마침내 창고 가득히 바퀴가 쌓이게 되었다.

어느 날 저녁, 미니는 남편이 있는 창고로 갔다. 바퀴가 빼곡하게 차 있는 광경을 보고 그녀는 놀라움을 감추지 못하며 "아니, 이렇게 많이 만들어 뭘 하겠다는 거예요?"라고 물었다.

"이것 좀 봐. 정말 둥글지?"

맥스가 물었다.

"예, 원처럼 정말 둥글어요."

"참, 이것 좀 볼래?"

맥스는 굵은 막대기를 집으며 말했다.

"이게 바로 축이라는 거야."

"축이라고요? 그걸로 무엇을 하는 건데요?"

"이 축을 양쪽에 있는 바퀴 사이에 끼워 넣으면 두 바퀴가 연결될 뿐만 아니라 두 개를 동시에 굴릴 수 있거든. 그러면 바퀴 하나를 사용하는 것보다 훨씬 효과적이겠지. 그리고 또 좋은 점이 있어. 바퀴를 두 배나 팔 수 있거든."

"이제 완전히 마음을 먹었군요."

"무슨 마음을 먹었다고 그래?"

"이 바퀴를 이제 당신이 팔 것 아니에요. 부자가 되려면 당연히 이 바퀴들을 팔아야 하지 않겠어요, 그렇지 않아요?"

"이 바퀴를 판다고? 지금 내게 이 바퀴를 팔 거냐고 물어보는 거야? 바퀴는 엄청난 발명품이야. 엄청난 발명품은 사람이 팔 수 있는 게 아니야. 엄청난 발명품은 스스로 팔리는 거지."

"아니, 그게 무슨 말이에요? 지금까지 저는 바퀴가 저 혼자 굴러다니는 것은 보지 못했어요. 그런데 바퀴가 무슨 수로 자신을 팔죠? 당신이 직접 바퀴를 팔아야지요."

맥스는 아내의 말에 조금은 놀랐다. 바퀴에 대해서는 모르는 게 없지만 판매에 대해서는 일자무식꾼과 다를 바 없었기 때문이다.

"여보, 그러면 한번 시험해 봅시다. 바퀴에 대한 소문이 돌고, 그것이 무엇인지를 알게 되면 바퀴를 사려는 사람들이 우리집 앞에 장사진을 칠 테니까."

그 뒤로 몇 주일이 흘렀다. 맥스가 생각했던 것과 달리 장사진을 이루기는커녕 개미 한 마리도 맥스의 집 앞에 얼씬거리지 않았다. 그리고 창고에는 바퀴를 쌓아둘 만한 공간이 없을 정도로 팔리지 않은 바퀴로 꽉 찼다.

맥스는 거실에라도 쌓아두려고 했지만 미니가 단호하게 말했다.

"그건 절대 안 돼요. 팔든지 아니면 강에 갖다 버리든지……. 아무튼 일부라도 처분하세요."

마침내 맥스는 현실과 부딪히게 되었다. 몇 시간 동안 침울해 있던 맥스는 가장 잘 만든 바퀴에 축을 끼워 굴리면서 거리를 돌아다녔다.

맥스는 한가해 보이는 사람이 눈에 띄면 급하게 말했다. "이것 좀 보세요, 정말 대단하죠? 이게 바로 '바퀴'라는 겁니다. 제가 발명한 제품인데, 바퀴만 있으면 굳이 사람의 힘을 쓰지 않고도 물건을 옮길 수 있습니다. 어이, 왜 그냥 가십니까? 그러지 말고……."

하지만 안타깝게도 아무도 바퀴를 거들떠보지 않았다. 맥스는 그 뒤로도 몇 주에 걸쳐 가가호호 방문하여 열심히 바퀴에 대해 설명했지만, 결과는 마찬가지였다. 심지어 면전에서 "아니, 그것을 팔아서 돈을 벌 수 있다고 생각하시는 겁니까? 지나가는 개가 웃겠습니다, 하하하!" 하며 노골적으로 면박을 주는 사람도 있었다.

맥스는 당황했고, 심지어 모욕감을 느꼈다. 뿐만 아니라 정말 바퀴를 처분할 수 있을까 하는 의구심마저 들었다. 낙담하여 기가 꺾일 대로 꺾인 맥스는 바퀴 파는 일을 포기하고 말았다.

"아니, 귀한 시간을 써가면서 노력했으면 작은 대가라도 있어야 하는 것 아니야! 이게 도대체 뭐야?"

그는 바퀴에서 축을 빼며 허공에 대고 소리쳤다.

진저리를 치면서 그는 바퀴 하나를 발로 뻥 찼다. 바퀴는 천천히 굴러가더니 벽에 부딪혀 쿵 소리를 내며 넘어졌다.

실망하는 남편을 보고 속이 상한 미니는 소파에 앉아 있는 그의 옆으로 다가가 지그시 남편의 손을 잡았다.

"정말 믿기지 않는단 말이야. 최고의 발명품이라고 생각했는데, 누구 하나 거들떠보지도 않으니 말이야!"

맥스는 분을 참지 못해 격양된 어조로 말했다.

"여보, 그렇게 실망만 하지 말아요. 세상에는 정말 우리가 알 수 없을 정도로 많은 사람이 살고 있잖아요. 분명 어딘가에 바퀴가 필요한 사람이 있을 거예요."

"그래, 당신 말대로 있다고 쳐. 그런데 그 사람들을 어디에서 찾는단 말이야. 그리고 설령 찾는다고 하더라도 무슨 수로 바퀴를 파느냐 말이야."

미니는 고개를 천천히 흔들었다.

"솔직히 저도 그건 잘 모르겠어요."

두 사람은 생각에 잠겼다. 이윽고 미니가 "오라클을 한 번 찾아가 볼까요?"라고 물었다.

"당신, 오라클 오지(Ozzie)를 말하는 거야? 오지가 무엇을 할 수 있다고?"

"그렇지 않아요. 오지는 정치는 물론 역사, 우주의 미스터리 등 모르는 게 없잖아요. 마케팅과 영업에 대해서도 상당히 많이 알고 있을 거예요. 가서 상담해보는 게 어때요?"

"여보, 굳이 그럴 것까지 없잖아. 오지를 무슨 수로 찾는다고 그래. 어디에 사는지도 모르고, 또 찾는다 해도 번제를 드려야 하잖아. 게다가 그런 것까지 알고 있으리라고 생각하지 않아."

"무슨 말이에요, 오라클 오지는 모르는 게 없는 분이에요. 바퀴를 팔 수 있는 방법을 분명히 알려줄 거예요. 솔직히 그 밖에 뾰족한 방법도 없잖아요."

맥스에게도 뾰족한 방법이 없는 것은 마찬가지였다. 마침내 그는 자리에서 일어났다.

"그래, 그렇게 한번 해보자구. 괴짜 영감쟁이가 어떤 말을 하는
지 들어보자구."

만물박사
오라클 오지

　당시 사람들은 모르는 것이 있으면 오라클을 찾아갔다. 각 도시마다 한 명의 오라클이 있었다. 사람들은 오라클에게 번제를 드리고 많은 질문을 했고, 오라클은 어떤 질문에도 척척 답을 해주었다.

　맥스 부부는 몇 개의 바퀴와 축을 당나귀에 싣고 오라클을 찾아나섰다. 그들은 강가의 좁은 길을 지나 깎아지른 절벽이 펼쳐진 협곡까지 가까스로 올라갔다. 벌레와 뱀들이 득실대는 산으로 들어가 한참을 올라가자 마침내 어둡고 무시무시한 동굴이 나타났다.

　맥스 부부는 동굴 안을 살짝 엿보았다. 개미 한 마리도 얼씬거리지 않았다. 두 사람은 심호흡을 하고 용기를 내어 동굴 안으로 들어갔다. 동굴은 의외로 넓었다. 실내 옆쪽에는 장작이 쌓여 있었고 한가운데에는 타다 남은 재가 흩어져 있었다.

사람들에게 들은 대로 맥스는 장작불을 피웠고, 미니는 제사를 지낼 고기를 꼬챙이에 끼웠다. 두 사람은 제물을 불 위에 올려놓고 잠자코 기다렸다. 고기에서 천천히 연기가 피어올랐고, 실내 가득히 연기가 가득 찼다. 순간 하늘에서 내려온 것처럼 갑자기 머리털은 하나도 없고, 하얀 수염만 길게 늘어뜨린 노인이 나타났다.

노인은 불 위에 있는 꼬챙이를 뽑아 호호 불어가며 고기를 뜯은 다음 천천히 씹었다.

"음, 맛이 괜찮구만. 그래 이게 무슨 고긴가?"

"예, 염소 고기입니다."

노인은 바위에 앉아 남은 고기를 다 먹은 다음에야 약간 짜증이 섞인 의례적인 어조로 입을 열었다.

"이렇게 동굴을 찾아줘서 기쁘오. 나는 모르는 것이 없는 오라클 오지요. 그래, 댁들은 누구신가?"

"예, 이쪽은 제 아내 미니고 저는 맥스라고 하는데, 바퀴의 발명자입니다."

"뭐라고? 다시 한 번 말해 보오."

"예, 지금 여기 당나귀 등에 있는 거 보이시죠. 이 둥근 게 바로 바퀴입니다."

"뭐라고? 지금 농담하는 거요? 내 눈에는 커다란 도넛처럼 보이는구만."

"색깔만 그렇지, 사실은 석재로 만든 겁니다. 밀면 앞뒤로 구릅니다. 제가 한 번 보여드리겠습니다."

맥스는 당나귀 등에서 바퀴와 축을 내린 다음 조립을 하여 앞뒤로 굴려보았다. 그러나 처음에는 호기심을 보이던 오라클도 답답하다는 듯이 쳐다보기만 할 뿐이었다.

"아, 이제 그만하오. 그 정도면 충분하오. 그래, 근데 무슨 문제가 있소?"

오라클이 물었다.

"이 바퀴가 사람들 생활에 이용되고, 그래서 많이 팔리리라 자신했습니다. 그런데 어찌된 일인지 바퀴를 하나도 팔지 못했습니다."

맥스가 그동안 바퀴를 팔려고 고생했던 이야기며 조롱당한 이야기를 늘어놓자, 오라클은 수염을 쓰다듬으며 생각에 빠졌다. 미니는 오라클의 조언을 받아 적기 위해 필기도구를 준비했다.

마침내 오라클이 입을 열었다.

"사람들이 수백만 년 동안 바퀴 없이 살아왔다는 사실을 먼저 생각했어야 하오."

"그게 무슨 말씀이신지요?"

"세상에 바퀴를 원하는 사람이 없다는 말이오. 다시 말해 당신은 세상이 원하지 않는 물건을 개발했다는 말이오."

"그렇다면 갖은 고생을 해서 발명한 이 바퀴를 포기해야 한단 말입니까? 오라클께서는 이 바퀴를 역사의 쓰레기 더미에 던져버려야 한다고 생각하십니까?"

맥스가 물었다.

"아니, 그렇지는 않소. 솔직히 말하면 바퀴는 앞으로 상당히 유용하게 쓰일 것이고, 엄청나게 팔릴 거라고 생각하오. 하지만 바퀴를 팔려면 먼저 가장 기초가 되는 질문에 답해야 하오."

"그 질문이라는 게 뭐죠?"

"제일 먼저 답해야 할 질문은 '누가 고객인가' 하는 것이오."

"듣고 보니 정말 그게 문제인 것 같습니다. 아직까지 고객이 한 명도 없거든요."

"실질적인 고객은 없다 해도 잠재적인 고객은 있을 거요, 그게 누구라고 생각하오?"

"뭐……, 모든 사람이 잠재적인 고객일 것 같은데요."

"아니, 그렇지 않소. 물론 오랜 시간이 지나면 누구나 바퀴를 가질 수도 있겠지. 아니면 일부라도 바퀴를 가질 것이 분명해. 하지만 지금 당장은 아니오. 그런데 앞으로 수개월 내에 고객이 될 가능성이 제일 높은 사람이 누구라고 생각하오?"

"솔직히 그것도 모르겠습니다."

맥스는 솔직하게 말했다.

"그래, 고객을 모른다면 이번에는 두 번째 기초가 되는 질문을 던지겠소. '경쟁자가 누구'라고 생각하오?"

"경쟁자라뇨? 아직까지는 경쟁자가 없는데요. 바퀴는 지금까지 세상에 없던 제품이기 때문에 경쟁자가 있을 리 없습니다."

"아, 그렇게 생각하오? 물론 그렇게 생각하는 게 당연하지. 하지만 단언하건대 경쟁자는 있소. 그건 바로 예전부터 있어 왔고 지금도 사용되고 있는 기술이란 말이오. 물건을 옮기는 방법에 대

"세상에는 바퀴를 원하는
사람이 없소.
다시 말해 당신은 세상이 원하지 않는
물건을 개발했다, 이 말이오."

해서 열거해보시오."

맥스는 잠시 생각에 잠겼다.

"낙타, 말, 코끼리 같은 짐승을 이용해서 물건을 옮길 수도 있고, 직접 등짐을 질 수도 있으며, 썰매를 이용할 수도 있겠군요."

바퀴가 발명되기 이전 시대에 사람들은 썰매를 이용하여 엄청나게 무거운 물건을 운반했다. 썰매는 나무판 아래에 양날을 단 제품이다. 사람들은 커다랗고 무거운 물건을 썰매에 올려놓고 직접 끌거나 아니면 짐승에게 끌도록 했다.

"생각해보니 정말 바퀴와 경쟁할 만한 것들이 있군요. 게다가 한두 개가 아니고 대단히 많은데요."

"그렇다면 이제 세 번째 질문을 하겠소. '고객 또는 잠재적인 고객이 당신의 바퀴를 원한다고 생각하오?' 다시 말해 바퀴가 다른 경쟁할 만한 제품들보다 어떤 점에서 뛰어나오?"

"예, 그 대답은 제가 하겠습니다."

미니가 맥스보다 앞서 말했다.

"바퀴가 있으면 힘을 많이 들이지 않고도 더욱 빨리 물건을 옮길 수 있습니다."

"그리고 가격도 저렴하고요. 바퀴를 이용하면 굳이 낙타나 코끼리 또는 사람이 필요 없으니까요."

맥스가 덧붙였다.

"아, 그렇죠. 그것말고도 중요한 것이 있는데……."

"그게 뭐죠?"

"바로 기회라는 거요. 바퀴가 있기 전에는 결코 옮길 수 없던 것들을 옮길 수 있는 기회를 팔라는 거지."

"예, 그건 맞습니다."

맥스가 말했다.

"그렇다면 다시 첫 번째 질문, '누가 고객인가?' 하는 질문에 답해보시오."

오라클이 말했다.

"무거운 물건을 더 빠르고 쉽게 그리고 저렴하게 옮기고자 하는 사람들입니다."

맥스가 말했다.

"그렇소. 하지만 그보다도 바퀴의 잠재력을 이용하려 할 정도로 전향적인 사고를 할 수 있는 사람이 더욱 가능성이 높겠지. 따라서 '사람들'을 말할 경우, 보통 사람을 말해서는 안 된다는 사실을 명심하오."

오라클이 말했다.

"그렇다면 사업을 하는 사람들이겠군요. 그 사람들이 첫 번째 구매자가 될 가능성이 제일 높겠군요."

미니가 말했다.

"한 가지를 가르쳐주면 열 가지를 아는군. 당신들의 첫 번째 구매자는 물론 새로운 기술의 첫 번째 구매자인 셈이지. 바퀴를 사용해 성공하고, 사업을 더욱 번창시키며, 이전에는 할 수 없었던 일을 해내 생활을 더 풍요롭게 하는 지름길을 볼 수 있는 예지가 있는 사람일 가능성이 높소."

오라클이 말했다.

"그렇다면 극소수의 사람만이 바퀴를 사용할 수 있다고 말씀하시는 겁니까?"

맥스가 물었다.

"그렇소. 새로운 기술은 하나같이 위험을 감수하면서 부를 축적하는 아주 소수의 고객으로부터 시작되오. 하지만 고객이 소수라고 해서 당신에게 결코 나쁜 것만은 아니오. 이제 처음 바퀴를 만들었기 때문에 세상에 바퀴를 팔 만한 풍부한 자원이 없기 때문이지. 잠재적인 고객이 될 가능성이 높은 사람들에게 집중해야 하오."

"예, 그런데 잠재적인 고객이 될 가능성이 제일 높은 사람들이 누구죠? 좀 더 구체적으로 말씀해 주시겠습니까? 혹시 알고 있는 사람이 있으시면?"

"아, 그건 좀 곤란하오. 신탁을 전하는 사람은 구체적인 것은 밝히지 못하오. 그건 우리 규칙에 위배되니까. 그건 두 사람이 직접 생각해보오."

맥스와 미니는 궁금한 표정으로 오라클을 쳐다보았다.

"아무튼 기본적인 질문에 답을 하면 누가 첫 번째 고객이 될지, 또한 경쟁자가 누구인지도 알 수 있을 거요. 이제 네 번째 기본 질문인 '최초의 고객들이 왜 당신의 물건을 구입해야 하는가'에 대해 답해보시오."

"우리에게서라뇨?"

미니가 물었다.

"그 사람들은 달리 선택권이 없잖아요. 바퀴를 만드는 사람은 우리뿐이니까요."

"하지만 그들은 선택권이 있소. 그리고 당신네들은 경쟁자가 있고, 그렇다면 다섯 번째 질문을 드리오 '당신들에게서 구매하지 않고 계속해서 경쟁자들에게서 구매를 하는 이유가 뭐요?'"

"글쎄요, 잘 모르겠는데요. 바보들이니까 그렇겠죠."

미니가 답했다.

"예, 맞아요. 그들은 과거에 얽매여 있는 사람들입니다. 그들은 비전을 가지고 있지 않으니까요."

맥스가 말했다.

"매우 오만하고 건방진 태도요. 발명가, 기업가 그리고 새로운 아이디어를 가진 사람들이 보통 이 같은 태도를 가지고 있지만……. 잠재적인 고객들이 당신들의 경쟁자에게서 코끼리나 썰매 등을 계속해서 구입하는 데에는 다 그만한 이유가 있소."

"그 이유가 뭐죠?"

미니가 물었다.

"당신들의 경쟁자들은 이미 검증되었고 신뢰할 만하며 적절한 가격에, 이해하기 쉽고 비전을 필요로 하지 않는 기술을 제공하기 때문이오. 심지어 얼간이까지도 그 기술을 사용할 수 있잖소. 게다가 이 세상에는 얼간이가 무수하게 많소. 하지만 바로 그것 때문에 경쟁업체의 강점을 과소평가해서는 안 되오."

맥스는 아내에게 "이 정도면 충분하게 배운 것 같은데"라고 말했다.

바로 그때 오라클은 손으로 입을 가리며 하품을 했다.

"아, 아무래도 한숨 자야겠소."

"저, 혹시 더 해주실 말씀은 없으세요?"

미니가 물었다.

"이 양반들이! 염소고기 몇 점 내놓고 바라는 게 왜 이리 많소?"

오라클은 이제 그들을 돌려보내려 했지만 미니의 간절한 표정을 보고 마음을 바꾸었다.

"좋소. 마지막으로 여섯 번째 기초 질문을 하리다. 지금까지 우리가 말한 것 외에 고객이 경쟁업자의 것이 아닌 당신의 제품을 사도록 제공할 서비스에는 어떤 것이 있소?"

맥스 부부는 동시에 어깨를 으쓱했다.

"바로 그것을 알아내야만 하오. 만나게 되어서 반가웠소. 바퀴를 많이 팔기를 진심으로 바라오."

말이 끝나기 무섭게 오라클은 동굴 안으로 급하게 사라졌다.

오라클 오지가 던지는 여섯 가지 기본 질문
1. 우리의 고객은 누구인가?
2. 우리의 경쟁자는 누구인가?
3. 고객이 우리가 팔고 있는 물건을 원하는 이유는 무엇인가?
4. 고객이 우리의 제품을 사는 이유는 무엇인가?
5. 고객이 경쟁업체의 물건을 구매하는 이유는 무엇인가?
6. 세일즈맨이 판매를 성사시키기 위해 고객에게 제공할 서비스로는 무엇이 있는가?

경쟁상대는
바로 코끼리였다!

맥스 부부는 짐을 꾸려 산에서 내려왔다. 그들은 왔던 길처럼 벌레와 뱀이 득시글거리는 숲을 지나 협곡과 강을 따라 마침내 시내로 들어왔다.

집으로 돌아와 현관문을 열고 이마에 흐르는 땀을 닦으면서 맥스가 입을 열었다.

"아무래도 쓸데없이 시간만 낭비한 것 같아."

"아니, 그렇게만 생각하지 말아요. 오라클은 우리가 던진 질문에 완벽한 답을 주지는 않았지만 중요한 질문을 우리에게 해주었잖아요."

미니가 말했다.

맥스는 뭐라고 중얼거리며 부엌으로 들어가 물을 마셨다.

"여보, 오라클이 준 문제들을 차분히 정리해서 현재 우리가 처해 있는 상황을 정리해요."

미니가 이렇게 말하자 맥스도 흔쾌히 받아들였다.

이윽고 그들은 여섯 개의 기초 질문 가운데서 다섯 개의 질문
에 대해 답을 작성했다.

오라클 오지가 던지는
여섯 가지 기본 질문에 대한 미니와 맥스의 대답

1. 우리의 고객은 누구인가?
→ 무겁고 커다란 짐을 신속하고 쉽게 그리고 저렴하게 옮기고자 하는
    사람들.

---

2. 우리의 경쟁자는 누구인가?
→ 무거운 짐을 옮기는 데 필요한 기존의 방법을 팔고 있는 모든 상인
    들(예를 들어 코끼리 상인, 낙타 상인 그리고 썰매 제조자들).

---

3. 고객이 우리가 팔고 있는 물건을 원하는 이유는 무엇인가?
→ 새로운 기술이 보증하는 엄청난 성과를 얻기 위하여.
    이전에는 가능하지 않았던 일을 할 수 있는 기회를 제공받기 위하여.

---

4. 고객이 우리의 물건을 구입하는 이유는 무엇인가?
→ 우리가 바퀴의 유일한 공급자이기 때문에.

---

5. 고객이 경쟁업체의 물건을 구매하는 이유는 무엇인가?
→ 검증이 된 방법을 제공하기 때문에.
    고객이 아직 우리의 기술을 모르기 때문에.

---

6. 세일즈맨이 판매를 성사시키기 위해 고객에게 제공할 서비스로는
    무엇이 있는가?

"여섯 번째 질문에 대답할 수만 있다면 바퀴를 팔 수 있을 것 같아요."

미니가 말했다.

"왜 그렇게 생각하는 건데? 난 그게 그렇게 중요하다는 생각이 안 들어. 누가 내 바퀴를 살 것인지만 알면 되는 것 아냐?"

맥스가 말했다.

"예, 그것도 중요하죠. 그런데 지금보다 빠르고 쉽게 그리고 저렴하게 무거운 짐을 옮기고 싶어하는 사람이 누구일까요?"

맥스는 잠시 생각에 잠겼다.

"참, 농부들이 아닐까 싶어? 농부들은 퇴비라든가 농산물 같은 것들을 옮겨야 하잖아."

"예, 그렇기는 하죠. 하지만 농부들은 바퀴를 살 만한 돈이 없잖아요. 대상들에게 파는 것은 어떨까 싶어요. 항상 엄청난 짐을 가지고 다니잖아요."

맥스는 고개를 끄덕이며 말했다.

"물론 바퀴를 살 가능성이 없는 건 아냐. 하지만 그들은 산악지대와 사막지대를 다니기 때문에 바퀴를 이용할 것 같지는 않아. 바퀴라는 게 견고하고 노면이 일정한 도로에서 잘 구르는 법이잖아."

"그렇다면 건설 관계자들에게 파는 것은 어떨까요? 건축 공사를 하는 사람들에게 필요할 것 같지 않아요?"

맥스는 눈을 동그랗게 뜨며 말했다.

"그래, 맞아. 왜 진작 그 생각을 못했을까."

맥스는 기쁨을 감추지 못했다.

"여보, 이집트에 가봐야겠어."

"이집트라고요? 거기는 너무 멀지 않아요? 그리고 이집트에는 뭐하러 가시려고요?"

"지금 이집트에서는 엄청난 건축물인 피라미드를 건설하고 있거든. 거기에 가면 바퀴를 팔 수 있을 것 같아. 이제 바퀴는 팔린 거나 다름없어. 이제 우리는 부자가 된 거라고. 이젠 걱정할 필요가 없게 되었어."

다음 날 아침, 맥스는 바퀴와 축을 당나귀 여러 마리에 싣고 이집트로 향했다.

몇 주가 지난 뒤, 맥스는 피라미드 건축 현장이 이르렀다. 지난 번과 마찬가지로 수천 명의 인부가 땀을 뻘뻘 흘리며 작업에 여념이 없었다. 여기저기 커다란 석재와 그것들을 옮기는 수많은 고가(高價)의 코끼리들 그리고 어느 정도 모습을 갖춰가고 있는 피라미드가 눈에 띄었다.

"이제는 한시름 놓았어. 정말 이 사람들이야말로 내 고객이야. 힘든 일을 덜어주면 이 사람들은 바퀴를 살 것이고, 그러면 내가 큰 부자가 되는 것은 따놓은 당상이야."

맥스는 혼잣말을 하며 엄청나게 크고 무거운 석재를 낑낑거리며 옮기는 인부들에게로 다가갔다.

"저, 일하는데 죄송합니다. 사실은 제가 여러분의 힘든 작업을 덜어줄 바퀴라는 물건을 가지고 왔습니다. 잠시 시간을 내주시면 제가 바퀴로 무거운 석재를 옮기는 방법을 보여드리겠습니다."

인부들은 잠시 휴식을 취하는 것 이상으로 좋아했다. 맥스는 인부들의 힘을 빌어 축을 끼워 바퀴 두 대를 만든 다음 거대한 석재를 떨어지지 않게 단단히 묶었다. 그리고 새로운 기술을 이용해 크고 무거운 석재를 쉽게 옮길 수 있다는 점을 보여주기 위해 몇 번에 걸쳐 바퀴를 앞뒤로 끌었다. 몇 명의 인부는 환호성을 질렀다. 기적이 따로 없었다.

"바퀴가 어느 정도 필요하십니까?"

"그야, 많으면 많을수록 좋지요."

누군가가 말했다.

"좋습니다. 사실 가격은 별로 비싸지 않습니다. 바퀴는 하나에 1,000셰켈(고대 바빌로니아의 무게 단위, 은화)이고, 축은 하나에 500셰켈밖에 하지 않습니다. 수표로 내셔도 무방하고요."

"예, 잘 알겠습니다만, 사실 저희는 돈이 없어요."

누군가가 말했다.

"예, 맞아요. 그리고 이 일은 우리 일이 아닌 걸로."

누군가가 거들었다.

이때 감독이 모습을 드러냈다.

"어서 작업들 해야지, 왜 딴청 피우고 있는 거야?"

작업감독은 있는 힘껏 소리를 쳤다.

"그리고 당신, 여기서 뭐하고 있는 거요?"

그는 맥스를 가리키며 소리쳤다.

"아, 예……. 안녕하세요? 저는 맥스라고 하는데, 노동력을 엄청 절감시켜 줄 물건을 가지고 왔습니다. 바퀴라고 하는데 제가 보여 드릴……."

"그게 뭔지 모르겠습니다만 어서 거기에 올려놓은 석재를 내려놓으시오."

"하지만 그건 감독님이 이해를 못해서 그렇습니다."

맥스도 지지 않고 말했다.

"예, 나는 이해를 못합니다. 내가 그것을 이해한다고 돈을 더 받는 건 아니잖습니까? 인부들을 감독하는 대가로 돈을 받으니까요."

감독이 말했다.

당혹감과 낭패감에 빠진 맥스는 바퀴와 축을 당나귀에 다시 싣고 구매 결정을 할 수 있는 지위에 있는 사람이 없나 하고 현장 여기저기를 돌아다녔다.

결국 맥스는 이 사람 저 사람한테 물어물어 '피라미드 자재구매부'라고 적혀 있는 커다란 텐트를 찾아갔다.

오랫동안 기다린 후에야 맥스는 피라미드 건설본부 자재구매부 책임자인 그래니트와 만날 수 있었다.

그래니트는 바퀴 시연에 관심이 없었고, 시연을 보고 있을 시간도 없었다. 무엇보다 약속도 없이 불쑥 들이닥친 맥스에게 단단히 화가 났다.

"어이, 잠깐만요."

그래니트가 말허리를 잡았다.

"지금 무슨 말을 하고 있는 겁니까? 지금 여기 현장에 인부가 몇 명인지 알고 하는 말입니까? 수천 명이 석재를 옮기고 있어요."

"아, 그 점은 저도 잘 알고 있습니다. 그런데 인력으로 옮길 수 없는 큰 석재는 어떻게 하시겠습니까? 제가 가져온 바퀴를 이용하면 더욱 신속하고 수월하게 석재를 옮길 수 있습니다."

그래니트가 어깨를 으쓱하며 말했다.

"코끼리를 이용하고 있습니다."

"그게 무슨 말이죠?"

"그런 큰 석재인 경우에 코끼리를 이용한다, 이 말씀입니다."

"코끼리보다는 이 바퀴가 훨씬 편리합니다. 바퀴를 이용하면 비용도 엄청나게 절약되고 신속하게 작업을 끝낼 수 있습니다."

"이봐요, 제 말 잘 들으세요."

그래니트가 말했다.

"우리 백성들을 지극히 사랑하시는 파라오께서는 정말이지 최고로 뛰어나고, 기술적으로도 세계 최고라고 자부하는 엔지니어와 건축가를 채용하여 피라미드를 짓고 계십니다. 정말 이 바퀴라는 게 당신이 말하는 것처럼 그렇게 대단한 거라면 아마도 그들이 이 바퀴를 직접 만들었을 겁니다. 그리고 그렇지 않다면 나에게 주문서를 주면서 구매해달라고 요청했을 겁니다."

너무나 화가 난 맥스는 말도 제대로 하지 못했다.

"하하, 하지만……."

"그래니트 씨, 제발…….
이 바퀴는 미래의 물결로써……."
"우리는 미래의 물결을 볼 시간이 없습니다.
지금 당장 피라미드를 건축해야 하니까요."

"죄송합니다. 중요한 회의가 있어서 그만……."

"그래니트 씨, 제발……. 이 바퀴는 미래의 물결로써……."

"선생님, 우리는 미래의 물결을 보고 자시고 할 시간이 없습니다. 지금 당장 피라미드를 건축해야 하니까요."

집으로 돌아온 맥스는 아내에게 이집트에서 겪었던 이야기를 털어놓았다.

"오라클이 예측한 그대로야. 우리의 경쟁자는 기존 기술, 그러니까 오래 전부터 내려온 기술이란 말이지. 그리고 우리의 고객일 수도 있는 사람들이 변화를 원치 않아! 지금까지 바퀴만 보여주기만 하면 사람들이 바퀴를 사기 위해 장사진을 이루리라고 생각했거든. 그런데 만만치가 않네. 정말 어떻게 해야 할지 몰라 답답해."

"하지만 무슨 방법이 있을 거예요."

미니가 말했다. 바퀴는 맥스의 바퀴이기도 하지만 미니의 바퀴이기도 했다. 맥스는 자리에서 일어나 천천히 걸으며 말했다.

"여보, 제일 큰 문제가 뭔지 알아? 바로 나란 말이야. 나는 세일즈맨이 아니란 말이지. 진짜 세일즈맨은 바퀴를 팔 수 있다고. 정말 바퀴를 제대로 설명할 수 있는 사람이라면 어떨까? 엄청난 언변으로 바퀴를 팔 수 있는 사람 말이야. 하지만 나는 그런 사람이……."

미니는 잠시 뭔가에 골몰하더니 입을 열었다.

"그러면 바퀴를 팔 수 있는 사람을 고용하면 되지 않아요? 경험이 풍부한 사람, 다시 말해 세일즈의 달인을 고용하면 되지 않겠어요?"

맥스는 아내의 말을 곰곰이 생각하더니 입을 열었다.

"당신 말이 백 번 맞아. 하지만 우리가 무슨 돈이 있다고 사람을 고용하나? 게다가 이번에 이집트에 갔다오느라 돈을 모두 써버렸는데. 이제 남은 것이라곤 바퀴밖에 없단 말이야."

하지만 미니에게는 이미 방법이 있었다.

부모님과 상의해볼게요. 부모님에게 사업자금을 좀 대달라고 부탁해볼 테니 걱정하지 마세요."

다음 날 저녁, 미니는 부모님을 모시고 고급 음식점에 갔다. 맛이 기막히게 좋은 무화과와 낙타 프리카셀(고기를 잘게 썰어 국물을 조금 넣고 익힌 후, 화이트 소스를 부어 먹는 요리)을 주문한 후 맥스는 장인에게 바퀴를 보여주었다. 장인은 그 자리에서 한 가지 조건만 지킨다면 사업자금을 대주겠다고 흔쾌히 약속했다.

"장인어른, 한 가지 조건이란 게 뭐죠?"

맥스가 물었다.

"우리 딸 미니가 마케팅 문제를 처리하게 해달라는 걸세."

그의 장인이 말했다.

"예, 좋습니다. 그럼 이제 된 겁니다. 열심히 해보겠습니다."

맥스가 말했다.

이렇게 해서 다음 날, 미니의 부모님은 은행에서 돈을 인출했고, 맥스 부부는 바퀴를 본격적으로 팔 수 있게 되었다.

도대체
누가 팔 것인가

미니는 곧바로 시내 광장에 '경험이 풍부한 세일즈맨 구함'이
라는 구인 전단을 붙였다.

다음 날 아침, 맥스의 집 앞에 세 사람이 기다리고 있었다. 미
니는 이력서를 살펴본 다음 제일 앞에 있는 사람을 들어오라고 했
다.

"안녕하십니까, 칼렙(Caleb)이라고 합니다. 솔직히 말해 이름보
다는 '세일즈 캡틴'이라 더 자주 불립니다."

"'세일즈 캡틴'이라고요? 귀가 번쩍 할 만하군요. 세일즈를 하
신 지는 얼마나 되었나요?"

"예, 상당히 오래 했습니다. 낙타에서 금귤에 이르기까지 거의
안 팔아본 물건이 없을 정도니까요."

"정말 그런 것 같군요. 하지만 그렇게 두리뭉실하게 설명해서
는 좀 곤란합니다. 실제로 영업력이 뛰어나다는 것을 어떻게 알

수 있죠?"

"예, 지난번 직장에서 고객 서비스 만족 대상을 세 번이나 수상했습니다."

"정말이세요? 그럼 선생님으로 결정할까 합니다. 그래, 어떻게 바퀴를 팔 생각이십니까?"

"음......, 쉽지는 않겠죠! 바퀴가 어떤 것인지를 설명해주신다면 파는 데 도움이 될 것 같습니다."

"예, 그럼 보여드릴게요."

미니가 말했다.

미니가 바퀴 하나로 시범을 보이자 세일즈 캡틴은 "판매에 큰 문제는 없을 것 같습니다. 어떻게 해야 할지 감이 옵니다"라고 말했다.

"정말 자신 있으세요?"

"걱정하지 마십시오. 모든 것을 저에게 맡기십시오."

이렇게 해서 미니는 세일즈 캡틴을 채용했고, 다른 지원자들은 돌려보냈다.

그로부터 몇 달이 흘렀다. 맥스는 아내에게 "세일즈 캡틴이 언제 우리 바퀴를 판다고 그래?" 하고 물었다.

"예, 저도 그 점 때문에 항상 노심초사하고 있어요. 그 사람 말로는 사업을 시작하려면 아직 더 시간이 있어야 한다는군요. 그러면서 돌아오는 월요일에 성대하게 개업을 하겠다는 거예요."

"성대하게 개업을 하다니, 그게 무슨 뚱딴지같은 소리요?"

"처음 보는 진귀하고 엄청난 바퀴 가게를 개업한다고요."

드디어 기다린 보람이 있었다. 월요일이 되자 미니는 남편과 함께 시내 중심가 코너의 원형 극장 옆에 있는 상점을 찾아갔다. '맥스의 바퀴'라고 커다랗게 쓴 간판이 붙어 있었고, 새로 단장한 커다란 상점은 세인의 호기심을 자극하기에 충분할 만큼 멋졌다.

전면에는 '염가판매', '무료배달'이라고 쓴 형형색색의 선전문이 도배되어 있었다.

두 사람은 가게 안으로 들어갔다. 각종 바퀴가 진열되어 있었다. 나이 어린 점원들이 반가운 표정을 지으며 두 사람에게 다가왔다.

"아, 됐습니다. 사실 우리가 이 점포의 주인입니다."

맥스가 설명했다.

"아, 그러세요? 지금까지 손님이 한 명도 없어 이번에는 진짜 손님인가 싶었는데⋯⋯."

한 점원이 말했다.

"지금은 사정이 좋지 않지만 조만간 좋아지리라 확신하고 있습니다."

세일즈 캡틴이 카운터에서 나오며 말했다.

"아르바이트생을 고용해서 우리 제품을 가가호호 선전하면서 특별 쿠폰을 배포했습니다."

"쿠폰이라뇨? 쿠폰을 배포해서 장사가 잘 되리라 생각하시는 겁니까?"

맥스가 반문했다.

"여기 오기 전에는 상당한 효과를 보았습니다."

"어떤 물건을 팔았는데요?"

"금귤부터 대추야자, 오렌지, 레몬……."

"레몬이라고요? 그렇다면 과일을 파셨단 말입니까?"

"아니 단지 과일을 판 게 아니라, 온갖 과일을 팔았다 이 말입니다. 제가 자신 있게 말씀드리건대 바퀴를 팔려면 이 방법밖에는 달리 방도가 없습니다. 다시 말해 사람들이 많이 다니는 거리에 충분한 물량을 갖춰놓고, 예의 바르고 적극적인 자세를 가진 종업원이 고객 서비스에 최선을 다하는 방법 말입니다."

그로부터 한 달이 지났다. 세일즈 캡틴은 자신감을 완전히 잃었다.

"죄송합니다. 정말 뭐가 잘못된 것인지 모르겠습니다. 과일이나 낙타를 팔 때처럼 정말 열심히 최선을 다해서 일했는데 말입니다."

"예, 그 심정 이해합니다. 하지만 과일이나 낙타를 파는 것과 바퀴를 파는 것은 아무래도 다르지 않겠습니까? 과일을 모르는 사람은 아무도 없을 겁니다. 그리고 낙타를 타는 방법을 모르는 사람도 없죠. 하지만 바퀴를 사용할 줄 아는 사람은 한 명도 없다는 말입니다. 발명된 지 얼마 안 되었으니까요. 심지어 바퀴라는 말을 들어본 사람도 극소수에 불과할 뿐입니다. 전혀 모르는 것을 사기 위해 점포에 오는 손님이 어디 있겠습니까? 사실 가가호호 방문해서 제품을 직접 보여주어야 했습니다. 그런데 그렇게 하지 않으셨죠?"

얼굴이 붉어진 채 세일즈 캡틴은 바닥만 내려다볼 뿐이었다.

"예, 좋습니다. 그럼 하나만 물어보겠습니다. 솔직히 바퀴를 몇 개 팔았습니까?"

맥스가 물었다.

"하나 팔았습니다."

세일즈 캡틴이 말했다.

"하나라고요?"

"예, 그렇습니다. 그런데 알고 보면 그건 판 게 아니었습니다."

"판 게 아니었다……."

맥스가 중얼거렸다.

"예, 사실은 바퀴 하나를 팔아 그날로 신속하게 배달해주었습니다. 그런데 일주일 뒤에 그 손님이 바퀴를 가지고 왔습니다. 카펫과 어울리지 않는다고 하면서요."

"카펫이라고요? 도대체 바퀴와 무슨 연관이 있는 거죠?"

"그 손님은 바퀴를 커피 테이블로 사용하고자 했습니다. 아무튼 30일 간은 무조건 반품해도 된다는 '100퍼센트 고객만족 조건'에 따라 반품처리를 하고 현금을 내주었습니다. 그것 외에는……."

맥스는 미니에게 시선을 돌리고 고개를 설레설레 흔들었다.

"저, 말하기 곤란하지만 더 이상 점포를 운영할 돈이 없어요. 아무래도 다른 직장을 찾아보셨으면 해요."

떠나는 세일즈맨들,
팔리지 않는 바퀴

이렇게 해서 맥스 부부는 세일즈 캡틴과 종업원들에게 월급을 계산해주고 점포를 정리했다. 맥스는 아내에게 "그래도 아직까지 당신이 마케팅을 책임지고 있으니까 어떻게 해야 할지 좀 더 생각해봐요"라고 말했다.

미니는 한숨을 내쉬며 말했다.

"아직까지 아버지한테 받은 돈이 조금 남았어요. 게다가 두 사람의 이력서도 있고요. 그중 한 사람을 한번 써볼까요?"

그들은 두 사람의 이력서를 자세히 살폈다. 한 사람만이 판매 경험이 있었다. 그래서 그들은 그 사람으로 결정하고 연락을 했다. 다음 날 그가 그들을 찾아왔다.

"안녕하세요, 저는 '빌더(인간관계 구축자)' 벤이라고 합니다."

그는 악수를 하기 위해 손을 내밀며 자신을 소개했다.

"어떻게 해서 '빌더'라는 이름을 가지게 되었습니까?"

미니가 물었다.

"오랜 시간에 걸쳐 판매망을 견고하게 구축해왔기 때문입니다. 저는 고객에게 충성을 다하고, 고객 역시 저에게 충성을 다하고 있습니다."

"정말 우리가 간절히 기다리던 분이 맞는 것 같군요."

미니가 말했다.

"예, 좋습니다. 그럼 우리가 처해 있는 사정을 먼저 설명해드리겠습니다."

맥스가 말을 이어받았다.

"사실 우리는 전도가 대단히 유망한 새로운 상품을 가지고 있습니다. 고객에게 그것을 직접 보여주고 판매를 해야 할 사람이 꼭 필요합니다."

"그런 문제라면 걱정하지 마십시오. 저는 돈도 많고 명망도 높은 상당수 고객과 오랫동안 좋은 관계를 맺어왔습니다. 이분들을 직접 찾아뵙고, 바퀴를 보여드리며 마음에 쏙 드는 제안을 해볼 수 있습니다."

맥스는 "정말 대단하십니다"라고 말하며 기쁨을 감추지 못했다. 미니는 약간 걱정 섞인 표정으로 말했다.

"정말 우리가 찾던 분인 것 같습니다. 그런데 한 가지 문제가 있어요. 사실 저희는 현금이 없습니다. 저희들이 드릴 수 있는 월급이 선생님처럼 경험이 많으신 분한테 적당할지 그게 걱정이군요."

그들은 월급에 대해 협의했고, 벤이 마침내 손을 들며 말했다.

"걱정하지 마십시오. 두 분이 원하는 대로 해드리겠습니다. 월급은 주는 대로 받겠습니다. 다만 바퀴를 팔 때마다 그에 대한 수수료(커미션)를 주십시오. 그렇게 하면 부가되는 비용은 판매액으로 충분히 보전될 수 있으리라 생각됩니다."

"예, 좋습니다. 그럼 그렇게 알고 저희 물건을 최선을 다해서 팔아주세요."

미니가 말했다.

한 달이 훨씬 지나서야 벤이 나타났다.

"말하기 민망한데, 아무래도 제가 실수를 한 것 같습니다. 제가 생각했던 것만큼 사정이 좋지 않습니다."

벤이 말했다.

"왜 그런데요?"

미니가 물었다.

"두 분을 만난 다음 날 아침 이른 시간부터 알고 있던 고객을 일일이 찾아가 바퀴를 보여주면서 설명했습니다. 정말 대단한 물건이라고 설명했는데, 한 명도 관심을 기울이지 않았습니다."

"한 명도요?"

답답한 마음에 맥스가 물었다.

"이 점 충분히 이해해주셔야 합니다. 제가 찾아간 분들은 저의 오랜 단골입니다. 저는 항상 그분들께 솔직한 태도로 대했고, 그들 역시 저를 솔직한 태도로 맞아주십니다. 그분들은 하나같이 바퀴가 대단한 물건이라고 했습니다. 하지만 어떻게 써야 할지 몰라 난감해했습니다.”

“어떻게 써야 할지 몰라 난감해했다고요?”

맥스가 반문했다.

“아니 사용하는 방법을 보여주지 않았습니까? 그것으로 물건을 쉽게 옮길 수 있었을 텐데 말입니다.”

“예, 보여주었고, 그들도 정확하게 알아들었습니다. 하지만 바퀴를 이용해서 물건을 옮기는 것은 자신들이 그동안 해왔던 방법과는 완전히 다르다는 겁니다. 사실 그들은 물건을 옮길 때 낙타나 말, 코끼리 그리고⋯⋯.”

“땀 뻘뻘 흘리는 힘센 장정의 힘까지 빌어서요.”

맥스가 그가 못다 한 말을 마쳤다.

“예, 맞습니다. 제가 제안 하나 할까 합니다. 말이나 코끼리를 파신다면 저의 단골고객은 그것을 살 겁니다. 그 정도는 제가 잘 팔 수 있습니다. 또는 힘센 장정까지도요. 우선 임시나마 인력을 공급하는 용역회사를 차리시는 게 어떨까 싶습니다. 그러면 제가 계약을 따내고, 두 분은 인력 모집과 그에 수반되는 모든 일을 처리하면 될 것 같습니다. 그렇게 할 의향이 있으십니까?”

“아니, 그럴 의향 없습니다. 그런 것은 아예 생각도 없습니다.”

맥스가 말했다.

벤은 깊게 한숨을 내쉰 다음 어깨를 으쓱했다.

“저도 최선을 다했습니다. 저는 두 분 편입니다. 바퀴는 잠재력이 대단하니까 언젠가는 대단한 물건이 될 게 분명합니다. 하지만 지금 바퀴는 시대를 너무 앞서가고 있습니다. 적어도 제 고객에게 는 말입니다."

안타까워하면서 벤은 자리에서 일어났다.

"그럼 이제 누가 남아 있지?"

맥스가 물었다.

미니가 마지막 이력서를 내놓으며 말했다.

"토비라고 하는 사람인데, 대학을 갓 졸업했군요. 학위는 있는 데……. 정확히는 모르지만, 기술 계통이 아닐까 싶어요. 그리고 공 인받은 마법사인데요."

"좋았어, 그럼 이번에는 그 사람한테 제의해보자구."

맥스가 말했다.

두 사람은 마법사 토비를 만났다. 토비는 첫인상이 해맑고 당차 보였다. 지식이 풍부하고 외모나 행동에서 어쩐지 전문가 분위기 를 물씬 풍겼다. 게다가 매우 똑똑했다. 바퀴에 대한 설명을 듣기 무 섭게, 토비는 바퀴의 가치와 언제일지는 모르지만 중요하게 사용될 것이라는 사실을 곧바로 알아차렸다. 그리고 몇 분 지나지 않아 오 히려 맥스에게 새로운 기술에 대해 어려운 질문을 던졌다.

"토비 씨가 영업 경험이 전무하다는 게 마음에 걸리기는 하군 요."

미니가 말했다.

"예, 그 점은 맞습니다."

토비가 말했다.

"하지만 지금 공부한 것만으로도 충분합니다. 집으로 돌아가는 길에 서점에 들러 마케팅에 관련된 책을 몇 권 살까 합니다. 천성적으로 세일즈맨은 아니지만, 사실 오래 전부터 경영에 뜻을 두고 있었습니다. 기본적인 지식을 습득하고 실습을 몇 번 하고 나면 충분히 판매할 수 있으리라 자신합니다."

"예, 좋습니다. 그런데 어떻게 고객을 찾으실 겁니까?"

맥스가 물었다.

"대학에서 연구하면서 사업하는 분들과 약간의 친분을 맺게 되었습니다. 먼저 그분들에게 조언을 구하면서 그분들이 지도하는 대로 따라해보도록 하겠습니다."

토비가 말했다.

맥스와 미니는 서로의 얼굴을 쳐다보며 "왜 무턱대고 판매를 해보겠다는 생각을 하는 거죠?"라고 물었다.

"예, 사실 저는 두 분을 위해 일하게 되어 솔직히 기쁩니다. 두 분이 하시는 사업이 앞으로 상당히 번창하리라 생각합니다."

토비가 대답했다.

"판매를 맡게 되면 토비 씨는 밝은 미래를 우리와 함께 열게 되는 것입니다."

미니가 말했다.

그로부터 한 달이 지난 어느 날이었다. 토비가 좋은 소식을 가지고 왔다.

"판매를 할 수 있으리라 생각합니다."

토비가 말했다.

"정말이세요?"

미니가 반색했다.

"예, 바퀴가 어떤 일을 할 수 있는지를 세상에 보여줄 수 있는 프로젝트가 있습니다."

"예, 정말 잘됐습니다. 그런데 프로젝트라뇨?"

맥스가 물었다.

"아, 예. 바퀴에 관심이 있는 잠재 고객들을 알고 있습니다. 그래서 바퀴를 그들의 필요에 따라 응용해볼 생각입니다. 저는 바퀴를 제가 마음속에 두고 있는 다른 부품과 연결하여 새로운 장치로 만들어……."

"토비 씨, 잠깐만요."

맥스가 말허리를 끊었다.

"어느 정도 시간이 걸릴 것 같습니까?"

"짧게는 여섯 달에서 오래 잡으면 아홉 달 정도 걸릴 것 같습니다."

"전체 프로젝트가 말입니까?"

"아니오, 판매하는 데까지요. 몇 가지 디자인을 해야 하고, 바퀴가 정말 가치가 있는지를 고객들에게 확신시키기 위해 시험해야 하니까요. 그러고 난 다음에 판매를 시작해야 할 것 같아요. 그래야 소비자들이 정말 바퀴를 사고 싶은 마음이 들 것……."

"아, 잠깐만요. 제 말 좀 들어보세요."

맥스가 다시 토비의 말을 끊었다.

"굳이 그렇게 할 필요는 없습니다. 지금 있는 바퀴만 해도 엄청나니까요. 정말 우리한테 필요한 사람은 당장 그것을 팔 수 있는 사람이에요. 몇 개월 동안 시험할 여유가 없습니다."

"토비 씨, 미안해요. 정말 우리 바퀴에 관심을 많이 가져주시고, 바퀴에 혼신을 다하려는 마음은 우리도 잘 알고 있습니다. 하지만 우리에겐 남은 돈이 없어요. 지금 토비 씨가 말한 것처럼 시험할 여유가 없습니다."

미니가 거들었다.

이렇게 해서 마법사 토비마저도 지난번 두 사람과 마찬가지로 맥스와 미니를 떠나게 되었다.

"결국 이렇게 되어버렸어. 하나도 팔지 못한 채 돈도 바닥났고, 이제는 사업도 다 끝나버렸어."

맥스가 푸념하듯이 힘없이 말했다.

"예, 당신 말대로 사업이 다 끝났어요. 하지만 어떻게든 힘든 상황을 극복해야 하지 않겠어요?"

미니가 물었다.

"장인어른한테 무슨 수로 돈을 갚지? 어떻게든 자초지종을 말씀드려야 하는데……."

"제 말은 그것보다는 바퀴 문제에 신경 쓰자는 거예요. 바퀴를 어떻게 처치하죠?"

맥스는 안타깝게 고개를 가로저었다.

"그래, 언젠가 당신이 말한 대로 그냥 강물에 집어던지자구."

"잠깐만요. 그렇게 하기 전에 마지막으로 한 번 더 오라클을 찾아가보는 게 어떨까요?"

"오라클을 찾아간다고 별 수 있나. 아냐, 아냐……. 그래, 밑져봤자 본전이니까 한번 가보자구."

맥스가 말했다.

이렇게 해서 두 사람은 지난번과 마찬가지로 강가 좁은 길을 지나 깎아지른 절벽이 펼쳐진 협곡에 가까스로 올라 벌레와 뱀들만 우글거리는 산으로 들어갔다.

두 사람은 마침내 동굴에 들어섰고, 맥스는 장작불을 피우고 미니는 번제를 준비했다. 곧바로 고기냄새가 사방으로 퍼져나갔고, 순간 오라클이 모습을 드러냈다.

"아니, 그때 그 사람들 아닌가?"

오라클은 놀란 듯 말하더니 고기냄새를 킁킁거리며 맡았다.

"음……. 냄새가 좋은데. 그래 이번에는 또 무슨 고기인고?"

"낙타 산적요리입니다. 드셔보세요."

미니가 음식을 권했다.

오라클은 고기 한 점을 빼내 후후 불면서 맛있게 먹었다.

"음, 맛이 아주 근사하군."

"양념을 많이 했습니다."

미니가 말했다.

"그래, 약간 질기지만 맛은 정말이지 혀를 살살 녹이는군."

"오라클께서 다른 음식도 좋아하실 것 같아 몇 가지 준비했습니다. 홈무스와 핏타를 준비했습니다."

오라클은 몇 가지를 맛보고, 흡족한 표정으로 고개를 끄덕이더니 바위에 앉아 준비한 음식을 깨끗하게 해치웠다.

마침내 배가 부른지 오라클은 배를 두드리면서 입을 열었다.

"그래, 이번에는 무슨 문제로 왔는가?"

"사실은 지난번에 말씀드린 바퀴를 하나도 팔지 못했습니다."

맥스가 말했다.

"그렇게 놀랄 일은 못 되는 것 같은데?"

"예, 물론 어떤 면에서는 그렇다고 할 수 있지요. 하지만 저희는 세일즈맨을 세 명이나 고용해 보았거든요."

미니가 말했다.

"세 명이라고? 그래 어떤 사람들이었나?"

"뭐 굳이 대답하자면 형편없는 세일즈맨들이라고 말할 수 있죠."

맥스가 말했다.

그들 부부는 그동안 일어났던 일을 오라클에게 소상하게 말했다.

이야기를 마치기 무섭게 오라클이 입을 열었다.

"내 말 들으시오. 내가 보기에 그들이 형편없는 세일즈맨은 아닌 것 같소. 그보다는 그들이 특별한 상황에 대처하지 못했다고 하는 것이 맞겠지. 벌써 몇 백 년 전이지. 영업이라는 직업이 처음 등장했던 시절, 언제 어디서나 무슨 물건이든 잘 팔 수 있는, '뛰어난' 세일즈맨이 있다는 신화 같은 거짓말을 하며 우리에게 큰소리치던 사람들이 있었지. 그런 인간이 지금은 없다는 건 아니지만 아무튼 나는 아직 그런 사람을 만나지는 못했소. 솔직히 나 역시 뛰어난 세일즈맨이 있다고 믿는 사람이지. 문제는 뛰어난 세일즈맨은 대단히 많지만, 정말 필요한 세일즈맨을 만나는 것이 쉽지 않다는 것이지."

"예, 어르신 말이 맞습니다. 그렇다면 저희들에게 필요한 세일즈맨은 어떤 사람이죠?"

미니가 물었다.

"아무래도 클로저(closer)가 있어야 할 것 같아."

"클로저라뇨? 어떤 클로저를 말씀하시는 거죠?"

"클로저는 세일즈맨 가운데서도 보기 드물게 뛰어난 사람들이라고 할 수 있지. 대부분 세일즈맨들은 문제 해결책을 판매하는 정도지만 클로저는 다르지. 그들은 제품을 팔지 않고 꿈을 팔지. 그러니까 좀 더 나은 미래와 기회를 파는 거지."

"무슨 말씀인지는 알겠는데, 저희들은 빨리 바퀴를 팔아야 하는데요?"

맥스가 답답하다는 듯이 말했다.

"바퀴가 바로 미래인 셈이지. 자네 역시 그렇게 믿고 있지 않나, 그렇지?"

"예, 믿고 있습니다."

"하지만 자네나 자네 처나 자네가 고용했던 세일즈맨들이나 모두 사람들이 미래를 믿도록 하는 특별한 마술을 펼칠 수는 없었지."

"예, 맞습니다."

"바로 그래서 클로저가 필요한 걸세. 충분한 가치가 있다고 판단하면, 클로저는 직접 영업에 뛰어들어 첫 번째 고객을 찾아 바퀴라는 새로운 기술로 좀 더 나은 미래를 꿈꿀 수 있도록 해주기 때문이지."

"예, 모두 지당하신 말씀이기는 한데, 무슨 수로 클로저를 찾죠?"

미니가 물었다.

"참, 그것도 쉬운 일은 아니지. 클로저는 좀처럼 찾아보기 어려우니까. 진정한 클로저는 거래를 완벽하게 처리하는 데 타고난 능력을 가진 사람이야. 클로저는 자신이 팔고 있는 것이 무엇인지 속속들이 아는 데다 새로운 브랜드로 고객에게 '예'라는 답을 얻어내는 순간을 포착하기 위해 사는 사람들이지. 그들은 일반 세일즈맨에게는 볼 수 없는 추진력, 단호함, 집중력 등을 갖추고 있지."

"그런데 어디서 찾죠?"

"꼭 그런 건 아니지만 일반적으로 클로저가 당신들을 자주 찾는 편이지."

오라클이 말했다.

"그런데 무슨 수로 우리가 그를 알아보죠?"

"클로저가 팔고 있는 것이 무엇인지 그리고 그가 어떻게 팔고 있는지를 자세히 보면 알 수 있지. 클로저는 누구도 흉내 낼 수 없을 만큼 혁신적인 첨단기술을 추구하지. 나아가 다른 사람이 결코 따라갈 수 없는 독특한 제품에만 신경을 쓰지. 뿐만 아니라 엄청난 정력을 소유한데다 반드시 성공하겠다는 야망이 엄청나. 정말이지 그들은 자신이 입고 있는 옷, 자신이 사는 물건, 자신이 살고 있는 집으로도 성공의 이미지를 전달하지. 하지만 진정한 클로저를 알아보는 방법은 바로 그들이 일하는 것을 자세히 지켜보는 것이라네."

"어떻게 지켜보죠?"

"그들은 자신이 찾아가기 전에 제품이나 서비스에 대해서 듣지도, 보지도 못했던 사람들에게 값비싼 제품이나 서비스를 즉석에서 팔 수 있는 사람들이지. 그리고 클로저와 고객들은 이전에 한 번도 보지 못했던 것처럼, 물건을 판 이후에도 다시는 못 보는 경우가 다반사지."

"예, 그 말씀을 들으니 클로저는 정말 특별한 사람이라는 생각이 드는군요."

미니가 말했다.

"하지만 돈이 바닥났는데 설령 클로저를 찾는다 해서 무슨 소용이 있어요? 바퀴를 몇 개라도 팔아야 어떻게든 클로저에게 돈을 줄 것 아니겠어요?"

"운이 좋다면 돈을 주지 않고도 클로저를 채용할 수 있는 방법이 있다네."

오라클이 말했다.

"클로저는 보통 일정한 월급을 받기보다는 자신의 판매액에 대해 일정한 수수료를 받는 식으로 일하거든."

"그 수수료가 어느 정도입니까?"

"그건 대중없어. 10퍼센트에서 50퍼센트까지 다양하니까."

"50퍼센트라고요?"

"그 정도 가지고 놀라서는 안 된다네. 그보다 많은 경우도 있으니까. 그것은 클로저와 어떻게 합의하느냐에 따라 달라지지. 클로저를 채용할 경우에는 수수료 계약에 특히 유념하게."

"예, 잘 알겠습니다. 혹시 알고 있는 사람이 있으면 좀 알려주시죠."

오라클은 잠시 생각하더니 입을 열었다.

"그래, 내가 알고 있는 사람이 한 명 있는데, 명함을 찾아보겠네."

그는 주머니를 뒤져 명함을 꺼낸 뒤 미니에게 건네주었다.

카시우스 판매회사 사장
클로저 카시우스

"한번 찾아가보게. 그 사람이 도와줄 수 있는지 알 수는 없지만…… 참, 더 물어볼 것이 있나?"

"그 사람 정말 능력이 있습니까?"

미니가 물었다.

"능력이 있냐고?"

오라클이 반문했다.

"나 같은 오라클한테 이 동굴을 팔아먹은 사람이 누굴 거라고 생각하나?"

이렇게 해서 맥스와 미니는 카시우스라는 사내를 찾아 길을 나섰다.

바퀴와 축을 실은 당나귀를 끌고 그들은 카시우스의 사무실을 찾아갔다. 하지만 사무실의 직원은 그가 자리에 없다며 오늘은 만나기 어려울 것 같다고 말했다.

"아가씨, 저희들에게는 매우 중요한 문제예요. 클로저의 행선지만 알려주면 저희들이 찾아볼게요."

미니가 안타까운 어조로 말했다.

"사장님은 선 갓(Sun God) 대로에서 오늘 오후에 약속이 있으십니다. 거기에 가면 아마 만날 수 있을 겁니다."

직원이 말했다.

맥스와 미니 두 사람은 직원이 적어준 곳으로 가기 위해 낯선 길로 들어섰다. 그곳은 도로 옆으로 대저택들이 즐비하게 늘어선 대단히 화려한 주택가였다. 두 사람은 순간 난감했다. 당나귀를 어딘가에 묶어놓아야 하는데, 그럴 만한 곳을 찾기가 마땅치 않았기 때문이다. 그들은 혹시나 하는 마음으로 여기저기를 자세히 살폈다. 마침내 대추야자 나무 그늘이 드리워진 벤치가 있는 조그만 공원이 눈에 들어왔다. 그들은 당나귀를 대추야자 나무에 묶고 그 자리에 앉아 카시우스라는 사내가 나타나기를 손꼽아 기다렸다.

얼마 지나지 않아 터번 차림의 젊은 사내가 낙타를 타고 나타났다. 그는 낙타를 세우고, 낙타에서 내리더니 낙타 등에 돌돌 말려 있는 양탄자를 풀었다. 그리고 그것을 들고 도로를 건너 대저택의 정문을 노크했다.

"혹시 그 사람 아닐까요?"

미니가 물었다.

"아니, 그렇지는 않은 것 같아. 너무 새파랗잖아. 그냥 중고 양탄자 상인 같아 보여."

맥스가 말했다.

곧이어 대저택의 주인이 모습을 드러냈다. 몇 마디 나눈 뒤 양탄자 상인은 양탄자를 대저택의 잔디밭에 펼쳤다.

"내가 말한 그대로일 거야. 한 번 보라구."

맥스가 먼저 입을 열었다.

"이런 대저택에 사는 사람들은 아마도 시중에 나와 있는 양탄자란 양탄자는 다 가지고 있을 걸? 정말 재수가 좋아야 이런 사람들한테 양탄자를 팔 수 있을 거야."

그런데 곧바로 젊은이와 대저택 주인은 양탄자에 올라앉았다. 젊은이가 가볍게 박수를 한 번 치자 양탄자가 공중으로 올라갔다. 맥스와 미니는 그 모습에 너무 놀라 입을 다물 줄 몰랐다. 그가 다시 박수를 치자 양탄자는 더욱 높이 올라가 집들 사이를 이리저리 날아다니다가 공중제비를 돈 다음 처음 날아올랐던 잔디에 사뿐히 내려앉았다.

　젊은이와 부자는 몇 마디 말을 나누었다. 맥스와 미니는 그들의 대화 내용을 다 들을 수는 없었다. 하지만 부자가 양탄자에 상당한 관심을 가지고 있는 게 분명했다. 그는 몸을 이리저리 흔들며 계속해서 턱을 쓰다듬고 있었다. 젊은이는 열정적인 제스처를 써가며 열심히 설명하다가 손가락을 하나씩 셌다. 모르긴 몰라도 부자가 양탄자를 사야 하는 이유를 하나씩 열거하는 듯싶었다.

　마침내 젊은이는 태양을 슬쩍 쳐다보더니 약속이 있어 그만 가봐야겠다고 말했다.

　"이봐, 젊은이. 그냥 가면 어떡하나! 내가 하나 사리다."

　부자가 있는 힘껏 소리쳤다.

　부자는 집 안으로 들어가더니 잠시 후에 황금 동전이 가득 든 가방 몇 개를 둘러메고 나왔다. 그리고 가방을 젊은이에게 주었다. 두 사람은 악수를 나누었다. 그러고 나서 부자가 손바닥을 치자, 양탄자는 사람들을 놀라게 해주려는 듯이 공중으로 높이 올라갔다.

　젊은이가 돈가방을 어깨에 메고 낙타에게 걸어가는 순간 미니가 남편에게 소리쳤다.

"여보, 바로 저 사람이에요! 저 사람이 우리가 찾던 사람이라고 요!"

젊은이가 낙타 안장에 돈가방을 묶은 동안 미니는 그의 앞으로 가가 물었다.

"저 혹시, 카시우스 씨 아니신지요?"

"예, 바로 제가 클로저 카시우스입니다."

"예, 저는 미니라고 하고요, 여기는 제 남편 맥스입니다. 그만 어쩌다가……."

"하늘을 나는 양탄자를 보셨군요. 예, 맞습니다. 정말이지 입이 떡 벌어질 만한 새로운 제품이죠. 정말 하늘을 나는 양탄자만 있으면 다마스커스(시리아의 수도)에도 한 시간이면 갈 수 있습니다."

"정말 인상적이었어요. 그런데……."

"인상적이라고요? 그 정도 표현으로는 부족하죠. 하늘을 나는 양탄자가 사회에 미칠 영향을 상상이나 할 수 있겠어요? 이 양탄자는 교통수단에 혁명을 일으킬 테니까요. 또 값비싼 양탄자를 살 능력이 있는 극소수의 사람만이 이러한 특권을 누리며 다른 사람들의 부러움을 사겠죠."

"예, 저도 한 번 타보고 싶은데……."

"정말이요? 그렇다면 제가 한 번 더 보여드리죠. 참, 어느 저택에 살고 계시죠?"

"아니, 저희는 이 동네에 살지 않습니다."

"아, 그래요? 그렇다면 안타깝지만 제 갈 길을 가야겠군요. 사실 조금 전에 팔았던 양탄자가 마지막 물건이었습니다. 이제 양탄자를 구하러 페르시아에 가봐야 합니다."

"하늘을 나는 양탄자보다도 선생님의 물건 파는 재주에 감탄이 절로 나옵니다. 제 말은, 불쑥 나타나 사람의 관심을 끈 다음 그 사람을 양탄자에 한 번 태워주고는 곧바로 그 양탄자를 팔았다는 겁니다. 선생님은 정말 능력이 뛰어난 세일즈맨입니다."

맥스가 말을 붙였다.

카시우스는 어깨를 으쓱했다.

"예, 칭찬해줘서 고맙습니다. 솔직히 저는 판매에 있어서는 누구에게도 지지 않습니다. 지금까지 20년 동안 판매를 해왔으니까요."

맥스는 카시우스를 자세히 살폈다.

"20년 동안 판매를 해왔다고요? 이제 서른 살밖에 되어 보이지 않는데요!"

"예, 그렇습니다. 저는 열 살 때 판매를 시작했으니까요. 하늘을 나는 양탄자만 판 게 아닙니다. 도기 같은 것도 이집 저집 방문하면서 팔았습니다."

"정말 대단히 성공하신 것 같아요."

그의 터번에 박힌 루비 보석을 살피면서 미니가 말했다.

카시우스는 그들에게 몸을 가까이하면서 은밀한 어조로 말했다.

"사실 그동안 번 것으로 호화로운 여생을 즐기고자 했다면 벌써 그만두었을 겁니다."

"정말이세요? 그런데 왜 그만두지 않았나요?"

"가장 큰 이유는 하늘을 나는 양탄자를 믿기 때문입니다."

카시우스는 확신에 찬 어조로 말했다.

"저는 하늘을 나는 양탄자를 팔면 세상이 더욱 좋아질 거라고 믿고 있습니다. 그 믿음 하나 때문에 저는 아침 일찍 일어나 잠잘 때까지 최선을 다하는 것입니다. 하늘을 나는 양탄자가 하늘을 빼곡히 채울 그날이 언젠가는 올 겁니다. 저는 그런 세상의 초석을 닦는 사람 중의 한 명이고요. 그리고 언젠가는……."

그는 미소를 지으면서 잠시 뜸을 들인 다음 다시 입을 열었다.

"세상에서 제일가는 부자가 될 거예요."

맥스와 미니 두 사람은 카시우스야말로 자신들이 원하는 사람이라는 것을 추호도 의심하지 않았다.

카시우스는 손을 살짝 흔들면서 인사말을 하고 낙타에 올라타려 했다.

"잠깐만요, 아직 가지 마세요."

미니가 소리를 지르며 제지했다.

"무슨 일이죠, 왜 그러는데요?"

"사실은 여기 있는 제 남편이 아주 혁신적인 제품을 발명했어요."

"예, 정말입니다."

맥스가 말했다.

"사실 제가 발명한 제품은 하늘을 나는 양탄자보다도 세상에 더 큰 충격을 줄 것입니다."

카시우스가 의심스러운 어조로 말했다.

"정말입니까? 도대체 선생님이 발명했다는 새로운 제품이 무엇입니까?"

"몇 가지 샘플을 가지고 왔습니다."

맥스는 몸짓을 하며 말했다.

"우리는 이것을 바퀴라고 부릅니다."

한 시간이 지난 뒤, 맥스와 미니는 클로저 카시우스와 본격적인 협상에 들어갔다. 카시우스는 페르시아에서 몇 달 또는 몇 년이 걸려 구할지 모르는 양탄자 대신 바퀴를 팔기로 마음먹었다. 그는 월급을 받지 않는 대신 엄청난 수수료를 챙겼다. 바퀴 한 개당 50퍼센트의 수수료를 받기로 한 것이다.

그들은 그 자리에서 계약서를 작성하고 서명까지 했다. 계약서의 잉크가 마르기도 전에 카시우스는 샘플로 바퀴와 축 두 세트를 받았다. 놀랍게도 그는 낙타에서 안장과 안장 모포를 떼어냈다.

안장 모포는 보이는 것과는 전혀 달랐다. 그것은 가볍고 강력한 천으로 수없이 포갠 매우 얇은 양탄자였다. 카시우스가 안장 모포를 계속해서 펴자 조금 전에 팔았던 양탄자만큼의 크기가 되었다. 카시우스가 뭐라고 뭐라고 중얼거리며 손뼉을 치자 양탄자는 나무판처럼 딱딱해지면서 공중으로 떠올랐다.

"아니, 조금 전에 팔았던 양탄자가 마지막이라고 하지 않았습니까?"

맥스가 물었다.

"뭐라고 할까, 예기치 않은 상황에 대비해서 저 자신을 위해 여벌을 남겨둡니다."

카시우스는 눈을 찡긋하면서 말했다.

맥스와 미니는 서로의 얼굴을 쳐다보았다. 하지만 카시우스는 별일 아니라는 듯 여러 가지 물건들과 함께 바퀴와 축을 하늘을 나는 양탄자에 올려놓았다. 그리고 양탄자 한가운데에 앉았다.

"그럼 다음에 뵙겠습니다."

"낙타는 어쩌시고요?"

미니가 물었다.

"먼 길을 가는데 낙타로는 어림없어요. 낙타는 그냥 두 분이 가져가세요. 며칠 있으면 낙타 수천 마리를 살 수 있을 정도로 부자가 될 텐데요, 뭘."

그의 강한 자신감에 두 사람을 흐뭇한 미소를 지었다. 그들과 악수를 나눈 뒤 클로저 카시우스는 손뼉을 쳤다. 그러자 양탄자가 공중으로 올랐고, 그는 손을 흔들며 푸르고 청명한 하늘 높이 사라져갔다.

맥스와 미니는 낙타의 고삐를 움켜잡은 채 카시우스가 지평선 너머로 사라질 때까지 지켜보았다.

"정말 당신 말대로 엄청난 이익을 가지고 올 사람인 것 같아."

"그 낙타는 두 분이 거저 가지세요.
며칠 있으면 우리는 낙타를 수천 마리
살 수 있을 정도로
부자가 될 거예요."

맥스가 말했다.

"예, 그래요. 정말 우리가 이번에는 사람을 제대로 고른 것 같아요. 물론 50퍼센트의 수수료라면 대단히 높기는 하지만."

"여보, 우리 힘으로는 하나도 팔지 못하는데, 50퍼센트면 어떻고, 그 이상이면 또 어때. 50퍼센트 수수료가 하나도 팔지 못하는 100퍼센트보다는 훨씬 낫잖아."

두 사람은 낙타와 당나귀를 끌고 집으로 향했다. 구름 한 점 없는 맑은 하늘을 날던 클로저 카시우스는 세계 최초로 바퀴를 구입할 사람이라도 찾는지 아래를 뚫어지게 살피고 있었다.

꿈을 파는
클로저 카시우스

그날 땅거미가 지기 전, 카시우스는 피라미드 공사 현장 주변을 몇 번이나 돌았다. 엄청난 양의 석재를 나르는 수천 명의 노동자와 수백 마리의 코끼리가 눈에 띄었다. 하지만 카시우스는 땅으로 내려오지 않았다.

카시우스는 피라미드 공사 현장에서 도보로 며칠을 걸릴 거리를 넓게 선회하기만 했다. 마침내 지표면에 커다랗게 뚫려 있는 구멍이 그의 눈에 들어왔다. 그는 그것을 자세히 보기 위해 좀 더 낮게 날았다. 그것은 자신이 생각한 대로 채석장이었다.

"이제 됐어."

그는 혼잣말을 했다.

카시우스는 채석장에서 가장 가까운 마을의 한 여관에서 하룻밤을 잔 후 아침 일찍 일어났다. 여러 가지 준비할 것이 많았던 것이다.

준비를 끝낸 카시우스는 양탄자를 타고 채석장으로 날아가 인부들에게 하늘을 나는 양탄자의 위력을 알린 후 채석장 한가운데에 내렸다.

"사장님을 만나뵐까 합니다, 어디 계시죠?"

그는 주위에 몰려든 인부들에게 물었다.

"약속하고 오신 겁니까?"

한눈에도 감독 일을 하고 있는 듯이 보이는, 인부들과 다른 복장을 한 사람이 물었다.

"파라오와 관련된 매우 중요한 일로 사장님과 상의하고자 왔습니다."

"아, 그러십니까. 그러면 저하고 같이 가시죠."

그 사내는 채석장 끝 평범한 건물로 카시우스를 데리고 갔다. 잠시 후에, 건물 끝에 있는 사무실에 가슴이 우람한 대머리 사내가 나타났다.

"예, 제가 사장 마블인데, 무슨 일로 오셨습니까?"

"만나게 되어 반갑습니다. 저는 클로저 카시우스라고 합니다. 어디서 조용히 이야기를 나누었으면 해서요."

마블은 카시우스를 사무실로 데리고 갔다. 맛있는 케이크와 향이 짙은 커피를 내놓고, 마블이 물었다.

"파라오와 관련된 일 때문에 찾아오셨다고 했는데, 그게 무슨 일이죠?"

"예, 말씀하신 대로 파라오와 피라미드와 관련해 중요한 일을 상의드리러 왔습니다. 하지만 그에 앞서 이 채석장에서는 어떤 종류의 석재를 생산하는지 알았으면 합니다."

"저희는 약간 특이한 석재인 석회암을 주로 생산하고, 그 밖에 화강암, 사암 그리고 저희 채석장이 자랑하는 대리석 등을 생산하고 있습니다."

"물론 품질은 좋겠죠?"

"그럼요, 최고 중의 최고라고 자부합니다."

"그렇지만 현재 피라미드 공사장에는 전혀 납품하지 않는 것으로 알고 있는데요?"

카시우스는 속으로 계산을 하면서 물었다.

"뭐, 크게 개의치 않습니다. 납품을 하고 싶지만 아무래도 수송에 문제가 있어서요. 사실 우리 채석장은 피라미드 현장과 너무 멀리 떨어져 있습니다. 솔직히 말해 피라미드 공사장에 소량이라도 납품했으면 싶어요. 매년 우리도 입찰에 나서지만 현장까지 석재를 운반할 인부를 모집하는 비용이 많이 드는데……. 아무리 코끼리로 운반한다 해도 가격 경쟁력이 없어 이익을 창출할 방법이 전혀 없습니다."

카시우스는 슬쩍 몸을 앞으로 숙였다.

"마블 사장님, 사장님의 운명을 완전히 바꿀 만한 비책이 제게 있습니다. 좀 더 쉽게 말하면 제가 사장님의 석재를 지금까지 생각한 것과는 비교할 수도 없이 신속하게 그리고 경제적으로 피라미드 현장, 아니 그 어떤 곳까지라도 운반할 수 있는 힘을 제공할 수 있습니다."

마블이 키득거렸다.

"거, 하늘을 나는 것 말하는 겁니까?"

"아니, 그런 제품은 아닙니다. 하늘을 나는 양탄자만큼이나 신기하지만 이 제품은 사장님이 운반하고자 하는 석재를 공중으로 옮기지는 않습니다. 하지만 지금까지 꿈에서만 상상했던 대단한 효율성을 가지고 석재를 옮길 수 있는, 매우 혁신적이지만 간단하고 실용적인 새로운 제품을 제가 판매하게 되었습니다."

"그 말이 정말입니까? 그게 도대체 뭐죠?"

"그럼 먼저 어떤 물건인지 보여드리겠습니다. 아무래도 직접 보아야 믿으실 것 같아서요."

카시우스는 자리에서 일어나 문을 향해 제스처를 취했다.

"그럼 밖으로 나가시죠."

사무실에서 나가기 직전 카시우스는 고개를 돌리며 말했다.

"참, 날이 더운데 몸을 가릴 만한 옷가지를 준비하셨으면 합니다. 물론 사하라 사막을 지나칠 때는 빨리 날아 좀 서늘하기는 했지만요."

"그렇다면……. 날아서 가야 한단 말입니까?"

"예, 하지만 한 시간 내로 돌아오니까 걱정하지 마십시오."

"사장님, 지금 제가 보여드리고자 하는 것은, 이렇게 짧은 시간 말씀드렸지만 수년 내에 지금의 사업 규모와 수익을 3~4배나 증가시킬 수 있는 획기적인 것입니다. 제 말만 따르면 이제 막 시작한 피라미드 공사 계약을 따낼 수 있는 좋은 기회를 갖게 됩니다."

마블은 고개를 천천히 끄덕이고 차가운 밤에만 입곤 하던 망토를 걸치고 하늘을 나는 양탄자 위에 올랐다.

이내 두 사람은 하늘로 솟아올랐고, 마블은 얼굴 가득히 웃음을 지으면서 어쩔 줄 몰라했다.

"이거, 기분이 아주 삼삼하군요."

그가 말했다.

"수공으로 만든 양탄자를 많이 가지고 있습니다. 다음번에는 사장님이 직접 타보셨으면 합니다."

"예, 정말 그랬으면 좋겠습니다."

하늘을 비행하는 즐거움을 만끽하기 위해 카시우스는 멋지게 양탄자를 조종하였다. 그러고 나서 하룻밤을 묵었던 시내 외곽에 부드럽게 내려앉았다. 그곳에는 카시우스가 돈을 주고 미리 모은 사람들이 있었다. 그들은 커다란 두 개의 돌 양쪽에 무리지어 있었다.

"마블 사장님, 왼쪽에 있는 사람들은 밧줄을 이용해서 석재를 옮길 것이고, 오른쪽에 있는 사람들은 사장님께 말씀드렸던 바퀴라는 혁신적인 새로운 제품을 이용해서 석재를 옮기게 됩니다."

"바퀴라고요?"

"예, 그렇습니다. 바퀴입니다. 자세히 보면 아시겠지만 사실 오른쪽에 있는 사람들은 왼쪽에 있는 사람들보다 불리한 입장에 있습니다. 오른쪽에 있는 사람들이 옮길 석재는 왼쪽에 있는 사람들이 옮길 석재보다 훨씬 크고 무거우니까요."

카시우스는 손을 모아 입에 대고 소리쳤다.

"자, 준비됐습니까? 모두 규칙은 잘 알고 있죠? 결승선에 먼저 들어오는 팀이 50셰켈을 받게 됩니다. 준비 땅!"

그것은 사실 경기라고 하기도 어려웠다. 석재를 밧줄로 끄는 팀이 거리의 10분의 1도 채 가기 전에, 축에 연결된 2개의 바퀴로 거대한 석재를 끄는 팀이 결승선에 이미 도달한 것이다.

"정말 대단합니다. 세상에 태어나서 이렇게 대단한 건 처음 봅니다."

마블이 놀라움을 감추지 못하고 말했다.

"마블 사장님, 자세히 좀 살펴보시죠."

"예, 그렇게 하다마다요!"

두 사람은 바퀴에 가까이 다가갔다. 마블이 입을 열었다.

"조금만 더 튼튼하면 좋을 듯싶습니다!"

"아니, 약해 보인단 말입니까? 그렇지 않습니다. 한 번 발로 차 보시죠. 사실 이 바퀴는 탄탄하기도 하려니와 대단히 혁신적인 제품입니다. 조작법도 간단하고, 실용적이며, 믿을 만하죠. 좀 더 자세히 보시죠."

두 사람은 바퀴의 아랫부분을 자세히 살폈다.

"사장님께서 지금 보신 것처럼 두 개의 바퀴가 가로막대인 축과 연결되어 있습니다. 가벼운 석재는 바퀴 한 세트로 충분히 옮길 수 있지만 이렇게 커다란 석재인 경우에는 앞에 한 세트, 뒤에

"사실 이 바퀴는 대단히 혁신적인 제품입니다.
조작법도 긴단하고 실용직이며, 믿을 만하죠.
좀 더 자세히 보시죠."

한 세트가 있어야 합니다. 그리고 아주 억센 밧줄로 축을 몇 번 돌린 다음 석재를 묶어 반대편에 묶으면 됩니다. 그렇게 하면 피라미드까지 문제없이 석재를 옮길 수 있습니다."

마블은 빙그레 웃었다.

"그야 그렇지만 우리는 피라미드 공사와 관련해 계약조차 하지 않은 걸요."

"계약하고 싶은 마음은 있으십니까?"

"그야 당연하지요."

"피라미드 공사뿐만 아니라 여러 가지 공사를 계약하실 수 있습니다. 바퀴만 있으면 이집트의 어떤 채석장보다도 경쟁 우위에 서게 될 겁니다. 원시적인 방법으로 석재를 옮기는 업자에 비해 사장님은 10배나 빠르게 석재를 옮기실 수 있습니다."

카시우스는 순간 마블이 바퀴를 구입하기로 결정했음을 눈치챘다.

"앞으로 어떤 일이 있을지 알고 계십니까?"

카시우스가 물었다.

"어떤 일이라뇨?"

"나일 강과 관련된 일이죠. 사장님은 벽에 쓰신 상형문자를 읽을 수 있으시죠? 파라오는 이제야 처음으로 피라미드를 짓기 시작했습니다. 이번을 계기로 앞으로 피라미드를 더 많이 짓게 될 것입니다. 사원과 오벨리스크는 말할 필요도 없고, 온갖 종류의 기념비를 말입니다. 군 관계자는 도시 전체 외곽에 돌로 성을 쌓자고 건의하고 있습니다. 건축자재로서 석재만한 것은 없습니다. 석재는 앞으로 무궁무진하게 쓰일 것입니다. 그리고 바퀴만 있으면 필요한 곳 어디에나 석재를 공급할 수 있습니다."

마블은 이제야 카시우스가 한 말의 의미를 알아차리기 시작했다. 순간 모든 것을 선명하게 이해했다. 아마 카시우스의 말대로 될 가능성이 높을 것이었다.

"사장님이 아시다시피 저는 어제 나일 강을 따라 비행하면서 대추야자 나무에다 분수까지 갖춘 대저택을 많이 보았습니다. 그 저택을 사장님께서 소유할 날이 멀지 않았습니다."

카시우스가 말했다.

"제가 그런 저택을 소유한다고요? 물론 마음이야 그러고 싶지만 지금은 그런 저택을 소유할 만큼 돈이 없습니다."

"아, 지금이 아니라 몇 년 후에 말입니다. 이 바퀴로 사장님께서는 지금보다 몇 배의 매출과 수익을 올릴 수 있게 됩니다. 그러면 이 척박한 사막지대에서 벗어나 푸른 숲이 무성한 지역에서 사실 수 있습니다. 물론 하인들도 부리고요. 게다가 자녀들을 귀족 집안 자녀와 결혼시킬 수도 있고요. 피라미드 공사 계약 건만 따내면 사장님은 내로라하는 유명 인사가 되는 겁니다."

"하지만 채석장에서 너무 멀리 떨어져 살면 채석장 관리를 어떻게 합니까?"

"그거야 하늘을 나는 양탄자가 있는데 뭘 고민하십니까?"

카시우스가 말하는 대로 된다면 마블은 후덥지근하고 더운 사막에서 고생할 필요가 없게 된다. 나일 강에 자리 잡은, 시원한 분수가 있는 정원에서 싱싱한 과일을 먹으며 나른한 오후를 즐기게 될 것이다. 게다가 양탄자를 타고 하늘을 날아다니며 채석장을 감독하고, 이집트 각처에서 석재를 나르는 바퀴를 볼 수 있게 될 것이다.

세일즈 달인의 비결

"그래, 바퀴를 몇 개나 팔았습니까?"

맥스가 궁금한 것을 참지 못하고 물었다.

"총 20세트를 팔았습니다. 세트 하나당 가격은 5,000셰켈입니다."

"그렇다면 10만 셰켈어치를 팔았단 말이군요."

미니는 입을 다물 줄 몰랐다.

"어떻게 한 번에 그렇게 많이 팔 수 있었습니까?"

맥스가 물었다.

카시우스는 어깨를 으쓱했다.

"생각하는 것보다 어렵지 않습니다. 채석장을 하는 사람에게는 바퀴가 수백만 셰켈의 가치가 있으니까요. 그 사람이 실현할 수 있는 꿈에 비한다면 바퀴는 그야말로 새 발의 피에 불과하죠. 이제……."

그는 무거운 목재 금고를 주방 테이블에 올려놓은 다음 금고를 열었다. 번쩍거리는 황금 동전이 가득했다.

"전액은 받지 못했고, 50퍼센트를 받았습니다. 자, 사장님의 몫인 2만 5,000셰켈입니다. 제가 가져갔던 샘플은 그곳에 그냥 두고 왔습니다. 그리고 나머지 바퀴는 대상을 통해 그 채석장 사장에게 보내주십시오. 이제 일을 마쳤으니 그만 일어나볼까 합니다."

"아니, 그냥 가시려고요? 식사라도 하고 가셔야죠?"

미니가 만류했다.

"호의는 고맙지만 제게는 시간이 돈입니다. 돌아오는 길에 상당수에 이르는 소규모 채석장을 보았습니다. 그곳의 석공과 비석 업자들은 모두 제 고객이죠. 정말이지 바퀴시장은 무궁무진합니다. 이렇게 사장님과 함께 이 사업을 하게 되어 정말 기쁩니다."

"저 역시 기분이 좋습니다. 하지만 솔직히 말해 어안이 벙벙할 뿐입니다. 사실 집사람과 저는 죽어라 고생하고도 하나도 못 팔았는데, 너무 쉽게 파니까요. 정말 어떻게 파는지, 그 방법을 알고 싶습니다. 저희들도 선생님과 같이 동행하면 안 될까요? 아직도 바퀴는 많이 있습니다. 그리고 약속컨대, 절대로 선생님을 방해하지 않겠습니다."

맥스가 부탁했다.

자부심이 강한 위대한 세일즈맨은 칭찬받는 것을 몹시 좋아하는 법이다. 그는 항상 자신의 능력에 상당하는 칭찬을 몹시 갈망하고 있었다.

"사실 몇 주 동안 저를 도와줄 사람을 고용할까 생각 중이었습니다."

카시우스가 미소를 지으며 말했다.

카시우스에게 다음 날 떠나라고 만류한 끝에, 세 사람은 다음 날 새로운 바퀴와 축 세트를 양탄자에 싣고 바퀴를 살 고객을 찾으러 함께 떠났다.

며칠 동안 맥스 부부는 카시우스를 대단한 세일즈맨으로 만든 네 가지 기술이 무엇인지 알 수 있게 되었다.

먼저 카시우스는 제품을 구매할 소수의 사람을 찾는 데 뛰어났다.

요즘에는 이런 기술을 '고객이 될 사람을 알아보는 기술'이라고 부른다. 이 기술은 세일즈맨이 구매할 가능성이 없는 사람과 구매할 가능성이 있는 사람을 선별하는 것으로 세일즈맨은 이 기술을 습득함으로써 진정한 고객에게만 역량을 집중할 수 있게 된다.

카시우스는 자기가 만나는 사람들의 99퍼센트는 자신이 팔고 있는 제품을 사지 않을 것이라는 점을 잘 알고 있었다. 제품을 구매하지 않는 이유는 돈이 없어서일 수도 있고, 제품의 가치를 제대로 알지 못해서일 수도 있다. 또한 처음부터 그런 것에 관심이 없을 수도 있다.

모든 사람을 대상으로 제품을 팔려고 돌아다니기에는 하루의 시간이 턱없이 짧다. 돈을 벌기 위해 카시우스는 구매 능력이 있는 1퍼센트를 찾아야 했고, 실제로 그는 구매자를 제대로 찾았다.

그런데 그렇게 많은 사람 가운데 바퀴를 구입할 만한 사람을 어떻게 찾았을까? 모든 사람이 그에게는 새로운 고객이지만 그는 항상 직감적으로 구매자를 찾아낸다.

카시우스가 바퀴를 팔든, 날아다니는 양탄자를 팔든, 그 무엇을 팔든 그의 고객은 대부분 다음과 같은 사람들이다.

- 그가 팔고 있는 물건을 구매할 만한 재력을 갖춘 사람.
- 의사 결정을 할 수 있는 권한이 있는 사람.
- 다른 사람과 다르게 보이고자 하는 욕망이 강한 사람.
- 미래에 대해서 충분히 생각하는 사람.
- 제품을 구입하기 전이나 후나 카시우스에게 뭔가를 기대하지 않을 정도로 자원이 풍부한 사람.

위의 특징 외에 카시우스는 다른 특징을 가지고 있는 사람들을 찾고 있었다. 그는 상품을 기회로 여길 수 있는 사람들을 찾으려 했다. 카시우스에게 바퀴는 새로운 기술로 물건을 옮겨 엄청난 돈을 긁어모을 수 있는 기회를 의미했다.

사실 그의 고객 대부분은 자신처럼 기업가인 경우가 허다했다. 그 밖의 고객으로는 중소기업이든 대기업이든 기업의 리더들(경영자들)이었다. 확실한 것은 그들은 제품을 구매할 때 다른 사람으로부터 결재를 받을 필요가 없는 사람들이라는 것이다.

이 같은 기준을 두고 카시우스는 고객을 찾아나섰던 것이다.

카시우스는 세밀한 관찰로 고객이 될 가능성이 있는지 없는지 알 수 있었다. 카시우스는 한눈에 감이 오면 그다음에 대화의 물꼬를 튼다. 간단하게 몇 가지를 물어본 다음 시간과 에너지를 들일 만한 가치가 있는 사람인지 곧바로 판단한다.

정말 중요한 점은, 만나는 사람 모두에게 카시우스가 정중하게 대한다는 것이다. 그는 호감이 가고 카리스마 넘치게 행동했고, 그를 만나는 사람 모두가 그를 좋아하도록 만들었다.

하지만 그는 상대방이 자신의 기준에 맞지 않을 경우에는 정중하게 대화를 끝내고 자리를 뜬다. 다시 말해 그는 고객이 될 가능성이 없는 사람과는 절대로 시간을 보내지 않는다.

이와 달리 적절한 고객에게는 불도저처럼 밀어붙인다.

카시우스가 갖는 또 하나의 특징은 제품을 직접 보여주고 설명하는 데 달인이라는 점이다. 사실 그는 그 분야에서는 둘째가라면 서러워할 정도로 프레젠테이션의 달인이다.

프레젠테이션이란 세일즈맨이 고객에게 제품을 보여주거나 시연하는 것을 말한다. 그런데 카시우스는 프레젠테이션을 할 때 이성에 호소하지 않고 자연스럽게 사람들의 흥미를 유발하며, 심지어 드라마틱하게 화술을 발휘한다. 그는 고객이 자신이 팔고 있는 제품을 많은 돈을 주고라도 사고 싶다고 느끼도록 항상 애를 쓴다.

그리고 그는 항상 일 대 일로만 프레젠테이션을 하는데, 하다

보면 많은 사람이 몰려든다. 이러한 프레젠테이션은 단순히 바퀴를 시연하는 정도를 너머 하나의 이벤트로 발전한다.

어느 날이었다. 맥스 부부는 어느 정도 부유해 보이는 시내를 카시우스와 함께 양탄자를 타고 비행하고 있었다.

"어때요, 바퀴를 살 만한 사람이 있을 것 같지요?"

카시우스가 시내 입구를 지나칠 때 물었다.

"어떤 사람을 제일 먼저 찾아가야 하죠?"

맥스가 물었다.

"확정된 사람은 아무도 없습니다."

"확정된 사람은 아무도 없다니요?"

"사장님도 알다시피 저도 여기는 처음입니다. 그러니 판단이 안 서지요."

"그렇다면 왜 여기에 온 거죠?"

미니가 물었다.

"어떻게 판매를 할 작정이신데요?"

"그럼 잠깐만 제가 하는 것을 지켜보세요."

카시우스가 말했다.

양탄자가 땅에 닿기 무섭게 그는 곧장 신축 원형극장으로 달려가 극장을 임대했다. 그리고 광장으로 달려가 다음과 같은 선전 벽보를 게시했다.

내일 해가 창창하게 떠 있는 대낮에

원형 극장에서

카시우스라는 사내가

맨손으로 1톤이나 되는 바위를 옮깁니다. 믿거나 말거나!

상상할 수도 없는 진기명기입니다.

코끼리도, 낙타도, 말도 없습니다.

지금까지 멋지게 세상을 살아온

시민 여러분들도 일찍이 이러한 진기명기는 보지 못했을

것입니다.

카시우스가 약속한 대로

바위를 옮기지 못할 경우에는

구경 오신 여러분 모두에게

5세켈씩 드립니다.

1세켈짜리 표는 정문에서 팝니다.

진기명기 쇼를 절대로 놓치지 마십시오!

다음 날, 해가 제일 높이 떠 있는 시간에 원형극장은 관중들로
꽉 들어찼다.

카시우스는 관중들의 시선을 사로잡기 위해 무대에 나와 힘차
게 자신을 소개했다. 그리고 커튼을 젖혔다. 맥스가 만든 바퀴와
축 위에는 거대한 1톤짜리 바위가 놓여 있었다.

바위가 정말 겉보기처럼 무거운지 보여주기 위해 그는 관중들 가운데서 지원자를 뽑아 무대에 올라오게 했다. 지원자들이 정말 그것이 바위라는 사실을 확인하자마자 카시우스는 트럼펫 팡파레를 울리게 했다. 그리고 한 손으로 무대 끝에서 무대 끝까지 바위를 끌었다.

관중들은 환호성을 지르며 열광했다.

다시 카시우스는 바위 위에 조그만 돌과 나무 상자, 모래 주머니 등을 올려놓고 다시 한 번 반대편으로 손쉽게 끌었다. 그리고 너무 무거워 혼자 들 수 없는 물건을 지원자를 뽑아 바위 위에 가까스로 얹었다.

그는 바위를 끌면서 바퀴의 힘으로 얻을 수 있는 엄청난 이익에 대해서 설명했다.

물론 카시우스가 바위 끌기에 실패하면 받기로 한 5세켈을 받지 못해 아쉬워하는 관중들도 있었다. 하지만 카시우스가 약속한 것을 모두 보여주자 관중들이 구름처럼 그에게 몰려들었고, 그는 판매를 시작했다.

정문에 있는 책임자에게 대여료를 지불한 뒤에 카시우스는 판매에 나섰다. 그는 제품을 보여주기 위해서뿐만 아니라 분위기를 잡기 위해 이벤트를 이용했던 것이다. 그리고 늦은 오후가 되었을 때 카시우스는 가지고 온 바퀴를 모두 팔았을 뿐만 아니라 수십 대의 바퀴를 선주문 받았다.

카시우스는 수건으로 흘러내리는 땀을 닦으며 "어떤 상황이건

"맨손으로 1톤이나 되는 바위를 옮깁니다.
코끼리도, 낙타도, 말도 없이 말입니다."

저는 기어코 팔고야 맙니다"라고 말했다.

카시우스의 또다른 특징은 다음과 같다. 잠재 고객이 바퀴에 대한 이의를 제기한다 하더라도 어떻게 해서든지 고객으로 만들어놓는다는 것이다. 그는 잠재 고객과 기회가 사라지는 것을 허용하지 않았다.

사람들이 제기하는 이의는 다양했지만 공통적으로 "좋기는 한데 생각 좀 해보고요"라는 단서가 붙었다.

또는 "바퀴가 매우 새롭기는 한데…… 정말 필요한지를 아직 모르겠어요"라고 단서를 붙이는 경우도 있다.

또 "바퀴가 이렇게 비싸다니 정말 이해가 가지 않는군요"라는 단서를 붙이는 경우도 있다.

카시우스는 잠재 고객의 이 같은 반응을 항상 해결했다.

"잠재 고객이 이의를 제기할 때마다 저는 항상 스스로에게 '나는 팔지 못하는 게 없어'라고 말합니다."

카시우스가 말했다.

"아니, 팔지 못하는 게 없다뇨? 원치 않을 경우도 있을텐데 무슨 수로 팔 수 있나요?"

미니가 물었다.

"사실 한두 가지 이유를 들어 이의를 제기하는 것은 결코 사고 싶은 마음이 없다는 말이 아닙니다."

카시우스는 고객이 이의를 제기하는 것을 항상 있을 수 있는 일로 여겼다. 많은 시간을 들이면 견고한 성벽 같았던 고객의 마음도 무너지게 마련이다. 그것은 오히려 출입문과도 비슷했다. 카시우스는 그 문을 여는 열쇠를 찾는 것이야말로 세일즈맨이 마땅히 해야 할 일이라는 것을 잘 알고 있었다.

고객이 가장 일반적으로 제기하는 이의는 시간문제인 것으로 나타났다.

"시간을 가지고 생각해보겠습니다.'

고객은 이렇게 말하곤 한다.

카시우스는 다음과 같은 두 가지 이유를 들어 고객에게 시간적 여유를 주지 않았다. 첫째, 고객에게 다시 생각할 시간을 많이 주면 오히려 사지 않을 이유만을 찾는다는 사실을 경험을 통해 알고 있기 때문이다. 둘째, 카시우스 스스로 시간이 없기 때문이다. 고객이 구매하기로 마음을 먹을 때까지 그 고객에게만 매달리면 다른 고객을 놓치기 때문이다.

그래서 잠재 고객이 '다시 한 번 생각하겠다'는 것에 충분한 이유를 대면 카시우스는 약간의 시간을 준다. 다시 말해 그는 그들에게 자신의 여분의 시간을 주는 것이다. 그동안 잠재 고객이 문제 삼는 내용이 무엇인지를 정확하게 파악한다.

"이의 제기란 사실 고객이 무언가 그 이상을 원한다는 말입니다. 아마도 고객은 정보를 더 원할 수도, 확신을 더 원할 수도, 아니면 더 큰 관심을 원할 수도, 아니면 제대로 물건을 구입했다는 느낌을 갖기를 원할 수도 있습니다. 이의 제기의 이면에 무엇이 있든 간에, 이의 제기는 구매를 해도 좋겠다는 충분한 판단이 설 때까지 구매를 늦추는 자신만의 방법입니다. 그리고 그들이 이런 저런 생각을 하지 않고도 구매를 하는 것이 좋겠다고 느끼도록 만드는 것이 바로 제가 해야 할 일이고요."

카시우스는 다음과 같이 문제를 해결했다.

첫째, 그는 고객과 절대로 논쟁하지 않는다. 논쟁만으로도 고객을 놓치기 때문이다.

둘째, 그는 고객이 말하는 내용에서 고객의 감정까지 항상 세세하게 신경을 쓴다. 그것은 그가 수동적이거나 호의적이라는 말이 아니다. 신경을 쓰는 것만으로도 판매를 가로막는 문제점을 고객이 스스로 극복하는 데 도움을 제공할 수 있기 때문이다.

셋째, 그는 고객의 이의에 대해 충분한 답변을 해주지 않는다. 고객이 스스로 답을 얻도록 유도하기만 하면 되기 때문이다.

카시우스가 사용하는 기본 규칙은 바로 이 세 가지였다. 그는 다음과 같이 이의를 처리한다.

- 고객의 소리를 귀담아 듣는다.
- 고객이 말한 바를 고객에게 그대로 전달한다. 물론 말 그대로는 아니지만 고객이 말한 일반적인 생각을 전달한다.
- 고객에게 그 이상을 말해달라고 부탁한다. 이렇게 함으로써 그는 이의의 진정한 본질을 고객 스스로 말하도록 한다.

문제의 본질이 드러날 때까지 이 같은 과정을 한두 번 반복하는 경우가 있다. 일단 문제의 본질이 드러나면 카시우스는 세 번째 기본 규칙을 이용하여 고객 스스로 문제를 해결할 수 있도록 하는데, 이것이 마지막 단계로써 전체 과정에서 제일 중요하다.

· 고객이 자신의 이의에 직접 답하도록 유도한다.

어느 날이었다. 그는 바퀴에 대해 석공에게 프레젠테이션하고 있었다. 이제 석공은 바퀴의 용도를 확실하게 알게 되었다. 그는 매일같이 상당수의 큰 석재를 옮길 수밖에 없었기 때문에 카시우스에게 바퀴를 사겠다는 의사를 분명히 했던 것이다.

하지만 카시우스가 가격을 말하기 무섭게 석공은 턱을 쓸어내리며 "시간 좀 주십시오"라고 말했다.

"시간이 필요하다고 하셨죠? 좋습니다. 그렇게 하죠."

카시우스가 말했다.

"하지만 우선 저를 도와주실 수 있겠습니까?"

"그게 뭔데 그럽니까?"

"여기 좀 앉으시지요. 잠깐이면 됩니다."

두 사람은 자리에 앉았고, 카시우스는 석공 쪽으로 몸을 기울이고, 목소리를 낮춰 은밀하게 말했다.

"바퀴에 대해서 생각하고 있는 게 있으면 말씀 좀 해주셨으면 합니다."

"예……. 그건 저도 잘 모르죠."

"바퀴 구입을 결정하는 데 필요한 것이 무엇인지를 저에게 말해주시면 정말 많은 도움이 되겠습니다."

"그건 왜죠?"

"솔직히 말해 이번 일은 제가 잘못한 것 같습니다. 어쨌든 저도 전지전능한 신이 아닌 오류투성이 인간에 불과하니까요. 바퀴의 용도를 설명할 때 무엇인가 중요한 것을 빠뜨린 것이 분명합니다. 사장님께서는 굉장히 바쁘실 텐데 제가 조금 전에 설명한 것 이상을 생각하느라 잠도 제대로 못 주무실 것 아닙니까?"

"그런 문제로는 고민하지 않을 겁니다."

석공이 말했다.

"사실 그건 아무런 문제가 되지 않습니다. 사장님께서 바퀴에 대해 완벽하게 설명해주셨는데요. 그건……."

석공은 잠시 말을 끊었다. 카시우스는 석공이 말할 때까지 석공의 말에 귀를 기울여야 한다는 것쯤은 알고 있었다.

"그건, 바퀴가 정말 필요한지를 아직 확신하지 못하기 때문입니다. 그리고 솔직히 가격도 좀 비싸고요."

"아, 예. 정말 필요한 것인지를 모르겠고, 가격이 비싼 것이 문제된다 이 말씀이시군요."

"그렇습니다."

석공이 일어나려고 했지만 카시우스는 부드럽게 그의 팔을 잡았다.

"한 가지만 더 물어보겠습니다. 사장님은 건강을 돌보십니까?"

카시우스가 물었다.

"그거야 두말하면 잔소리죠."

석공이 답변했다.

"원하건, 원치 않건 인간이란 세월이 흐를수록 젊어지지는 않죠?"

"그렇죠."

"매일같이 사장님이 옮기는 석재 역시 시간이 지날수록 가벼워지지는 않겠죠?"

"그렇다마다요."

"참, 등은 좀 어떻습니까?"

석공은 내심 놀랐다. 사실 며칠 전부터 등이 아팠다는 사실을 말하지 않았기 때문이다. 카시우스는 석공의 표정이 약간 어색하다는 사실을 눈치 채고 건강을 문제 삼으리라 마음먹고 있었다.

"약간 아프기는 하지만 조만간 낫겠죠."

"바퀴야말로 등의 부담을 덜어주는 혁신적인 제품입니다."

석공이 고개를 끄덕였다.

"바퀴를 사용한다면 몸은 상당히 좋아지겠죠?"

"그 점에 대해서는 말할 필요가 없죠."

석공은 다시 고개를 끄덕였다. 하지만 그의 얼굴빛이 갑자기 어두워졌다.

"하지만 바퀴 가격이 너무 비싸서……."

"사장님의 말씀에 반대하고 싶은 마음은 추호도 없습니다. 솔직히 가격이 싼 편은 아닙니다. 참, 척추 지압을 받으시는 데 비용은 어느 정도 됩니까?"

"50셰켈 정도 됩니다."

"50셰켈이라고요?"

"어떤 경우에는 100셰켈 할 때도 있습니다."

"100셰켈이라고요? 만만치가 않은 액수군요. 시간이 지날수록 50셰켈, 100셰켈씩 늘어나겠죠. 그리고 방금 말씀드렸듯이 사람이란 세월이 지날수록 늙고요. 그렇다면 지금보다 건강이 좋아지지는 않겠죠?"

석공은 다시 한 번 고개를 끄덕였지만 낯빛은 더욱 어두워졌다.

"일을 못하는 시간은 어느 정도 되십니까? 그것도 대단한 비용이죠."

카시우스가 말했다.

"그렇습니다. 하지만 일을 하지 않는 날은 많지 않습니다. 지금까지는 운이 좋은 편이라고 할 수 있죠."

"저도 사장님에게 계속해서 운이 따르기를 진심으로 바랍니다. 하지만 일을 하지 못하거나 혹은 다음 날 일을 2배로 하게 되면 어떻게 되겠습니까?"

석공은 자신이 정작 두려워하는 것을 한마디도 하고 싶지 않은 듯 투덜거리기만 했다.

카시우스는 바로 이때다 싶어 소극적인 전술에서 적극적인 전술로 바꿨다.

"하지만 바퀴만 있다면 사장님께서는 사업을 더욱 번창시킬 수 있습니다."

"정말입니까?"

"물론이죠. 힘을 덜 들이고도 더 많은 석재를 옮길 테니까요. 바퀴를 구입하시게 되면 한 해에 50퍼센트 정도 성장하는 것은 놀랄 일도 못 되죠."

"그렇다면……. 수입도 늘어나고, 등도 아프지 않겠군요?"

"예, 사장님 말씀처럼 육체적 고통을 줄이면서 더 많은 수입을 올릴 수 있죠."

카시우스가 재차 설명했다.

석공은 고개를 바로 들고 자신의 밝은 미래를 보는 듯 카시우스 어깨 너머 지평선을 바라보았다.

"이 근방에서 제 사업이 가장 번창하겠죠?"

"그렇습니다. 다른 석공들이 허리 지압을 받으러 가는 동안에 사업을 더욱 확장할 수 있으니까요."

석공은 가볍게 일어났다. 마음이 부풀어서인지 등의 통증은 아랑곳하지 않고 몸을 바짝 세웠다. 이제 다른 경쟁자들에 비해 저가에 입찰할 수 있고, 더 많은 일을 할 수 있으며, 정시에 맞춰서 물건을 납품할 수 있게 된 것이다. 그는 바퀴에 다가가 손으로 턱을 만지고 불타는 눈빛으로 바퀴 주위를 천천히 걸었다.

카시우스는 석공의 마음을 완전히 읽을 수는 없었으나 무슨 생각을 하는지는 직감으로 느낄 수 있었다. 그는 짐짓 심드렁하게 말했다.

"사장님은 몇 년 내에 바퀴로 얻은 수익으로 아마도 경쟁업체 일부를 매입할 수 있을 겁니다. 물론 그 노동력까지도요. 어쩌면 훨씬 일찍 석공 일을 그만두실 수도 있고요."

석공은 고개를 들었지만 카시우스를 쳐다보지는 않았다. 머릿속에 천천히 흐르는 강물에서 보트를 탄 채 여유롭게 낚시를 즐기고 있는 자신의 모습이 그려졌기 때문이다.

"바퀴 값이 얼마라고 했죠?"

이젠 됐어! 카시우스는 직감적으로 판매에 성공했다는 것을 알았다. 기회는 왔고, 계약만 끝내면 되는 것이다.

클로저 카시우스란 이름은 바로 거래를 성사시키는 기술을 의미한다.

클로징(매매 종결)은 판매가 확실할 때 이루어지는 판매 과정의 일부분이다. 비록 돈이 곧바로 건네지지는 않지만 바로 여기서 잠재적인 고객은 비로소 고객이 되는 것이다. 잠재 고객이 의심을 모두 버리고 결정을 내려 "예"라는 대답을 할 때 비로소 거래가 성사되는 것이다.

고객이 "예" 또는 "됐어요" 심지어 "그렇게 하지요"라고 말하지 않는 경우가 있다. 고객이 단지 고개를 끄덕이고 웃음을 짓는 경우도 있다. 또는 정확한 물품 인도일을 물어보는 경우도 있다. 고객이 "그것을 갖게 되면 모든 게 잘 되겠죠. 그렇죠?"라고 물어오는 경우도 있다. 그럴 때에는 카시우스가 오히려 "예"라고 답하게 된다.

어떤 경우든 문제될 것은 전혀 없다. 고객이 흥분하여 어쩔 줄 몰라 좋아하는 경우도 있고, 아무 말도 하지 않은 채 서명만 하는 경우도 있다. 어느 것이나 제품을 구매하기로 마음먹은 것이다.

고객과 거래를 성사시키는 기술은 현재도 그리고 앞으로도 영원히 존재하는 예술인 것이다. 거래를 성사시키는 기술은 수백, 수천 개도 넘게 존재한다. 카시우스는 그 기술의 대부분을 알고 있었다. 하지만 맥스 부부에게 그는 "사실 저는 고객에게 두려움을 느끼게 하거나 제품을 구매하도록 욕망을 느끼게 하거나 아니면 그 두 가지를 모두 느끼게 해서 거래를 성사시킵니다"라고 말했다.

"두려움을 느끼게 하다니요?"

맥스가 이상해서 물었다. 제품을 가지고 싶어하는 욕망을 판매로 발전시키는 점은 충분히 이해할 수 있지만 두려움을 어떻게 판매로 발전시킬 수 있을까?

그 답은 의외로 간단했다. 즉 카시우스는 고객이 제품을 구매할 기회를 잃는 것에 대해 갖는 두려움을 이용하여 거래를 성사시킨다.

이렇게 하여 카시우스는 잠재적인 고객이 낚시 바늘에 걸렸다고 생각하면 고객을 좀처럼 놓치는 경우가 없다. 그리고 잠재적인 고객 대부분은 그가 하자는 대로 했다.

잠재적인 고객이 바퀴는 사고 싶지만 높은 가격 때문에 주저하고 있다는 사실을 알아차리면 카시우스는 실제로 가격을 터무니없이 올려버리는 경우도 있다. 그렇게 되면 카시우스가 계속해서 가격을 올리는 것에 놀라 고객은 오히려 거래를 서두르게 마련이다.

카시우스는 근본적으로 낙천주의자이기 때문에 욕망 또는 그와 비슷한 탐욕과 사랑에 근거하여 거래를 성사시키는 편이다.

석공이 "얼마죠?"라고 물어보았을 때 카시우스는 이제 판매는 따놓은 당상이라고 직감했고, 한 가지 문제될 것은 석공이 가격을 껄끄럽게 생각하고 있다는 것이었다.

적어도 카시우스의 고객 가운데 절반은 자신들이 엄청나고 새롭고 대단히 혁신적인 제품을 원할 뿐만 아니라 직접 거래를 하고 있다는 짜릿한 기분을 몸소 느끼기를 원했다.

카시우스는 잠재적인 고객이 낚싯대에 이미 걸렸는데 단지 가격 때문에 주저하고 있다고 판단되면 위에서 언급한 것처럼 가격을 터무니없이 올리는 경우도 있었다.

하지만 판매는 예술이고 거래의 예술가로서 카시우스는 잠재고객 저마다를 철저하게 파악할 뿐만 아니라 고객 저마다의 특성에 따라 거래를 성사시키는 방법을 익히 알고 있었다.

이 경우에 그는 석공에게 가격을 다시 말했다.

"1,200세켈입니다."

그는 이번에는 강하게 그리고 진솔하게 말했다. 하지만 석공의 대답은 의외였다.

"그 성도는 여유가 없습니다."

카시우스는 일부러 태양을 비스듬히 보고 "오늘 선약이 있어서 그만 실례합니다"라고 말했다.

"아, 그러면 내일까지 하루만 기다려주시죠."

카시우스는 고개를 저었다.

"솔직하게 말하면 남쪽 방향으로 가는 대상과 함께 이동할 예정입니다. 오늘까지 바퀴를 팔지 못하면 말입니다."

석공의 표정이 금세 달라졌다.

"그럼 지금 당장 거래를 성사시키죠. 가격만 합의하면 오늘 바퀴를 사실 겁니까?"

카시우스가 물었다.

"그거야 가격이 문제지요."

석공이 말했다.

"그렇다면 지불할 가격을 먼저 말씀해보시지요?"

석공은 시선을 내리고 생각에 잠긴 채 열심히 턱을 끄덕였다. 마침내 그가 입을 열었다.

"1,000셰켈이면 좋겠습니다."

"1,000셰켈이요, 정말 그 가격이면 좋겠습니까?"

"예, 그렇습니다."

사실 1,000셰켈은 지금까지 성사시킨 거래에서의 가격보다 비교적 낮은 액수였다. 드문 일이지만 975세켈에도 거래를 한 적이 있었다. 하지만 바로 여기서 석공을 잘 다루어야 한다. 카시우스는 그 가격을 받아들이지 않았다.

"죄송합니다. 정말 그 가격에 드리고 싶지만, 제조 가격이 높은데다가 수요가 많아 그것보다는 조금 높아야겠습니다."

그러자 석공은 거래를 못하게 될까봐 두려워했다.

"그렇다면 1,100세켈까지는 가능할 것 같습니다."

카시우스는 일이 틀어진 것처럼 입술을 질근 깨물었다. 그는 천천히 고개를 가로젓다가 갑자기 입을 열었다.

"솔직히 말해 사장님께서 일도 열심히 하시고, 그것 때문에 등도 아프시고 아니까 1,150세켈 정도면 받아들이겠습니다."

석공의 표정이 무거운 선고에서 감형을 받은 것처럼 가벼워 보였다. 그는 선뜻 손을 내밀어 악수를 청했다.

"그럼, 그렇게 합시다."

모든 바퀴가 팔려나가다

맥스가 카시우스를 미덥지 못하게 여기는 때도 있었다. 맥스
와 카시우스가 양탄자를 타고 농촌 마을을 다니던 어느 날이었다.
두 사람은 갑자기 시장기를 느껴 간단하게 요기를 했으면 싶었다.
그래서 농부가 직접 기른 과일과 채소를 팔고 있는 노변에 사뿐히
내려앉았다. 농부의 자녀들은 남루한 옷을 입고 있었다. 농부는
과일과 채소 농지 외에는 가진 것이 없다는 것을 모습만으로도 확
연하게 알 수 있었다.

자신 앞에 사뿐히 내려앉은 양탄자를 보고 놀라는 것은 당연
하지만 농부는 그보다는 카시우스가 샘플로 가지고 다니는 바퀴
에 오히려 관심을 더 보였다. 사실 그는 하늘을 나는 양탄자에 대
해서는 들어보았지만 바퀴에 대해 들어본 적은 없었던 것이다. 농
부가 부쩍 관심을 보이자 카시우스는 그에게 말을 걸어보기로 마
음을 먹었다.

"이름이 어떻게 되십니까?"

"이멈(Imum)입니다."

농부가 말했다.

"만나게 되어 반갑습니다. 저는 카시우스라고 합니다."

"이 물건은 처음 보는 건데, 도대체 뭡니까?"

"이 물건이 바로 바퀴라는 겁니다. 제가 잠깐 바퀴가 어떻게 움직이는지 보여드리겠습니다."

카시우스에게 솔직히 농부는 정상적인 고객이 아니었다. 하지만 농부는 이내 바퀴를 몹시 갖고 싶어했다. 하지만 안타깝게도 그것은 가능하지 않았다. 그가 가지고 있는 것이라곤 과일과 채소밖에 없기 때문이었다.

그것들은 바퀴 가격에 턱없이 모자랐다. 마침내 카시우스가 바퀴 가격을 말하자 농부는 완전히 풀이 죽고 말았다.

카시우스가 계속해서 말했고, 다시 이멈이 카시우스에게 말을 걸었다. 그리고 적절하다고 판단되는 순간 카시우스는 계약을 성사시켰다.

어떤 일이 있어도 항상 거래를 성사시킬 준비를 하고 있었기 때문에 카시우스는 시내에 있는 한 은행에 구좌를 개설해두었다. 계약 조건은, 약속된 돈을 지불하지 않을 경우에는 이자가 복리로 올라가고, 그에 따른 벌금까지 부과하기로 되어 있었다. 한데 농부는 조건 따위는 거들떠보지도 않았다. 그는 계약서에 서명을 하고 바퀴를 가졌다는 마음에 안도의 한숨을 내쉬고, 얼굴 가득히 만족한 웃음을 지었다.

계약을 마무리 짓고 그들이 다른 곳으로 떠나려 할 때 맥스가 키시우스에게 물었다.

"아니, 어떻게 이런 계약을 할 수 있습니까?"

"아니, 무슨 문제라도 있습니까?"

"저 사람은 먹여살려야 할 자식들도 많은데, 계약 조건을 지키기 위해 가지고 있던 땅덩어리까지 잃게 되면 어떡합니까?"

"저기 좀 보십시오."

카시우스가 아내(그의 아내는 아마도 기절할지 모른다)에게 바퀴를 보여주기 위해 기분 좋게 그것을 굴리며 밭을 향해 가고 있는 농부를 손으로 가리켰다.

"저 농부 좀 보세요. 불과 30분 전에 저 사람은 아무것도 아니었습니다. 그저 초라한 모습밖에는요. 물론 그 점을 자신도 잘 알고 있었고요. 하지만 이제 그는 이 지구에서 바퀴를 가지고 있는 극소수에 속한 사람이 되었습니다. 그는 중요한 사람이 된 것입니다. 그리고 이 사실도 잘 알고 있고요. 그가 계약서에 따라 지불을 할 수 있을까요? 그건 저도 모르겠습니다. 하지만 사장님께서 보시다시피, 저는 그 전보다 훨씬 좋아질 수 있는 미래의 기회를 판 것입니다. 그리고 그가 그 기회를 산 것이고요. 앞으로도 별 볼일 없는 존재로 살아가는 것보다는 내일 당장 농장이 날아가더라도 지금보다 발전할 수 있는 미래의 기회를 한 번쯤 가져보는 편이 낫다고 생각했기 때문이죠."

앞으로 농부의 가족들이 어떤 운명에 처하게 될지 신경 쓰지 않고 그들은 다음 도시로 날아갔다. 맥스는 막연하게나마 이번 판매에 대해 양심의 가책을 느꼈으나 카시우스는 전혀 느끼지 않았다.

하지만 결과만 가지고 카시우스를 비난할 수는 없는 법이다. 오래지 않아 맥스와 미니의 은행 계좌에는 엄청난 돈이 입금되었고, 창고에는 바퀴가 하나도 남아 있지 않게 되었다.

맥스는 판매를 그만두고 집으로 돌아올 수밖에 없었다. 카시우스가 판매할 바퀴를 제작해야 하기 때문이었다. 하지만 그는 집에서 바퀴를 제작하는 일을 그만둘 수밖에 없었다. 혼자 바퀴를 만들어서는 수요를 감당해낼 수 없었던 것이다. 그는 대규모 작업장을 빌려 종업원까지 채용했다.

어느 날 아침이었다. 맥스 부부는 회계사를 만나기 위해 시내로 가고 있었다. 그런데 거리 양쪽에 엄청나게 많은 사람들이 줄지어 서 있는 것이 눈에 띄었다.

맥스는 그들 가운데 한 사람의 어깨를 치면서 물었다.

"무슨 일입니까? 퍼레이드라도 하는 겁니까?"

"지금 새로운 오벨리스크를 옮기고 있습니다."

그 사람이 말했다.

지금까지 본 것 가운데 가장 오래되고 커다란 석재가 그들 앞을 지나갔다. 물론 바퀴로 끌고 있었다. 맥스는 자신이 만든 바퀴를 이용해서 오벨리스크를 옮기는 모습을 보고 한편으로는 몹시 만족스럽기도 하고 한편으로는 놀랍기도 했다.

"저 아래 둥근 것이 무엇입니까?"

맥스가 바퀴라고 가르쳐주었다.

"정말 대단합니다."

구경꾼이 말했다.

"고맙습니다. 제 남편이 발명한 겁니다."

미니가 말했다.

"아, 정말입니까?"

"그럼요."

"정말 그렇다면 모든 사람이 당신을 좋아하게 될 겁니다. 사람들이 하나같이 오벨리스크를 어디든지 옮길 수 있다니, 정말 놀라울 따름이라고 말하고 있으니까요."

"그렇지만 이건 시작에 불과합니다."

다른 사람이 참견했다.

"앞으로는 엄청나게 큰 석재를 옮길 수 있을 거예요. 기념비는 물론 건물, 대저택, 사원, 무덤 등 어떤 것이든 건축할 수 있을 겁니다. 결국 건설업이 살아나 건설 계통의 임금이 상당히 오를 것 같아요."

"예, 맞습니다. 그리고 건축물이 많아지면 관광 산업도 많이 발전할 겁니다."

구경꾼이 말했다.

맥스와 미니는 뿌듯한 마음에 얼굴이 환해졌다. 열심히 일한 대가를 얻은 것이다. 바퀴는 이제 완전히 자리를 잡았다.

미래가 무척 밝아 보였다.

오라클 오지에게서 배우는 통찰력

<u>세계 최고의 클로저가 가지고 있는 특징</u>

· 기업가적인 통찰력을 가지고 있다. 항상 어떤 것이 '새로운 물결'이
  될 수 있을지를 꿰뚫어보는 눈을 가지고 있다.

· 새로운 아이디어를 판매하는 것에 전력을 기울인다.

· 신기원을 이룩한 제품과 흥분을 자아내는 서비스 판매에 심혈을 기울인
  다. 하지만 판매를 한 뒤에는 개인적인 관심을 일체 기울이지 않는다.

· 판매에 대한 동물적인 본능을 타고났을 뿐만 아니라 특히 잠재 고객
  을 알아보고, 프레젠테이션하며, 이의를 해결하고, 결국 거래를 성
  사시키는 면과 관련하여 뛰어난 능력을 갖고 있다.

· 매우 열정적이고 세련된 태도를 갖추고 있을 뿐만 아니라 '성공의
  이미지'를 띠고 있다.

· 사람과 기술을 잘 활용하고 기본적인 사항을 철저하게 관리하여 판
  매를 극대화한다.

· 성공으로 이끄는 기술과 태도를 자세하게 가르쳐주는 조언자의 도
  움에 힘입어 자신만의 판매 기술을 개발한다.

· 공통적인 단점: 제품을 구매한 고객에게 일어나는 일을 자신의 것으
  로 느끼지 않는 사무적인 판매 방식.

2장

성숙기에 접어든
바퀴시장

맥스의 딜레마

"계약은 따냈다.
이제 어떻게 제품을 공급하고
유지, 보수해야 하나."

거대한
피라미드 계약

몇 달이 지났다. 카시우스는 출장을 다니느라 여념이 없었다. 바퀴를 살 고객을 찾기 위해 먼 지방까지 출장을 다니는 것을 마다하지 않았다.

그러던 어느 날이었다. 노크 소리가 들려 맥스는 문을 열었다. 노크를 한 사람은 다름 아닌 카시우스였다.

"아이고, 나는 또 누구라고. 어서 들어오세요. 여보, 아주 반가운 손님이 왔어, 빨리 나와 봐!"

맥스는 흥분을 감추지 못하며 소리쳤다.

"어머, 정말 오랜만이에요. 지금 막 출장에서 돌아오는 길이신가요?"

미니가 물었다.

"예, 지금 막 이집트에서 돌아오는 길입니다."

카시우스가 말했다.

"정말입니까? 피라미드 공사는 어느 정도 진척되었습니까?"

맥스가 물었다.

"최초의 피라미드를 말씀하시는 것입니까? 그건 벌써 완공됐고, 지금은 완공된 피라미드보다 더 큰 피라미드를 건설하고 있습니다. 지금 짓고 있는 피라미드 이름이 '거대한 피라미드'인데, 말 그대로 상당히 클 것으로 예상됩니다."

"아이, 농담이겠죠."

맥스가 말했다.

"아니 사실입니다. 그리고 바로 그 피라미드 때문에 사장님을 찾아온 겁니다."

카시우스가 말했다.

"두 분 잠깐 앉으시죠. 엄청나게 좋은 소식이 있어요. 그리고 좋지 않은 소식도 있고요."

"그게 무슨 말입니까?"

맥스가 물었다.

"먼저 엄청나게 좋은 소식을 말씀드리죠. 조금 전에 최고의 거래를 성사시켰습니다."

"정말입니까? 정말 대단하십니다. 자세히 좀 말씀해주시죠."

"예, 말씀드리죠. 이집트로 출장을 갔는데, 정말 믿기 어렵겠지만 누구나 알 수 있는 분한테 메시지를 받았습니다. 사실은 파라오를 알현했습니다."

"뭐요? 쿠프(제일 큰 피라미드를 지은 왕) 왕을 알현했단 말입니까?"

"예, 직접 만났습니다. 이집트를 다스리는 파라오답게 통도 크고, 유머 감각도 대단히 뛰어나신 분이었습니다. 아무튼 쿠프 왕은 기계 장치에 상당한 관심을 가지고 있었습니다. 채석장에서 건설 현장까지 석재를 바퀴로 운반한다는 말을 들었다고 하시길래 제가 직접 바퀴를 보여드렸더니 상당히 흥분하셨습니다. '거대한 피라미드' 프로젝트 책임 엔지니어가 그 자리에 있었는데, 그는 바퀴를 구입하지 않겠다고 했습니다. 거대한 석재를 옮기기 위해 신형 썰매 수백 대를 이미 구입했다는 이유를 들면서요. 하지만 제가 설득에 설득을 거듭해 결국 바퀴를 썰매에 장착하는 것으로 거래를 성사시켰습니다."

"정말입니까? 그런데 바퀴를 썰매에 어떻게 '장착'하지요?"

"드릴로 썰매 활주 부위에 구멍을 뚫고 거기에 축을 밀어넣은 다음 바퀴를 연결하면 됩니다. 이건 책임 엔지니어의 생각인데, 정말 탁월한 발상이 아닐 수 없습니다. 그 사람 이름이 뭐라고 그랬더라……. 으음."

카시우스는 손가락을 꺾었다.

"아, 생각났습니다. 코브라입니다."

"코브라라고요?"

"예, 그렇습니다. 사장님도 그 사람을 보면 좋아하실 겁니다. 매우 명석한 사람입니다. 어쨌든 썰매당 축 두 개에 바퀴 네 개면 대단히 수익이 높은 계약입니다."

"예, 정말 대단합니다. 하지만……. 이런 일은 한 번도 해본 적이 없어서요. 아무 문제가 없었으면 좋겠는데요."

맥스가 걱정스런 어투로 말했다.

"문제라뇨? 아니 문제 있을 게 어디 있습니까?"

"계약 총액이 어느 정도 됩니까?"

미니가 물었다.

"예, 사실은 그래서 앉아서 이야기하고자 했던 것입니다."

카시우스가 말했다.

"마음의 준비는 되셨습니까? 무려 100만 셰켈입니다."

맥스와 미니는 입을 다물 줄 모르고, 눈을 동그랗게 뜬 채 서로 쳐다보기만 했다. 너무 기뻐서 정신이 없었던 것이다.

"100만 셰켈이라고요!"

"100만 셰켈이라고 말했습니까?"

"예, 그렇습니다. 저도 이렇게 큰 거래는 난생처음입니다."

카시우스가 웃으면서 말했다.

"그렇다면 좋지 않은 소식은 무엇입니까?"

미니가 물었다.

"예, 저도 이젠 떠날 때가 온 것 같습니다."

"떠나다니요?"

"이제는 새로운 기회를 찾아볼 때가 되었습니다."

"그게 무슨 말입니까? 지금까지 이렇게 큰 거래는 처음이라고 하지 않았습니까?"

"예, 그렇습니다. 하지만 사실 그동안 여기저기 돌아다니며 팔고자 한 만큼의 바퀴를 모두 팔았습니다. 그러다 보니 매번 출장 거리도 멀어졌고, 시간도 오래 걸렸어요. 또 하나, 하늘을 나는 양탄자를 충전을 하지 못한 채 여기저기 날아다녀 이제는 높이 날지도 못합니다. 낙타나 당나귀 같은 짐승들 등에 바퀴를 싣고 다녔다면 결코 돈을 벌지 못했을 겁니다. 어찌됐든 이제 곶감 빼먹듯 다 빼먹었습니다. 이제는 떠날 때가 된 것 같습니다."

흥분으로 정신을 못 차렸던 맥스 부부는 카시우스의 말에 충격을 받아 더욱 정신이 없었다.

"사장님 부부나 저는 모두 잘 되었습니다. 상인들이나 황제를 만나는 자리가 있으면 언제든지 바퀴에 대해 이야기하겠습니다. 선적에 따른 문제나 수송의 문제를 감당하기에 너무 액수가 큰 거래를 성사시킬 경우에는 계약금을 가진 심부름꾼을 보내겠습니다. 그러면 나머지 문제는 사장님께서 처리해주시면 될 것 같습니다. 괜찮겠죠?"

"솔직히 뭐가 뭔지 정신이 하나도 없습니다. 조금 더 일을 같이 했으면 하는 마음이 간절하군요."

맥스가 말했다.

"그래봐야 몇 년밖에 더 되겠어요? 영원한 것은 없지 않습니까?"

"그렇다 하더라도 이번 결정은……."

"아무튼 행운을 빕니다."

미니가 말했다.

그들은 지금까지의 판매 성과를 정산하고, 작별인사를 나누었다.

헤어지기 바로 전에 카시우스가 입을 열었다.

"맥스 사장님, 발명에 계속 정진하여 혹시라도 놀랄 만한 물건을 발명하시면 곧바로 저에게 연락 주십시오. 부탁드립니다."

"그러다마다요." 맥스가 말했다.

카시우스는 셰켈이 가득 찬 마법의 양탄자에 올라가 손바닥을 쳤다. 양탄자는 공중으로 올라갔고, 카시우스는 석양 지는 쪽으로 사라졌다.

"아무래도 다른 클로저를 찾아봐야 할 것 같아요."

점심을 먹으며 미니가 맥스에게 말했다.

"나도 그렇게 생각해. 하지만 이번에 카시우스가 엄청난 건수를 올려서 그것만 가지고도 당분간은 바쁠 것 같아."

몇 주에 걸쳐 맥스와 직원들은 바퀴를 만드느라 눈코 뜰 새 없이 바빴고 마침내 1차 선적 분의 바퀴를 제작했다. 맥스는 거대한 피라미드 공사 현장까지 대상들과 함께 갔고, 그것을 엔지니어 책임자인 코브라에게 보여줬다.

"여기 바퀴를 가지고 왔습니다. 한 달 안으로 2차분을 가지고 오겠습니다. 이렇게 계약을 해주신 데 대해 심심한 감사를 드립니다."

맥스는 떠나려고 몸을 일으켰다.

하지만 코브라가 말했다.

"잠깐만요. 지금 어디로 가려는 겁니까?"

"일하러 가야죠. 바퀴를 좀 더 만들어야 하니까요."

"그냥 여기다 물건만 놔두고 가려는 겁니까?"

"그렇다면 물건을 다른 곳에 옮겨놔야 합니까?"

"바퀴를 썰매에 장착해주는 것으로 알고 있는데요."

맥스는 너무 놀라 입을 다물 줄 몰랐다.

"장착이라뇨? 그렇다면 썰매에 바퀴를 장착하라 그 말입니까?"

"예, 그렇습니다. 카시우스라는 사람이 그런 말을 안 하던가요?"

"말을 한 것 같았지만 정확하게 하지 않아서요."

"그렇다면 제가 분명히 말씀드리죠. 배달된 바퀴를 썰매에 모두 장착해주십시오. 그리고 철저하게 지원도 해주시고요."

"철저한 지원(total support)이라뇨? 그게 무슨 말씀이죠?"

"이리로 오십시오."

코브라는 맥스에게 자기 쪽으로 오라고 손짓하며 말했다. 그들은 텐트 뒤로 갔다. 거대한 바위와 모래더미가 펼쳐져 있고, 망치질을 하는 인부들, 끌질을 하는 인부들, 코끼리, 낙타 그리고 피라미드 기초가 보였다.

"여기를 보시죠. 수천 명의 인부가 일하고 있습니다. 이들은 바퀴에 대해 전혀 모릅니다. 바퀴 사용법을 배우지 않으면 사고를 입을 가능성이 높습니다. 사고가 나면 인부들이 다치겠죠. 그럼 보험료가 올라가고 반대로 생산성은 떨어집니다. 그리고 일정에 맞춰 공사를 완료하지 않으면 많은 사람이 일자리를 잃습니다. 아시겠습니까?"

"예, 그렇기는 하지만……. 바퀴를 지금 막 인도했는데요."

"사실 우리는 최고의 조건으로 사장님으로부터 바퀴를 구매하고 있습니다. 바퀴가 썰매에 정확하게 장착되지 않고 인부들이 그 사용법조차 모른다면 바퀴는 무용지물일 뿐입니다. 사장님께서 이런 서비스를 제공하지 못한다면 계약을 철회하겠습니다."

맥스는 순간적으로 어려움에 빠졌다고 느꼈다. 거대한 피라미드 계약을 수포로 돌아가게 하고 싶은 마음은 전혀 없었다.

"예, 무슨 말인지 알겠습니다. 제가 이 문제를 생각해볼 테니 며칠간의 여유를 주십시오."

그는 코브라에게 말했다.

"예, 그렇게 하지요."

맥스는 괴로웠다. 이번 기대한 피라미드 프로젝트에서 판매 프로세스의 근본적인 어떤 것이 변했다는 것만은 분명했다. 이번 프로젝트처럼 엄청난 거래의 경우, 문제는 계약을 따내고 제품을 인도하는 것으로 끝나는 간단한 것이 아니었다. 사정은 점점 복잡해져갔다. 단지 제품만을 파는 것이 아니기 때문이다.

집에 오기 무섭게 그는 아내에게 코브라가 한 말을 전했다.

"여보, 아무래도 엄청나게 많은 바퀴를 장착해야 할 것 같아.

당신이 이번 일을 도와주어야겠어."

"제가요? 카시우스 씨는 어때요? 이런 일은 세일즈맨인 카시우스 씨가 해야 하는 것 아니에요?"

"아니, 그게 무슨 소리야? 카시우스 그 사람은 자기 수수료를 이미 받고 떠났어. 그리고 지금 어디에 있는지도 모르고……."

"그렇다면 발 빠른 사람에게 편지를 전해 달라고 해야겠어요. 어서 돌아오게 해야죠!"

맥스는 고개를 가로저었다.

"설령 그 사람을 찾는다 해서 그게 무슨 소용이 있어? 그는 인부들을 교육시키지 못해. 그리고 모랫더미에서 장비를 손보는 일 같은 것은 하지도 않는다구. 사실 그는 이미 자기 소임을 다한 거야. 이번 거래를 성사시켰으니까. 바퀴를 장착하고, 인부들에게 사용법을 교육하는 것 같은 세세한 일들은 우리에게 맡겨놓은 거라고."

"하지만 여보, 저는 썰매에 바퀴를 장착할 줄 몰라요. 그리고 저한테 어떻게 수많은 인부들을 교육시키라고요?"

"여보, 모든 걸 당신에게 맡기는 게 아냐. 당신 나름대로 최선만 다해줘. 그리고 바퀴 제작을 가장 많이 해본 아르테무스(Artemus)가 같이 갈 거야. 장착 문제는 아르테무스에게 맡기고 당신은 다른 일을 하면 된다고."

"예, 알았어요. 어떻게든 해보죠."

그녀는 마지못해 말했다.

그러나 며칠도 못 되어 미니는 와락 눈물을 쏟을 듯한 표정으로 돌아왔다.

"여보, 도저히 못 하겠어요. 그곳 엔지니어가 아르테무스에게 썰매 설계도를 주었는데, 글쎄 아르테무스는 도면조차도 볼 줄 모르더라니까요."

"알았어. 그럼 내가 갔다오리다."

"여보, 상황이 더욱 나빠졌어요. 교육도 시키고 이것저것 지원해보려고 했는데, 거기 엔지니어들은 바퀴가 굴러가는 원리를 보여주기를 원치 않고, 거대한 석재를 옮길 수 있는 방법만 기대했어요."

"뭐라고? 그게 무슨 말이야?"

맥스가 물었다.

"저는 엔지니어들에게 '여기에 바퀴가 있는데, 이것을 이렇게 굴려라'라고만 말하면 되는 줄 알았어요. 그런데 코브라는 바퀴가 이겨낼 수 있는 무게를 가르쳐달라고 했어요. 그의 부하 직원은 바퀴가 이겨낼 수 있는 최적의 하중을 계산해달라고 하고요. 주어진 톤수에 대한 멈춤 힘은 물론 밧줄이 어느 정도 강해야 하는지 등을 알고 싶어한단 말이에요."

"젠장! 나도 그런 것은 알지 못한단 말이야."

"그리고 유지 보수 스케줄을 달래요. 게다가 유지 보수 요원도 우리가 지원해주었으면 해요. 코브라가 한 말처럼 토털 솔루션(total solution)을 원하고 있어요."

맥스는 고개를 끄덕였다.

"정말 문제군. 그런 것을 잘 아는 사람이 있어야 하는데. 이 문제를 해결하고 코브라의 엔지니어들과 함께 일할 사람 말이야. 내가 여기서 바퀴를 계속해서 만들지 않으면 계약에 맞춰 바퀴를 댈수가 없단 말이야. 정말 난감하네."

바로 그때 노크 소리가 들렸다. 맥스는 문을 열었다. 빌더 벤이 미소를 짓고 손을 내밀었다. 사실 벤이 이번에만 찾아온 것은 아니었다. 그는 그동안 잊을 만하면 한 번씩 인사차 찾아왔다.

"무슨 걱정이 있으십니까?"

벤이 물었다.

"아니, 그게……."

맥스는 우물쭈물했다.

"다음 주에 벌어질 검투사 경기 티켓이 있어서 들러봤어요."

"그런데 어쩌죠. 눈코 뜰 새 없이 바빠서 보고 싶어도 갈 수 있는 입장이 아니에요."

미니가 말했다.

"비즈니스에 문제가 있습니까?"

벤이 물었다.

"그렇다고 할 수 있죠."

맥스가 말했다.

"아니, 그럼 정말 문제가 생겼단 말입니까?"

벤이 물었다.

"제가 혹시 도울 일이라도 있습니까?"

맥스와 미니는 서로를 쳐다보았다. 그리고 맥스가 입을 열었다.

"말은 고맙지만, 도움을 청하기가 좀 그래서……."

벤은 더 이상 말하지 않고 최근에 나도는 스핑크스에 관한 재미있는 이야기를 잠깐 한 후 돌아갔다. 그가 가고 난 뒤에 미니는 맥스를 쳐다보며 물었다.

"벤이 정말 못 하리라 생각하나 보죠?"

맥스는 고개를 가로저었다.

"벤이 대단하기는 하지만 기술적인 면을 전혀 모르잖아."

갑자기 미니의 얼굴이 밝아졌다.

"잠깐만요, 토비 씨는 어때요?"

"토비라니?"

"왜 기억 안 나요? 자격증 있는 마법사 말이에요."

맥스는 손가락을 구부리며 소리를 냈다.

"그래, 맞아. 토비, 그 친구 아주 똑똑했지. 그 친구라면 바퀴 장착 문제를 해결하고, 나머지 문제도 모두 해결할 수 있을 것 같은데. 참, 연락처는 가지고 있나?"

"잠깐만요, 어딘가에 이력서가 있을 거예요."

한 시간 후에 맥스 부부는 토비가 사는 곳으로 달려갔다. 수소문 끝에 집을 찾아 노크를 했다. 다행히 토비가 모습을 드러냈다.

"안녕하세요? 정말 오랜만이군요. 잠깐 안으로 들어오시죠."

토비가 말했다.

소파에 앉은 다음 토비가 먼저 입을 열었다.

"바퀴 사업이 이제 완전히 자리를 잡았다는 소문을 들었어요."

"토비 씨 말처럼 잘 굴러가고 있어요. 토비 씨는 좀 어때요? 그래 직장은 잡았어요?"

미니가 물었다.

"예, 덕분에. 오벨리스크와 관련된 일을 하고 있어요. 엔지니어링에 관련된 일을 하라고 해서 도면을 그리고 있어요."

맥스는 그제야 찾아온 이유를 말했다.

"우리하고 함께 일할 생각 없어요?"

"글쎄요, 잘 모르겠어요. 지난번에 일을 제대로 못해서요."

"이번 일은 지난번하고는 달라요. 거대한 피라미드 프로젝트와 관련된 일을 해주셨으면 해요."

미니가 말했다.

"정말이에요? 거대한 피라미드와 관련된 일이라고요?"

토비는 너무 흥분돼 어쩔 줄을 몰랐다.

"그런데…… 뭘 팔라는 거죠?"

"피라미드 공사의 책임 엔지니어를 비롯한 상당수의 관리자들, 공사장의 사람들과 함께 작업하면 되는 거예요. 바퀴가 제대로 인도되는지를 감독하고, 그들의 작업에 따라 바퀴에 관한 제반 문제를 살피는 겁니다."

맥스가 말했다.

토비는 하겠다는 표시로 고개를 끄덕이며 "그런데 급료는 어느 정도 되죠?"라고 물었다.

맥스는 미니를 쳐다보았다.

"지금 일하고 있는 곳에서 받는 것의 두 배 정도는 줄 수 있어요."

미니가 말했다.

"일만 잘 하면 바퀴 관리를 맡길 수도 있고요."

맥스는 오래 전에 면접에서 그녀가 했던 말을 떠올리며 말했다.

"좋아요. 그럼 열심히 일해 보겠습니다."

공급은 끝이 아니다

이렇게 해서 토비는 맥스 부부와 함께 일하기로 결심했다.

토비는 제일 먼저 피라미드 공사 현장으로 달려가 값만 비싸고 쓸모없는 바퀴 때문에 답답해서 분통을 터뜨리고 있는 코브라를 만났다.

코브라는 단단히 화가 나 있었고, 분을 참지 못하고 큰소리로 말했다. 토비는 코브라의 말을 귀담아 들으며 중요한 사항을 체크하다가 그가 제기한 문제에 대해서 자신이 할 수 있는 최선의 답을 해주었다.

"무슨 수로 빠른 시간 안에 썰매에 바퀴를 장착한단 말입니까?"

"기술진에게 바퀴를 썰매에 장착하라고 지시해놓았습니다. 아무리 늦어도 내일 모레까지는 바퀴를 장착한 썰매가 나올 겁니다. 그러면 몇 가지 시험을 거치고, 그 시험만 무사히 통과하면 일주일에 한 대, 아니 그 이상으로 썰매에 바퀴를 장착할 수 있을 겁니다."

"우리 현장 인부들에게 언제 교육을 시킬 예정입니까?"

"이미 교육 일정을 준비해 놓았습니다."

"어떤 줄을 사용할 생각입니까?"

"적은 힘으로 커다란 석재를 옮길 수 있는 등산과 낙타털로 만든 줄을 사용할 생각입니다."

"최적의 하중은 어느 정도 될 것 같습니까?"

"시험이 끝난 후에 피라미드 기술진과 함께 계산해볼 생각입니다."

"짐이 실려 있는 상태에서 제동거리는 어느 정도 됩니까? 기술적인 문제는 없습니까?"

"그 모든 내용을 매뉴얼에 넣을 생각입니다."

"매뉴얼은 언제쯤 나옵니까?"

"6주 정도면 됩니다."

"그렇게는 안 되겠는데요. 이번 달 말까지 필요합니다."

"예, 문제없습니다. 그 날짜에 맞추겠습니다."

코브라를 바짝 화나게 만든 문제는 사실 클로저 카시우스가 책임져야 하는 것들이었다. 바퀴를 판 장본인이 바로 카시우스이기 때문이다. 판매를 자기가 했으면서 판매에 수반되는 세부적인 문제를 도대체 왜 신경 쓰지 않았던 것인가? 이 점에 대해서 토비는 다음과 같이 말했다.

"유지, 보수는
제가 책임지겠습니다.
저희가 공급한 바퀴에
대한 것이라면 뭐든지
저에게 문의하여 주십시오."

"이제부터 그 문제는 제가 처리하겠습니다. 바퀴에 관한 것이라면 뭐든지 저에게 문의하여 주십시오. 제가 현장에 없을 경우에는 부하직원에게 연락해주시고요."

드디어 피라미드 인부들이 바퀴로 첫 번째 석재를 옮겼다. 도대체 어떻게 해야 하는가? 그 이전에 한 번도 해보지 않은 일이기 때문에 인부들은 궁금한 것이 너무도 많았다.

시간이 흐르면서 코브라를 비롯한 엔지니어들은 최선의 결과를 낳기 위해 토비와 거듭 논의했다.

석재를 옮기기 시작한 이후에도 걱정거리는 많았다.

토비는 계약에 따른 바퀴 인도 문제를 처리해야 했다. 사실 토비가 맡은 가장 중요한 업무는 맥스 부부에게 고객의 특별한 요구를 알려주는 것이었다. 현장에서 많은 시간을 보내기 때문에 토비는 바퀴의 기본 설계가 가지고 있는 결함을 알 수 있었다. 게다가 해결책을 찾을 정도의 기술적인 지식도 갖추고 있었다.

어느 날 오후였다. 바퀴 두 개가 부서지는 사고가 생겼다. 코브라와 그의 부하 직원은 이번 사고로 공사가 지연될까봐 노심초사하고 있었다. 하지만 토비가 현장에서 급하게 바퀴를 교체했기 때문에 공사 일정에는 전혀 문제가 없었다.

바로 그것이 바퀴의 수리 및 유지, 보수였는데, 그것 역시 토비의 업무였다. 알다시피 그때는 바퀴를 손보는 곳이 없었다. 다시 말해 바퀴가 고장 난다 해도 바퀴를 고치는 곳이 없어 바퀴를 손보는 일은 불가능했다. 그래서 토비는 면접을 통해 직원을 엄선한

다음 교육을 시켜 건설 현장에서 바퀴를 수리 및 유지, 보수하도록 했다.

이때를 기점으로 바퀴 역사에서 수리 및 유지, 보수의 역사가 새롭게 시작된 것이다. 삐걱거리는 바퀴 소리를 줄이기 위해 윤활유를 주입하게 되었다. 그 뒤로 수십 년에 걸쳐 바퀴 전문가들은 윤활유 주입은 토비가 처음 고안해 낸 것이라는 말을 정설로 받아들였다.

마법사 토비는 카시우스처럼 타고난 세일즈맨은 아니었다. 하지만 그녀는 고객이 구매 후에도 관계를 유지하기를 원하는 사람이 되기 위해 스스로를 훈련시켰다.

토비는 코브라에게 신임을 얻었다. 토비는 자신의 장점을 잘 알았고, 장점을 살려 일을 처리했다. 특히 그녀는 카시우스 같은 클로저가 남겨놓은 일을 세심하게 관리하고 처리하는 데 뛰어났다.

토털 솔루션을 원하는 고객

맥스 부부는 제일 먼저 침이 살살 넘어가는 낙타고기 파이와 염소 커드 그리고 수프와 사해 해산물 구이를 준비했다. 그다음에 머리를 좋아지게 한다고 알려진, 티그리스 강 유역에서 생산되는 색다른 식물 샐러드를 준비했다. 마지막으로 최고의 올리브유와 허브를 겉에 발라 겉 부분은 바싹하게 굽고, 속살은 살짝 구운 양고기를 준비했다.

배가 불룩 나올 정도로 거나하게 먹은 오라클은 즐겨 앉는 바위에 몸을 기댔다.

"이렇게 값비싼 번제를 드리는 것을 보니 요즘 사업이 잘 되나 보군."

"사실대로 말씀드리자면 이번 음식은 최고급 음식점에서 준비해 가지고 온 겁니다."

맥스가 겸연쩍어하면서 말했다.

"사실 사업은 잘 되고 있어요. 거대한 피라미드 공사에 우리 바퀴가 사용되고 있을 뿐만 아니라 은행에도 상당한 돈을 저축해놓았습니다."

미니가 덧붙였다.

"그런데 무슨 문제라도 있는가?"

오라클이 물었다.

맥스는 "지금은 잘 되고 있는데, 그게 오래 갈 것 같지 않아 걱정이 되어 찾아왔습니다"라고 말했다. 그리고 나서 무려 30분 동안 마무리 단계에 와 있는 피라미드 공사부터, 이멈이란 사람과 그가 가지고 온 외발수레, 카시우스가 중국으로 간 일, 마법사 토비에 대한 이야기 등 고민거리를 털어놓았다.

오라클은 그 이야기를 다 듣고 난 뒤 질문을 던졌다.

"그래 무엇이 문제란 말인가?"

"이 정도면 감이 오지 않으십니까? 고객을 더 확보해야 하는데, 고객을 모을 사람이 없다는 것입니다."

맥스가 말했다.

"토비에게 무슨 문제라도 있단 말인가?"

"아무래도 좀……."

"토비 씨는 기술과 관련된 것은 뛰어나게 처리하지만, 고객을 확보할 수 있을지는 미지수입니다."

미니가 말했다.

"사실 저희가 처음 사업을 시작할 때에도 채용했었는데, 그때는 별로 잘 하지 못했거든요."

맥스가 거들었다.

"이 사람들아, 자네들이 처음 사업에 뛰어들었을 때에는 시장이 지금과는 아주 달랐다는 사실을 알아야지. 솔직히 말하면 그때는 시장이라고 할 것이 없지 않았는가. 그래서 카시우스 같은 클로저의 열정과 추진력으로 새로운 기술을 이용하여 시장을 새롭게 구축할 수밖에 없지 않았는가. 하지만 지금은 그때와 딴판으로 변해버렸네."

"뭐가 변했다는 겁니까?"

맥스가 반문했다.

"그때나 지금이나 우리는 여전히 바퀴를 파는데요."

"그 말은 맞아. 하지만 카시우스가 왜 자네들을 떠났는지를 한 번쯤 생각해봐야지."

"이제 바퀴를 살 만한 사람들에게 바퀴를 모두 팔았기 때문에 그만둔다고 했습니다."

"그렇다면 왜 자네는 사업을 정리하지 않는 건가?"

오라클이 물었다.

맥스는 아무 대답도 하지 못했다.

"왜냐하면······."

오라클이 그를 대신해서 답했다.

"자네는 아직도 엄청나게 많은 바퀴를 팔 수 있다고 생각하고 있는 게지. 하지만 카시우스는 바퀴를 팔 수 없었지. 카시우스가 찾는 고객은 다 말라버렸거든."

"카시우스가 찾는 고객이라뇨?"

"그에게서 바퀴를 구입한 고객들을 자세히 살펴보게. 그들은 바퀴를 샀다기보다는 미래를 산, 다시 말해 꿈을 산 사람들이라고 할 수 있지. 하지만 그 상황을 자세히 살펴보게. 그들은 기회를 사는 조건으로 기술을 '있는 그대로' 받아들여 자신의 필요에 맞게 사용한 것뿐이네. 그들은 바퀴 사용법에 대해서 굳이 교육을 받을 필요가 없었네. 스스로 바퀴 사용법을 터득한 거지. 유지, 보수 때문에 자네를 귀찮게 하지 않고 말이야. 즉 자신들이 알아서 고친 거지. 그러나 제품을 이렇게 사용하는 선구자들의 수요가 한정되어 있다는 게 문제지. 그래서 수요가 차츰 줄어들자 카시우스도 그만둔 거야."

오라클은 잠시 말을 끊었다.

"이번에 거대한 피라미드 공사에 바퀴를 공급하면서 이와는 다른 고객이 있다는 것을 알았을 걸세. 사실 이런 고객들은 단지 바퀴만을 원하는 것이 아닐세. 물론 기회를 원하는 것도 아니고. 그들은 바퀴를 사용하여 생기는 이익을 보고 모든 것을 자네가 공급해주기를 원하지. 이 문제를 내가 제일 좋아하는 음식에 비유해 설명해볼까 하네. 카시우스는 날고기나 생선 등 요리에 사용되는 식품을 공급하면서 고객에게 당장 요리를 하면 정말 좋을 것이라고 말하는 상인과도 같은 것이지. 코브라를 비롯하여 그와 비슷한 고객들은 전채요리에서 수프, 샐러드, 정식 요리, 심지어 디저트에 이르기까지 모든 음식을 원하지. 나아가 그들은 요리사한테 요리까지 해달라고 하지. 그리고 기꺼이 돈을 지불한다네."

오라클은 잠시 말을 멈추고 맥스 부부를 쳐다보았다.

"그게 바로 자네들이 마주하고 있는 시장의 상황일세. 다시 말해 고객들은 완전한 요리를 원하지. 바퀴는 기본이고, 바퀴를 썰매에 장착하고, 다루는 법을 교육하며, 유지, 보수를 하고 나아가 무엇보다도 고객이 예상하는 결과를 보증하는 전문가까지 제공하는 완벽한 서비스를 제공해야 하는 거지. 간단하게 말하자면 코브라가 말했듯이 자네는 토털 솔루션을 파는 셈이지."

"하지만 거대한 피라미드 공사 같은 일이 세상에 어느 정도 있을까요?"

미니가 물었다.

"아마 그런 대규모 공사는 없을 수도 있겠지. 하지만 그 정도의 지원을 요구하는 고객들은 지속적으로 있을 걸세. 그리고 토비 아가씨가 그 정도 판매는 따낼 수 있을 거고. 건설 중인 피라미드 공사에 자네들의 바퀴를 공급하고 있다는 것은 '어떠한 대규모 공사나 복잡한 공사라 하더라도 그런 정도는 우리가 모두 할 수 있다'고 누구에게나 말할 수 있는 신뢰를 얻었다는 점을 절대로 잊지 말게."

맥스는 그래도 안심하지 못했다.

"솔직히 토비가 카시우스처럼 영업을 잘할 수 있을지에 대해서 아직 믿음이 가지 않습니다."

"물론 토비 씨는 그렇게 못 하지. 그녀는 카시우스처럼 영업을 할 수 없고 자신만의 방법대로 할 수 있을 뿐이지. 참고 기다릴 줄 알아야 하네. 클로저들은 고객과 한두 번 접촉하여 판매를 결정하네. 하지만 토비 같은 사람들의 영업 전략은 더욱 복잡하고, 상당한 신뢰를 요하지. 고객과 접촉해서 판매를 성사시키는 데 보통 여섯 달에서 길게는 아홉 달 정도 걸린다네."

"그게 바로 문제입니다. 토비 씨는 거래를 성사시키는 데 너무나 오래 걸리거든요."

미니가 말했다.

"물론 그 점은 인정하지만 자네들은 지금 있는 자금만 잘 관리해도 다음 세일까지 자금에 관해서는 걱정 없지 않은가."

오라클이 말했다.

맥스는 잠시 생각에 잠겼다.

"우리가 처음 시작할 때와 상당히 다른 방법인데요?"

"그렇다면 뭔가를 보여주면서 설명하지."

오라클은 말이 끝나자마자 동굴 뒤편으로 가서 오래된 두루마리를 들고 와 맥스와 미니가 볼 수 있도록 펼쳤다.

"바로 이것이 영업의 아홉 가지 단계일세. 첫 번째 고객과의 접촉부터 첫 판매 그리고 지속적인 판매까지 판매의 전체 사이클이네. 눈여겨볼 만한 내용이라도 있나?"

맥스와 미니는 두루마리를 자세히 살폈다. 이윽고 미니가 입을 열었다.

"카시우스 씨는 일정한 단계는 전혀 신경을 쓰지 않는 것 같은데요?"

"정확하게 보았네. 보통 클로저들은 3단계부터 6단계까지, 그러니까 고객이 될 사람을 알아보는 것부터 거래 성사까지만 신경 쓸 뿐이지. 그 외의 것에 대해서는 신경도 쓰지 않고 힘도 기울이지 않지."

오라클이 말했다.

"그건 왜 그렇죠?"

맥스가 물었다.

"바로 그것 때문에 그가 효율적으로 살아남은 것일세. 이와 달리 장래까지 보는 자네 같은 사람들은 9단계 모두에 신경을 써야 하네. 하나라도 신경을 쓰지 않으면 신용은 없어지고, 자네는 역사 속으로 사라질 뿐이지."

"무슨 말인지 알겠어요. 그런데 그 전처럼 많은 돈을 벌 수 있을까요?"

맥스가 물었다.

"아주 좋은 질문이야. 그 답은 조건에 따라서 달라지네. 가격을 조절하고, 판매의 성격에 따라 비용을 관리할 수만 있다면 엄청난 수익을 올릴 수 있네. 이제는 단순히 바퀴를 판매하는 것이 아니라 바퀴를 핵심 요소로 하는 토털 솔루션을 팔고 있다는 사실을 잊지 말게."

"그런데 불특정 다수에게 완벽한 솔루션을 팔 수는 없지 않습니까? 그러면 비용이 너무 많이 들어가잖아요."

미니가 말했다.

"그건 내게 천천히 배우면 되네. 나하고 많은 시간을 보내면서 점점 많은 것을 배우고 있으니까. 그건 미니 자네 말이 맞네. 어느 누구나 완벽한 솔루션을 원하지 않지. 또한 누구나 솔루션을 살 수 있는 여유가 있는 것도 아니고. 따라서 관리자로서 토비는 가장 많은 잠재력을 제공하는 예비 고객에 주력해야 하는 거야. 자네들도 고객의 주문 가운데서도 중간 규모 이상의 큰 규모의 주문에만 신경을 써야 하네. 사소한 주문에 신경을 쓰다간 오히려 손실을 보게 되지. 토비 그 친구는 시간이 많지 않으니까 그 시간을 큰손 고객에게 쓰도록 해야 하거든."

맥스는 아내를 쳐다보았다.

"그렇게 하면 괜찮을 것 같은데."

"예, 그렇게 해보죠."

미니가 동의했다.

"좋았어. 이제 그 문제는 해결되었군, 디저트로는 무엇이 있나?"

오라클은 즐겨 앉는 바위로 돌아갔다.

미니는 바구니를 열었다.

"여러 가지 과일이 들어간 과일 음료를 준비해 왔습니다."

"이게 몇 십 년 만에 먹어보는 과일 음료인지 모르겠네."

오라클은 입맛을 다셨다.

판매의 9단계

마케팅

1. **마케팅 커뮤니케이션**: 여기서 말하는 커뮤니케이션은 고객이 제품에 관심을 기울이도록 유도하고 흥미를 일으킬 수 있는 이미지를 구축하는 것을 말한다.

2. **고객과의 인간관계 구축**: 고객이 될 수 있는 특정 사람과 자주 접촉하여 강한 인상을 남긴다(돈독한 인간관계를 구축한다).

3. **잠재 고객을 찾아내기**: 버릴 것과 알곡을 구별해내 돈이 없거나 제품을 구입할 필요성을 느끼지 못하는 사람에게는 시간을 낭비하지 말아야 한다.

세일

4. **프레젠테이션**: 세일즈맨의 제품에 대한 설명. 세일즈맨이 구매할 개인의 구체적인 필요성과 욕망을 조정하는 단계.

5. **이의 해결하기**: 예상 고객이 결정을 하지 못하고 뜸들이며 "생각 좀 해보고요"라고 말할 때, 세일즈맨 역시 판매의 마지막 장애물을 없애기 위해 뜸을 들이는 단계.

6. **판매 성사**: 고객으로부터 제품을 구매하겠다는 대답을 이끌어내는 단계.

서비스

7. **관리 및 서비스**: 고객이 현재는 물론 후에도 만족할 수 있도록 판매 조건 이행을 관리하는 것을 말한다.

8. **관계 구축**: 고객과 세일즈맨 또는 고객과 회사 간에 첫 거래가 발생한 이후 고객과의 사적인 교제.

9. **지속적인 비즈니스**: 무지개의 끝에는 황금 항아리가 있는 법이다. 갖은 고생을 하여 뛰어난 서비스를 제공하고 관계를 구축했기 때문이다.

오라클 오지가 던진
여섯 가지 기본 질문에 대한 마법사의 대답

1. 우리의 고객은 누구인가?
→ 판매 전에 세일즈맨으로부터 전문적인 도움을 받아야 하는 새로운 사용자들 – 기술에 관한 복잡한 문제와 구매 거래를 해결하기 원한다. 지출에 관한 의사 결정자일 뿐만 아니라 구매에 영향을 미치는 현장 관리자와 사용자들을 포함한 특정 고객.

2. 우리의 경쟁자는 누구인가?
→ 기존 기술(낙타, 썰매 등. 그리고 우리 기술을 나름대로 응용한 경쟁 제품. 예를 들어 이멈의 외발수레)

3. 고객이 우리가 팔고 있는 물건을 원하는 이유는 무엇인가?
→ 원하는 결과를 확실하게 보장해주고 성능과 관련한 일체의 문제를 해결해줄 수 있기 때문이며, 세일즈맨에게서 성과이익(performance gain)과 기술력을 원하기 때문이다.

4. 고객이 우리의 제품을 구입하는 이유는 무엇인가?
→ 우리가 최고의 해결책을 제공할 뿐만 아니라 최고의 지원과 서비스를 제공하기 때문이다.

5. 고객이 경쟁업체의 물건을 구매하는 이유는 무엇인가?
→ 기존 경쟁업자들이 기술력은 낮지만 이미 검증된 해결책을 제공하기 때문이다. 또한 새로운 경쟁업자들이 뛰어난 성과를 제공할 것을 약속하기 때문이다.

6. 세일즈맨이 판매를 성사시키기 위해 고객에게 제공할 서비스로는 무엇이 있는가?
→ 마법사 세일즈맨은 구매자 개개인의 요구에 부응하는 특정 해결책을 제공할 수 있도록 특별한 기술 능력을 골고루 갖추고 있어야 하며, 또 상당수에 이르는 각종 인간관계를 관리할 수 있는 '인적 기술'을 가지고 있어야 한다.

홍보! 홍보! 홍보!

마법사 토비는 한마디로 잘나가고 있었다.

맥스 부부가 오케이 사인을 하기 무섭게 토비는 바퀴 판매 계획을 세운 다음 실행에 들어갔다.

토비는 우선 사람들이 '맥스 바퀴제조 주식회사'를 깔끔하고 현대적이며 최첨단 기술을 자랑하는 회사로 한눈에 인식할 수 있도록 이미지를 구축하고 싶었다. 좀 더 엄밀하게 말하자면, 이미 이 같은 이미지에 가까운 회사로 성장했으나 대다수의 사람들이 그러한 사실을 아직 인식하지 못하고 있다는 것이 아쉬웠다.

얼마 전 토비는 파라오가 주재한 화려하기 그지없는 만찬에 참석한 적이 있었다. 거기서 그녀는 필 플랙이라는 사람의 옆자리에 앉게 되었다.

'플랙'이란 돈을 받고 공적이나 뛰어난 업적을 대중에 선전하여 (회사나 개인의) 명성을 더욱 고취시키는 일을 하는 사람을 일

컫는다. 요즘은 이러한 사람들을 흔히 '홍보 전문가(public-relations professional)'라고 부른다.

필과 토비는 대화를 나누게 되었고 식사가 끝날 즈음 명함을 주고받았다.

토비는 필을 찾아갔다.

"저희 회사를 홍보하고 싶은데, 해주실 의향이 있으신지요?"

"비용은 어느 정도 생각하고 계십니까?"

"1만 셰켈 정도 될 것 같습니다."

"예, 그럼 해보죠."

필이 말했다.

일주일 뒤에 홍보 전문가 필은 《고대 과학 저널》이란 잡지의 편집자와 저녁을 먹었다.

그리스 포도주가 몇 잔 오간 뒤에 필은 몸을 앞으로 슬쩍 기울였다.

"사실은 기삿거리가 있어서 말이야. 거대한 피라미드 공사를 철저하게 다룬 기사를 게재하는 게 어떨까 싶은데?"

"우리 잡지에 게재하라는 건가?"

"문제될 것 없잖아. 그리고 섭섭하지 않게 해줄게."

두 달 후에 다음과 같은 제목이 실린 《고대 과학 저널》지가 발간되었다.

'거대한 피라미드'에 대한 기사에 지면 대부분이 할애되었지만, 그것은 정작 바퀴를 선전하기 위해 작성된 것이었다. 사실을 특집!

위용을 자랑하는 '거대한 피라미드' 공사의 건축 비밀,

신기원을 이룩한 바퀴 집중 탐구!

말하자면 기사는 대부분 홍보 전문가 플랙(Phlack)이 쓴 것이었다. 맥스 부부에 관한 설명이 많은 지면을 차지했다. 뿐만 아니라 마법사 토비의 사진과 그녀를 인터뷰한 내용이 상당한 분량 실렸다.

얼마 지나지 않아 비슷한 성격의 기사가 《이집트 시대》와 《기념물》에 실렸다. 심지어 극단적으로 보수적인 《대상(隊商) 매니저》란 잡지에도 바퀴에 대한 기사가 실렸다. 바퀴가 안전하지 못하다는 사실을 강조하면서 삐딱한 시각에서 쓴 것이기는 하지만⋯⋯.

필은 토비에게 연설할 기회까지 마련해주었다. 그녀는 건설업자 컨벤션에서 기조 연설을 했으며, 유명한 식당인 '카멜 클럽'에서 반나절에 걸쳐 '회전 역학'에 관한 세미나를 주재했다.

이 같은 선전 효과는 강력했고, 그만큼 빠르게 사람들에게 '맥스 바퀴제조 주식회사'가 각인되었다.

선전 효과에서 가장 두드러진 것은 첫째, 토비가 회사와 자신을 바퀴에 관한 한 가장 권위 있는 위치에 있도록 만들었다는 것이며 둘째, 기사를 읽거나 그녀의 연설을 들은 많은 사람들이 바

퀴를 자신들이 하고 있는 사업에 응용할 수 있을지 알아보기 위해 그녀에게 접근하기 시작했다는 것이다.

바퀴에 대한 무료 정보를 흘려 그녀는 사람들이 강력하고 새로운 기술을 모르고 있다는 사실을 인식하도록 만들었다. 약간의 정보를 제공하여 그녀는 잠재 고객들에게 자신의 전문 지식이 얼마나 필요한지를 보여주었다.

토비는 기사를 몇 부 복사해 자신이 만나는 사람들에게 나누어줄 수 있었다. 기사는 파라오의 추천만큼이나 위력을 갖는 바퀴에 대한 완벽한 소개 자료였던 것이다.

어느 날 저녁, 카멜 클럽에서 토비는 '회전력: 미래의 힘'이라는 제목의 강연을 한 다음 질의응답 순서를 막 끝냈다. 참석자들의 정중한 환호를 받는 가운데 그녀는 자신을 만나려고 기회를 엿보는, 유난히 눈에 띄는 한 사내를 만났다. 참석자들이 돌아가기 시작할 때 그 남자가 그녀에게 다가와 악수를 청했다.

"오늘 강연을 정말 흥미롭게 들었습니다."

"고맙습니다."

"저는 '골리앗 썰매제조 주식회사'의 제품 개발 부사장 사무엘 톤이라고 합니다."

"예, 존함은 익히 들어 알고 있습니다."

토비가 말했다(사실 그녀는 그를 만나보아야겠다는 생각에 그에게 편지와 기사 자료를 몇 달에 걸쳐 보냈지만 지금까지 아무런 연락이 없었다).

"토비 씨께서는 바퀴와 썰매를 결합하여 별도의 제품을 만들 수 있으리라고 확신하는 것 같습니다. 물론 거대한 피라미드에서의 토비 씨의 작업이 그것을 말해주고 있고요. 저희 회사 관계자들과 우리 제품에 바퀴를 장착하는 문제를 논의했으면 어떨까 싶습니다."

"물론이죠. 제 명함을 드릴게요. 연락 부탁드립니다."

바퀴의 파생상품, 맷돌

　이제까지의 상황을 지켜볼 때 현 시점에서 토비가 골리앗 썰매 제조 주식회사와의 비즈니스를 쉽게 풀어나갈 수 있으리라고 생각할 수도 있다. 또한 토비는 사무엘 톤과 협상을 해서 판매를 성사시키고 주문만 받으면 그만이라고 간단하게 생각할 수도 있다.

　그런데 일은 그렇게 순조롭게 풀리지 않았다.

　잘 알다시피 골리앗 썰매제조 주식회사는 업계 최고의 대기업으로 조금은 복잡한 조직을 가지고 있는 회사다. 이 회사에서는 일을 수행하려면 여러 단계의 결재를 반드시 맡아야 하며, 어느 누구도 업무를 단독으로 수행할 수 없고 독자적으로 결정할 수 있는 사람은 단 한 사람도 없었다.

　따라서 처음 거래하는 회사가 제품을 대량으로 이 회사에 판매하는 것은 대단히 어렵다. 그리고 같은 이유로 이 회사에 새로운 아이디어를 파는 것 역시 불가능에 가까웠다.

좀 더 쉽게 설명해보자. 사실 클로저 카시우스도 이 회사를 찾아간 적이 있다. 몇 년 전에 최고의 세일즈맨이라고 자부하던 카시우스는 이 회사의 CEO 조 플랭크를 찾아갔다. 카시우스는 바퀴를 직접 보여주었고, 조 플랭크에게 강한 인상을 심어주었지만 구체적으로 얻은 것은 하나도 없었다. 카시우스는 심지어 바퀴 한 세트를 샘플로 그 회사에 두고 왔다. 그 바퀴는 회사의 연구 개발실에 먼지가 겹겹이 쌓인 상태로 아직도 놓여 있다.

이 이야기를 익히 알고 있었지만 토비는 전혀 겁먹지 않았다.

클로저 카시우스는 세일즈 프레젠테이션을 할 때 레슬링 시합을 하듯이 일 대 일로 했다. 하지만 토비는 세일즈 프레젠테이션을 팀 스포츠를 하듯 그룹 대 그룹으로 했다.

두 사람의 프레젠테이션에서 다른 것은 효율성 측면이었다. 비교적 간단한 거래를 수행하는 카시우스의 경우, 거래를 성사시키는 가장 효율적인 방법은 핵심 의사 결정자와 일을 처리하는 것이다.

이와 달리 정리해야 할 문제가 상당히 많은 복잡한 거래를 성사시켜야 하는 토비의 경우, 가장 효율적인 방법은 의사 결정자와 의사 결정에 영향을 미치는 사람들을 한자리에 모아 그룹으로 일을 처리하는 것이다.

카시우스와 달리 토비는 혼자서 일을 처리하는 경우는 좀처럼 드물다. 토비는 골리앗 썰매제조 주식회사에서 있을 프레젠테이션을 대비하여 프레젠테이션 팀을 구성했다.

회장 조 골리앗이 그 자리에 나온다는 사실을 알고 있었기 때문에 그녀는 사장 맥스를 대동했다(그리고 맥스와 조는 협상 테이블에서 가까이 앉을 것이라고 그녀는 확신했다).

또한 엔지니어링 부사장 자크도 나올 것이 분명했다. 그래서 그녀는 이번에 새로 채용한 디자이너 루스를 대동했다.

팀을 구성함으로써 토비는 앞선 기술은 물론 상당한 지원과 서비스를 제공한다는 점을 골리앗 썰매제조 주식회사에 자연스럽게 알릴 수 있었다.

그녀는 팀을 구성했을 뿐만 아니라 사전에 프레젠테이션을 연습했다. 다시 말해 협상 테이블에서 어떤 말을 해야 하고, 그 말을 할 적당한 때가 언제인지를 확실하게 알기 위해 프레젠테이션을 사전에 연습했던 것이다.

이렇게 구성된 '맥스 바퀴제조 주식회사의 프레젠테이션 팀'은 '골리앗 주식회사 협상 팀'과 협상 테이블에 앉았다.

제일 먼저 토비는 맥스에게 바퀴 개발의 배경을 짧게 설명하라고 했다. 이어서 토비 자신이 바퀴가 수행한 엄청난 공사와 썰매에 바퀴를 장착하여 거대한 석재를 옮긴 이야기 등 거대한 피라미드 건축과 관련된 바퀴의 장점과 더불어 피라미드 건축가들에게 제공했던 기술적 지원에 대해 말했다.

곧이어 그녀는 맥스에게 '바퀴를 사업에 응용하면 어떤 성과를 가져올 수 있는지'를 물었고, 맥스는 답을 했다.

바퀴 기술이 가지고 있는 엄청난 위력과 그것이 세상을 어떻게 변화시킬 수 있는지에 대한 답변은 청명한 하늘처럼 선명하게 메아리쳤다.

질문에 대한 답이 나오고 곧바로 토비는 테이블 아래를 톡톡 쳤다. 이어서 디자이너 루스가 썰매를 장착한 바퀴 제조가 상당한 수준에 이르렀다는 설명을 했고, 순간 토비는 자리에서 일어나 테이블 앞에 있는 이젤로 다가가 이젤을 덮고 있던 베일을 벗겼다.

"우리가 마차라고 부르는 바퀴가 달린 장치 하나만으로도 골리앗 썰매제조 주식회사는 매출액이 10억 셰켈 정도 신장되리라 생각합니다."

곧바로 골리앗 썰매제조 주식회사의 협상단은 고개를 끄덕이며 서로의 표정을 살폈다. 문자 그대로 충격을 받은 것이었다.

그러나 제아무리 뛰어난 계획을 세우고, 물 흐르듯이 프레젠테이션을 한다 하더라도 고객은 으레 이의를 제기하기 마련이다. 격정도 하고, 의심도 하게 마련이다. 토비는 그 정도의 이의를 미리 예상했고, 심지어 그들이 제기할 것들이 어떤 것인지를 정확하게 꿰뚫고 있었다.

"지금 토비 씨께서 제안한 마차라는 장치에 마음이 끌리는 것은 인정합니다. 하지만 마차라는 장치가 언덕처럼 높은 곳에서 고장이 날 경우를 생각해보아야 할 것 같습니다. 언덕에서 속도가 붙어 굴러 떨어지거나 심지어 사람이 죽는 등의 불상사가 발생하면 어떻게 합니까? 그렇게 되면 우리 회사는 소송에 휘말릴 수도 있습니다."

"우리의 법률 자문을 따른다면 절대 그렇게 되지 않습니다. 귀사가 태만하지 않고, 적절한 안전 조치를 취한다면 말입니다. 사실 사고란 어느 때나 일어날 수 있습니다. 귀사의 썰매까지도 말입니다. 확실한 것은 마차의 장점이 그러한 위험을 상쇄시키고도 남는다는 것입니다."

그다음 정말 최고의 디자인 솔루션을 제공할 수 있는지에 대한 의문이 이어졌다.

"예, 좋습니다. 반드시 그래야 하는 것은 아니지만 마차를 만들기로 마음을 먹었다면 반드시 둥그런 바퀴만을 고집해야 하는 것은 아닙니다. 8각형 바퀴나 10각형 바퀴도 생각해볼 수 있습니다. 하지만 8각형 바퀴와 10각형 바퀴를 시험한 결과, 둥그런 바퀴가 제일 빨랐습니다."

"외발수레를 발명한 이멈이란 사람에 대해서는 어떻게 생각하십니까? 무엇보다 먼저 그 사람을 만나봐야 하는 것 아닙니까. 어쩌면 네 바퀴 달린 마차가 필요 없을지도 모르지 않습니까? 그저 가운데에 바퀴 하나만 장착할 수도 있지 않습니까? 그러면 값도 훨씬 싸고요. 그렇지 않습니까?"

"물론 값은 싸겠죠. 하지만 안정적이지 못합니다. 연구에 따르면 이멈의 외발수레는 상당한 문제를 가지고 있습니다. 우리는 결코 그렇게 디자인하지 않습니다."

그다음에는 세일에 오히려 도움이 되는 '황금의 이의'가 제기되었다.

"그렇다면 마차만을 다루도록 합시다. 안전에 문제가 없다고 어떻게 확신합니까? 그리고 사람들이 마차를 이용할 것이라는 근거는 무엇입니까?"

프레젠테이션을 하면서 토비는 골리앗 썰매제조 주식회사가 마차 전문 제조 문제를 그 자리에서 오케이하지 않으리라는 것을 직감적으로 알았다. 무조건 예라는 대답을 얻어내면 기분이야 좋겠지만, 이런 상황에서는 나중에 상당한 규모의 비즈니스로 발전할 수 있는 잠정 세일을 준비해야 했다.

"아무래도 마차 모형을 만들어낼, 시험 프로젝트를 수행하는 것이 좋을 듯싶습니다. 다시 말해 모형에 대한 현장 시험을 거쳐 설계상의 단점을 보완하고, 그다음에 귀사의 고객 그룹에 보여 그들의 반응을 알아보는 게 좋을 듯합니다. 우리가 생각한 것처럼 반응이 좋다면 귀사는 마차를 대규모로 제조하고 저희는 그에 맞춰 바퀴와 부속품 일체를 공급하면 될 것 같습니다."

토비가 말했다.

토비의 제안은 완벽한 옵션이었다. 이렇게 함으로써 돌다리도 두드리고 가는 보수적 경영원칙을 고수하는 골리앗 썰매제조 주식회사와 전혀 위험 분담이 없는 약속을 할 수 있었다. 그리고 토비가 알려준 실험에 수반되는 비용은 단지 100만 셰켈에 불과했다. 회사의 엄청난 성장 가능성을 생각할 때 그것은 새 발의 피에 불과했다.

골리앗 썰매제조 주식회사 협상단은 모두 고개를 끄덕였다.

"그럼 그렇게 하도록 합시다."

회장 조 골리앗이 말했다.

"예, 좋습니다. 그럼 마차에 바퀴를 장착하기로 하는 협약서에 서명을 해주셨으면 합니다."

토비가 말했다.

골리앗 썰매제조 주식회사와 계약을 끝낸 뒤에 토비는 거대한 피라미드 공사에서 하던 그대로 모든 것을 일사천리로 처리했다.

토비는 고객과 계속해서 접촉하면서 모형 개발에 관해 조언을 해주었다. 또한 매우 단순한 문제부터 법적인 문제에 이르기까지 고객이 요구하는 것을 모두 해결해주었다.

토비는 골리앗 썰매제조 주식회사 관계자들에게 바퀴의 특성을 계속해서 교육시켰으며 나아가 프로젝트의 모든 방면, 즉 기술적인 문제부터 고객과의 관계까지 철저하게 관리했다. 또한 꼭 필요한 경우, 골리앗 썰매제조 주식회사의 직원들은 물론 '마차 개발'을 좋지 않게 바라보는 사람들과도 따로 시간을 내어 만나는 등 돈독한 관계 구축에 최선을 다했다.

채 1년이 되지 않아, 디자인을 수없이 변경한 끝에 마차 모형이 드디어 완성되었다. 기술적인 면에서 볼 때 대단히 놀라운 작품이었다.

마차 모형을 과시하기 위해 ―그리고 부가적으로 회사 직원들에게 아낌없는 지원을 얻을 목적으로― 맥스 바퀴제조 주식회사 기술진은 골리앗 썰매제조 주식회사의 공장 한쪽 끝에서 다른 쪽 끝까지 마차 모형을 굴렸고, 마차가 보이기만 하면 종업원들은 환호성을 지르며 박수를 쳤다.

"정말 훌륭합니다."

모형 마차를 마지막으로 자세히 살핀 뒤 골리앗 썰매제조 주식회사의 엔지니어링 책임자 자스가 말했다.

"이제 현장 시험만 남았습니다."

그들은 시험할 장소로 갔다. 그들은 마차를 들판에서 굴리는 시험을 했다. 물론 토비와 루스도 현장에 있었다. 중요한 시험이었기 때문이다.

그런데 거의 재앙에 가까운 엄청난 사고가 일어나고 말았다. 시험 장소로 택한 들판은 우연히도 추수를 하고 있는 들녘이었다. 시험을 하기로 한 날은 공교롭게도 수십 명의 농부가 탈곡을 하고 있었다. 당시만 해도 농부들은 막대기 같은 도구인 도리깨로 밀을 내려쳐 탈곡했다.

그래서 바로 옆에서 농부들이 탈곡을 하고 있을 때 마차를 시험했고, 토비와 루스는 마음 졸이면서 결과를 지켜보고 있는데, 갑자기 마차가 언덕 아래로 굴러 내려가기 시작했다. 아무도 손을 쓸 수 없이 마차는 더욱더 빠르게 내려갔고, 감히 아무도 정지할 생각을 하지 못했다.

"조심하세요!"

토비가 농부들에게 소리쳤다.

"어서 도망치세요!"

엔지니어링 책임자 자스도 소리쳤다.

그들의 소리를 들은 농부들은 홍해가 갈라지듯이 비켜섰고, 거대한 석재 바퀴가 상착된 마차는 곡식이 넓게 퍼져 있는 데로 굴러 내려갔다.

마침내 마차는 어느 정도 거리를 간 다음에야 천천히 멈춰 섰다.

"지금 보았듯이 바퀴는 안전하지 못합니다."

자스가 말했다.

"예, 지금 상황에서는 그래요. 부인하지 않습니다. 다행히 아무도 다치지 않았습니다. 머리를 맞대고 노력한다면 해결책을 찾을 수 있을 겁니다."

토비가 말했다.

"아닙니다. 당장 시험을 그만두어야 합니다. 사고 위험성이 커서 도저히 안 되겠습니다."

자스가 말했다.

곧바로 자스는 회사로 가버리고 말았다.

그런데 사고가 날 때 농부들 가운데 가장 연장자인 로프라는 사람이 그 모습을 지켜보고 있었다.

"곡물에 손해를 입혀서 정말 죄송합니다."

토비는 되도록 일을 원만하게 처리하고 싶은 마음에 로프에게 사과를 했다.

"모두 보상해 드리겠습니다."

"이봐, 여기 좀 봐. 커다란 돌 바퀴가 우리 대신 탈곡을 해주었네. 그려!"

"앗! 어서 도망치세요.
바퀴는 도무지 안전하지가 않아."

그는 농부들에게 소리를 치고 바퀴가 지난 자국을 자세히 살폈다. 바퀴의 무게로 밀은 자연스럽게 껍데기가 벗겨지면서 알곡만 남게 되었던 것이다.

"이게 도대체 뭡니까?"

그는 마차에 대해서 물었다.

"우리가 빌릴 수 있을까요?"

다른 농부가 물었다.

"예, 그러세요."

토비가 말했다.

이렇게 해서 농부들은 도리깨를 옆으로 치워놓고 바퀴를 여기저기 굴리며 전보다 절반의 힘만 들여 밀을 탈곡했다.

토비는 맥스에게 자초지종을 말한 다음 "그나마 위안 삼을 것이 있다면 농부들이 그 자리에서 주문했다는 겁니다"라고 말했다.

"마차를 주문했다는 말입니까?"

"아뇨, 바퀴를 주문했습니다."

토비는 골리앗 썰매제조 주식회사를 찾아갔다. 하지만 일은 이미 틀어져 있었다. 회사는 마차라는 것이 무시무시하게 달리기만 할 뿐 위험하고, 안전성이 결여된 장치라고 혹평했다.

토비가 아무리 논리적으로 설득해도 골리앗 썰매제조 주식회사 관리자들은 하나같이 골치 아프게 마차 개발을 떠맡고 싶지 않아 했다.

맥스 바퀴제조 주식회사는 당연히 지금까지 개발에 들어간 비용을 모두 감당했는데, 그 액수는 상당했다. 지칠 대로 지친 토비는 그 모든 것을 자신의 실수로 받아들였다.

"마차가 언덕에서 내려갈 때 생길지도 모르는 문제점을 미리 예상했어야 했습니다. 거대한 피라미드 공사에서도 바퀴가 언덕에서 구르면 가속이 붙어 엄청나게 위험했으나 막을 방법이 없었어요. 그 점을 미리 파악했어야 하는 건데, 그만……."

"토비 씨 말처럼 처음부터 언덕에서 시험했으면 더욱 좋았을 거예요. 골리앗 회사와의 일은 잊고 그 문제를 해결한 다음에 다른 썰매제조 회사와 접촉해보죠. 이제 잊어버리세요. 골리앗이 썰매 제조업체 가운데 1위이기는 하지만 유일한 회사는 아니니까요."

미니가 말했다.

미니의 말대로 썰매 제조 시장은 4대 기업, 즉 골리앗 썰매, 황제 썰매, 바빌론 썰매, 우르(유프라테스 강과 티그리스 강 사이에 있는 지방) 썰매 회사가 차지하고 있었다.

그런데 위의 기업들은 현장 시험에서 마차가 언덕 아래로 곤두박질쳤다는 것을 알게 되었다. 설상가상으로 이멈이 채용한 마법사 세일즈맨이 외발바퀴를 상용화한 제품을 가지고 4대 기업과 협상을 하고 있다는 소문이 돌았다(목재 바퀴가 장착된 외발수레를 이상한 모양으로 디자인한 제품도 있었다).

토비가 다른 세 기업과 접촉하기 위해 이런저런 준비를 하던 도중, 맥스는 전혀 새로운 제품을 개발하고 있었다. 어느 날 그는 미니와 토비를 사무실로 불렀다.

"마차 개발은 잊어버립시다."

그가 선언하듯 말했다.

"뭐라고요? 지금까지 이렇게 힘들게 일했는데 어떻게 잊으라는 겁니까?"

토비가 소리쳤다.

맥스는 몇 가지 도면을 테이블에 펼쳤다.

"이것을 한 번 보세요."

미니는 도면을 자세히 살폈다. 하지만 제대로 이해가 가지 않았다.

"두 개의 바퀴처럼 보이네요. 하나가 다른 바퀴 위에 직각으로 놓여 있군요."

토비가 말했다.

"예, 정확하게 보았습니다. 이게 바로 맷돌입니다."

"맷돌이라고요?"

"예, 맷돌입니다. 농부들로부터 탈곡 이야기를 듣고 난 후 줄곧 석재 바퀴의 최대 장점인 무게와 견고함을 어떻게 이용할까 하는 문제에 매달리다가 이 맷돌을 개발하게 되었습니다. 하나는 수평으로 놓여 있고, 다른 하나는 그 바퀴에 직각으로 놓여 있는 겁니다."

"이것으로 무엇을 하죠?"

미니가 물었다.

"맷돌로 곡식을 찧는 거지. 위에 있는 바퀴가 회전 장치에 의해 아래의 바퀴 축과 연결되어 있잖아. 그리고 그 바퀴는 바닥에 있는 바퀴의 위에서 회전하게 되지."

맥스는 바닥에 있는 바퀴의 평평한 면에 탈곡하지 않은 곡식으로 넣는 방법을 설명했다. 바퀴를 돌리면 곡식이 눌려져 껍질이 벗겨지면서 알맹이가 나오는 것이다.

"정말 대단해요."

토비가 말했다.

"고마워요. 하지만 이제부터가 진짜 문제예요. 이 제품을 팔 수 있을 것 같아요?"

맥스가 물었다.

토비는 잠시 생각한 끝에 "저를 지켜봐주세요"라고 말했다.

그녀는 자신의 말대로 맷돌을 팔아치웠다.

맷돌을 팔아가면서 토비는 자신이 타고난 세일즈맨이라는 사실을 깨달았다.

당시만 해도 맷돌은 최첨단 기술력을 자랑하는 장치였다. 시장에 이런 제품이 진입한 적은 한 번도 없었다.

판매는 쉽지 않았다. 맷돌은 농부의 특별한 요구에 맞춰야 하기 때문이었다.

맷돌의 구매자와 사용자는 모두 맷돌을 처음 사용하는 사람들이기 때문에 토비 같은 전문가로부터 기술적인 지도를 받아야 했다. 비스듬하면서 골이 진 맷돌을 원하는 고객이 있는가 하면 단지 비스듬한 맷돌을 원하는 고객이 있고, 수직으로 된 맷돌을 원하는 고객도 있었다. 맷돌은 고객의 요구에 맞추어져야 했고, 용도에 따라 달라져야 했다. 구매자는 마법사 세일즈맨의 도움을 받아 자신의 조건에 맞는 최고의 맷돌을 선택해야 했다.

거대한 피라미드 공사 때와 마찬가지로 사용자를 교육시키고 유지보수를 해주는 등의 문제를 해결하는 비용을 맷돌의 총 가격에 포함시켜야 했다. 고객들은 맷돌 하나를 구입함으로써 모든 솔루션을 구매하기 때문이다.

이 말은 맷돌의 가격을 높이 불러도 된다는 의미였다. 사실 맷돌을 원하는 사람들은 비싼 가격을 주고라도 맷돌을 살 수밖에 없었다. 맥스는 맷돌을 팔아 30~50퍼센트의 순이익을 실현했다.

한편 초보 마법사 세일즈맨을 채용하여 교육시켜서 현재 수요는 감소하고 있지만 여전히 상당한 수익을 올릴 수 있는 썰매에 장착하는 일반적인 바퀴를 계속해서 팔 수도 있었다.

맥스는 돈을 갈퀴로 모으고 있었다. 거대한 피라미드 공사로 인한 총 매출이 100만 셰켈이었고, 이제 회사는 순수익만 100만 셰켈을 올리고 있었다.

오라클 오지에게서 배우는 통찰력

세계 최고의 세일즈 마법사가 가지고 있는 특징

- 팀을 이루어 활동하며 완벽한 솔루션을 수행하는 팀의 리더로 활동하는 경우가 많다. 또한 '일을 완벽하게 처리하기 위하여' 여러 단계로 이루어진 고객 조직과 공조하여 작업하는 능력을 갖추고 있다.

- 판매 결과에 대해 상당한 책임 의식을 가지고 있다.

- 전문가답게 품위 있게 행동한다. 외모나 라이프 스타일에서 풍요로움이 보이지만 결코 가볍게 행동하지 않는다.

- 팔고 있는 제품의 특성뿐만 아니라 새로운 고객 저마다의 특성까지도 완벽하게 파악하는 등 기술을 대단히 빨리 습득하는 자질을 갖추고 있다.

- 솔루션이 가지고 있는 장점을 자세하게 밝혀 추가 판매를 할 수 있도록 결과물을 문서로 작성한다.

- 부품과 같은 사소한 부분보다는 고객의 요구에 따라 디자인된 완벽한 솔루션, 완벽한 시스템 판매에 주력한다.

- 일반적인 단점: 오만하고 이익만을 챙기려는 경향이 있고, 솔루션에 필요한 자원을 과소평가하는 경향이 있다.

경쟁상품이 등장하다

그런데 상황은 돌연 변해버렸다.

마법사 토비는 맷돌 계약을 마치고 출장에서 돌아왔다. 그런데 《바퀴 시대》라는 잡지의 최신호가 우편함에 있었다.

《바퀴 시대》는 출간된 지 1년밖에 안 된 잡지로, 지령 1호의 커버스토리에 〈커다란가? 작은가? 넓은가? 두께가 얇은가? 당신의 썰매에 맞는 석재 바퀴는 어떤 것인가〉라는 제목의 글을 토비가 직접 기고한 적이 있는 업계의 잡지였다(홍보 전문가 필이 쓴 것이기는 하지만). 물론 토비도 평생 구독자가 되었다.

잡지를 꺼낸 토비는 표지를 보고 깜짝 놀랐다. 표지에 "목재 바퀴가 나왔습니다. 목재 바퀴가 드디어 등장했습니다. 목재 바퀴 시대가 도래했습니다!"라는 글이 번쩍거리는 커다란 금박으로 적혀 있었던 것이다.

잡지는 목재 바퀴 기사로 도배되다시피 했다. 그리고 바퀴는

"아니, 이게 뭐야?
목재 바퀴의 시대가 열렸다고?"

더 이상 대문자로 쓰여 있지 않았다. 바퀴라는 단어는 이제 더 이상 고유명사가 아니었던 것이다.

목재 바퀴의 특징을 시험한 데이터, 석재 바퀴와 비교한 비교표가 나와 있는 기사가 있는가 하면 현재 상용화된 여러 가지 목재 바퀴를 개략적으로 소개한 기사도 있었다. 또 오래된 석재 바퀴를 목재 바퀴로 교체하는 데 필요한 완벽한 '업그레이드 지침'도 나와 있었다. 토비는 그중에서도 '돌바퀴는 이제 역사의 유물로 사라지고 있다'라는 기사의 제목에 주목했다.

기사는 바퀴와 관련된 몇 가지 소식을 전한 후, 돌바퀴는 맷돌과 같은 제한된 응용 제품에만 쓰일 뿐 곧 역사의 유물로 사라질 것이라는 내용으로 기사를 마무리 지었다.

"가볍지만 강력하고, 언제나 수리가 가능하며, 가격도 저렴한 바퀴가 보편화되고 있는 이 시점에 무겁고 깨지기 쉬운 고가의 석재 바퀴를 누가 사려고 하겠는가?"

마지막으로 토비는 잡지 뒷면에 실린 최초의 목재 바퀴 제조업체인 이멈 바퀴제조 주식회사의 큼지막하고 화려한 광고를 보았다.

토비는 잡지를 들고 급하게 맥스를 찾아갔다.

"이제 어떻게 해야 하죠? 우리는 목재 바퀴에 관한 도면조차 없잖아요."

"너무 걱정하지 마세요."

맥스는 잡지를 쓰레기통에 던지며 말했다.

"목재 바퀴는 오래 가지 못해요. 일시적인 유행에 불과할 겁니다."

하지만 맥스의 예상과 달리 일시적인 유행은 사라지지 않았다. 아니 사라지기는커녕 시장에는 엄청난 변화가 생겼다. 아닌 밤중에 홍두깨 격으로 골리앗 썰매제조 주식회사가 파산을 공식적으로 발표한 것이었다. 썰매를 구매하는 사람이 하나도 없었기 때문이다. 100만 셰켈을 자랑하던 매출액이 눈 깜짝할 사이에 제로로 떨어지는 바람에 골리앗도 무너지고 만 것이다.

골리앗이 무너지고 이멈 바퀴제조 주식회사와 공동으로 외발바퀴를 두 발 바퀴로 개조한 데이비드 우마차 제조 주식회사가 급격하게 성장했다.

많은 사람이 우마차와 수레바퀴를 구매했고, 곧바로 마차까지 구입하게 되었다. 골리앗의 전 임원은 맥스가 처음으로 생각한 마차 개념을 상용화하여 '헤라클레스 마차제조 주식회사'를 설립했다. 다른 썰매 제조 회사들은 골리앗처럼 변화에 소극적이지 않았다. 심지어 가장 보수적인 경영을 하는 썰매 제조업체까지도 바퀴를 장착한 새로운 제품을 출시했다.

그에 따라 디자인이 다양해진 제품들이 연속해서 출시되었다. 바퀴를 세 개 장착한 제품이 있는가 하면, 여섯 개를 장착한 제품, 심지어 열두 개를 장착한 제품까지 나왔다. 뿐만 아니라 바퀴도 소형 바퀴부터 대형 바퀴에 이르기까지 크기가 다양해졌다. 하지만 하나의 공통점은 있었다. 모두 목재라는 것이었다. 그리고 대부분의 목재 제품이 이멈 바퀴제조 주식회사의 제품이라는 것이었다.

"에이! 사기꾼 같은 자식!"

맥스는 분을 참지 못하고 소리쳤다.

"아니 누구한테 하는 소리예요?"

미니가 물었다.

"이멈 그 자식이지, 뭐 다른 사람 있나? 내 아이디어를 훔친 녀석 말이야. 날강도가 따로 없다고! 이것 좀 봐······."

그는 미니에게 《고대 타임》을 보여주었다. 표지에는 씩 웃고 있는 이멈의 사진이 박혀 있었다. 올해의 기업가로 선정된 것이었다.

뛰어난 제품을 발명한 것을 높이 사 상을 수여한다는 기사까지 함께 실려 있었다. 기사는 '비즈니스까지 꿰뚫어보는 천재적인 발명가'라고 쓰여 있었다.

맥스나 최초의 바퀴에 대한 기사는 눈을 씻고 찾아도 없었다.

맥스는 분통을 터뜨렸다.

"거대한 피라미드 공사에 제일 큰 힘이 되었던 게 바로 우리 회사란 말이야. 그리고 맷돌도 개발하지 않았어? 그런데 어느 누구도 우리를 기억하지 않는단 말이야. 그런데 외발수레 발명자에 대해서는 왜 이렇게 기사가 많은 거야?"

미니는 한숨을 내쉬었다.

"그렇게 화를 낸다고 해서 좋을 것 하나도 없어요. 목재 바퀴가 미래의 물결이라는 현실을 받아들입시다."

"아직 방앗간은 아니란 말이야! 밀가루를 만들려면 목재 맷돌로는 어림없어. 돌 맷돌로 할 수밖에 없단 말이야."

맥스는 버럭 소리를 질렀다.

"맞아요. 하지만 좀 더 생각해보세요. 앞으로 5년간 우리가 맷돌 시장을 완전히 독점할 수 있어요. 하지만 5년간의 총 매출액이 우마차 바퀴 시장의 1년 총 매출액밖에 되지 않아요. 그리고 우리가 개발하려 했던 마차는 이제 군용 전차로까지 개발되고 있어요."

"물론 나도 당신 말이 무슨 얘긴지 알고 있어."

"좋아요. 당신이 제 얘기에 귀를 기울여주면 좋겠어요. 이제는 예전 방식으로는 돈을 벌 수 없어요. 토비 씨도 6개월 동안 썰매에 장착하는 바퀴를 한 개도 팔지 못했잖아요. 이제 사람들은 썰매를 불쏘시개로 쓰고 있어요. 낡은 썰매에 바퀴를 장착하는 것보다 새로운 마차를 사는 것이 더 싸기 때문이에요."

미니는 말을 잠시 멈추었다.

"여보, 당신이 고집하면 맷돌에 계속 매달릴 수는 있어요. 몇 백만 셰켈의 가치가 되는 시장을 우리는 잡고 있어요. 하지만 목재 바퀴 시장은 수조 셰켈의 시장으로 변해가고 있어요. 지금 우리가 조치를 취하지 않으면 이멈 그 사람이 수많은 돈을 고스란히 차지하게 돼요. 급하게 서두르지 않으면 그 사람은 난공불락(難攻不落)이 될 거예요."

맥스는 분통이 터졌지만 아내의 말이 하나도 틀리지 않다는 것을 인정할 수밖에 없었다. 한동안 그는 말없이 실내를 서성거렸다. 마침내 그는 걸음을 멈추고 "좋았어, 이럼 그놈이 내 아이디어보다 더 뛰어난 제품을 만들 수 있다면 나도 그놈보다 뛰어난 제품을 만들 수 있단 말이야"라고 말했다.

맥스는 곧바로 새로운 제품 개발에 착수했다. 그와 토비를 포함한 엔지니어들은 신속하고 매우 뛰어나게 작업했다. 얼마 지나지 않아 그들은 맥스 바퀴제조 주식회사의 이름을 걸 수 있을 정도로 뛰어난 목재 바퀴를 개발했다.

시험 결과 최고의 목재 바퀴로써 손색이 없었다.

그것은 '바퀴살을 댄 바퀴(가운데 살이 있는 바퀴)'였다.

이것은 가벼울 뿐만 아니라 강하고 견고했다.

맥스의 신제품 바퀴살을 댄 바퀴는 디자인 면에서도 단연 돋보였다. 뿐만 아니라 기존의 목조 바퀴보다 제조가도 약간 적게 들었다. 게다가 매우 신선해 보였다.

"바퀴살을 댄 바퀴가 곧바로 히트 칠 테니, 두고 보라고!"

맥스는 호언장담했다.

안타깝게도 그는 여전히 판매에 대해서 모르는 게 너무 많았다.

바퀴살을 댄 바퀴를 판매하기 위해 미니와 토비는 바퀴의 최대 구매자인 제조업체와 우마차 제조업체를 찾아다니기로 마음

"바퀴살을 댄 바퀴가
곧바로 히드 칠 테니
두고 보라고."

먹었다.

오래지 않아 거대한 피라미드 공사에서 축적된 신용에 힘입어 토비는, 광고에서 말하듯이 '화물 수송업계의 신예'로 알려진 아틀라스 마차제조 주식회사 회장과 만날 약속을 하게 되었다.

하지만 첫 번째 만남은 토비가 마음먹은 대로 되지 않았다. 토비가 맥스 바퀴제조 주식회사의 여러 가지 가능성에 대해 말하는 도중 회장이 불쑥 말을 가로막았다.

"예, 아주 좋습니다. 사실 저는 바퀴를 판다는 말을 듣고 바쁜 시간을 쪼갠 것입니다."

회장이 말했다.

"예, 그 점은……. 저도 알고 있습니다."

"그렇다면 자재부와 말을 해야 하는 것 아닌가요?"

"아, 예. 자재부가 있습니까?"

"있습니다. 자재부에서 바퀴를 취급하고 있습니다. 저를 따라오십시오. 자재부로 안내해 드리겠습니다."

"정말 흥분되는군요."

토비가 말했다.

몇 분 뒤에 토비는 바퀴 전문가 사이러스와 바퀴 구매 담당자 비비 앞에서 프레젠테이션을 했다.

그들은 시간을 내서 토비의 설명을 귀담아 듣기는 했지만 열의는 없었다.

"솔직히 말씀드리죠."

사이러스가 말했다.

"귀사의 바퀴살을 댄 바퀴는 향후에는 상당히 상용화될 것 같습니다. 하지만 금년에 구매할 생각은 전혀 없습니다."

"왜 그러시죠?"

사이러스와 비비는 서로를 쳐다보았다. 그리고 비비가 약간 은밀한 어조로 말했다.

"이 같은 바퀴에 맞는 마차를 생산하려면 최소한 1년 동안 준비를 해야 하기 때문입니다."

"지금 말한 그대로입니다. 올해 모델 디자인은 이미 확정되었습니다."

사이러스가 거들었다.

"그런 거라면 문제될 것 없습니다. 저희 엔지니어들과 공조하여 디자인을 변경하면 됩니다."

토비가 말했다.

"죄송합니다. 그런 일은 우리가 다룰 문제가 아닙니다."

사이러스가 말했다.

"이 일 말고 다른 것을 협의했으면 합니다. 앞으로 6~12개월 동안 구매하고자 하는 바퀴 명세서를 드릴 테니 가격과 인도 조건을 말씀해주셨으면 합니다."

비비가 말했다.

"좋습니다."

"그럼 색상 옵션은 어떻게 되나요?"

"색상 옵션이라뇨?"

"올해는 붉은 색 마차가 최고로 인기를 끌었는데, 아무래도 그 것과 조화를 이루는 바퀴가 좋겠다 싶어서요."

"어떤 색상이든 충분히 공급할 수 있습니다."

토비는 약간 자신 없는 목소리로 말했다.

확실히 이번 일은 맷돌이나 피라미드 공사에 바퀴를 파는 것과는 사뭇 달랐다. 이 같은 상황에서 고객은 그녀의 기술적 지식에 의존하게 마련이다. 그들은 그녀에게 자문을 구했다. 그들은 그에게서 최첨단 솔루션을 원했다. 다시 말해 그들은 그녀가 공급할 수 있는 바퀴의 종류를 말하고 있는 것이었다.

"마치 저 이상으로 바퀴에 대해서 많이 알고 있는 것 같았어요."

토비는 나중에 미니에게 말했다.

"적어도 저는 자격증까지 있는 마법사인데도 디자인에 대해서 제 의견을 아예 들으려고도 하지 않았어요."

"그렇겠죠. 바로 그들이 고객이고 우리는 그들에게 제품을 팔아야만 합니다."

미니가 기본적인 사실을 상기시켜줬다.

"예, 그 점을 명심하겠어요."

그러나 그들이 요청한 가격을 토비가 전했을 때 일은 일그러지고 말았다. 요청한 가격은 맷돌 고객들이 자주 하는 것처럼 제안 수준에 가까운 것이었으나 사이러스와 비비는 제안으로 생각하지 않았다.

"아니 그 가격에 공급하겠다는 겁니까?"

비비가 소리쳤다.

"도저히 그 가격 가지고는 안 되겠습니다. 아무리 적게 잡아도 현재 우리가 납품받고 있는 업체에 비해 30~40퍼센트 비쌉니다."

"하지만 이 가격에 엔지니어링 지원과 프로젝트 관리 가격이 포함되었다는 사실을 알아주셨으면 합니다."

토비가 말했다.

"뭐라고요? 우리는 그런 것 필요 없습니다."

사이러스가 말했다.

"우리가 원하는 것은 경쟁력 있는 가격에, 납품이 정확하게 이루어지고 뛰어난 품질에 옵션까지 갖춘 표준 제품입니다."

"죄송합니다. 아무래도 기존 납품업자에게서 계속 납품받는 게 좋을 것 같습니다."

비비가 말했다.

"죄송하지만 어느 회사인지 알 수 있을까요?"

비비는 약간 주저하면서 말했다.

"이먼 바퀴제조 주식회사로부터 바퀴를 납품받고 있습니다."

그 뒤로 상황은 더욱 악화되었다.

헤라클레스 마차제조 주식회사의 구매 담당도 토비에게 '납품 프로그램'을 요청했다.

"납품 프로그램이라뇨?"

난생처음 들어보는 소리였다.

"저희는 적시에 납품을 해줄 수 있는 납품처를 구하고 있습니다."

데이비드 우마차제조 주식회사는 토비를 만나주지도 않았다. 담당자는 "이멈 바퀴제조 주식회사와 장기 계약을 하고 있습니다."라고 말했다.

마침내 토비는 맥스 부부에게 모든 것을 솔직하게 털어놓았다.

"솔직히 말해서 이젠 도저히 이렇게 영업하고 싶지 않아요. 정말 화가 나 미치겠어요. 마치 저를 행상인 취급하고 있어요!"

맥스는 미니를 쳐다보았고, 미니가 입을 열었다.

"우리도 토비 씨에게 무슨 말을 해야 할지 모르겠어요. 시장이 점점 치열해지기 때문에 어떻게 해서든지 발판을 마련해야 하거든요."

"다시 맷돌을 팔게 해주세요. 아직도 여러 가지 모양의 맷돌은 팔 수 있을 것 같아요. 매일같이 똑같은 바퀴를 팔려고 돌아다니지 않아도 되잖아요."

토비가 간청했다.

"토비 씨, 급하게 마음먹지 말고 좀 기다려봅시다."

맥스가 타일렀다.

바퀴 시장에서 실패했지만 토비는 여전히 재능이 있었고, 맥스 부부는 그녀를 놓치고 싶지 않았다.

"우리한테 생각할 여유를 좀 주세요. 며칠 있다가 그 문제에 대해 다시 말해봅시다."

미니가 말했다.

3장

바퀴시장,
치열한 경쟁에
돌입하다

맥스의 딜레마

"시장에서 제품의
위치가 달라졌을 때 마케팅과
세일즈는 어떻게 달라져야 하는가?"

기술이냐, 시장이냐

지금 이 시점에서 맥스만큼 좌절감을 느낀 기업가는 비즈니스 역사에서 없을 것이다.

수년 간의 노력 끝에 바퀴는 일대 센세이션을 일으켰다. 그래서 이제는 누구나 바퀴를 원하고, 누구나 바퀴시장에 뛰어들려고 한다.

수십 개, 아니 심지어 수백 개의 중소기업이 각처에서 생겨났다. 바퀴시장을 조금이라도 차지하기 위해서였다. 실제로 바퀴를 생산하는 업체가 있는가 하면 마차와 우마차 그리고 외발수레를 제조하는 업체도 있었다. 이 같은 제품을 판매하는 전문 판매업체도 있었다. 그리고 바퀴와 관련된 모든 제품에 대한 서비스를 제공하는 점포들도 속속 문을 열었다.

왜 이렇게 우후죽순처럼 바퀴와 관련된 사업체가 생겨나는 것일까? 바퀴 사업으로 상당한 돈을 벌 수 있다고 모두가 생각하기 때문이다.

그러나 바퀴 사업이 붐을 일으키는데도 바퀴를 처음으로 발명한 선구적인 역할을 했던 맥스 바퀴제조 주식회사는 도산으로 치닫고 있는 것처럼 보였다.

"여보, 너무 비관적으로 생각하지 마세요. 우리는 여전히 맷돌 업계에서는 최고의 기업이에요."

미니가 말했다.

"하지만 우리의 주력 품목은 맷돌이 아니란 말이야!"

맥스가 소리쳤다.

거실에서 잠시 서성거리다가 맥스는 지갑에 돈이 얼마 들었나 살폈다.

"여보, 시장에 가서 최고로 맛난 음식이나 살까?"

다음 날 그들은 지난번과 마찬가지로 강가의 좁은 길을 지나, 깎아지른 절벽이 펼쳐진 협곡을 가까스로 올라가, 벌레와 뱀들이 우글거리는 산에 들어가 한참을 걸었다. 마침내 어둡고 무시무시한 동굴이 그들 눈앞에 나타났다.

동굴에 들어가서 맥스는 장작으로 불을 지폈다. 미니는 물을 넣은 커다란 검은 들통을 불에 올려놓았다. 그리고 접시를 준비한 다음 버터를 올려놓았다. 맥스는 꼬챙이에 안심고기를 꽂아 불 위에 올렸다.

곧이어 버터 냄새와 스테이크 냄새가 진동했고, 오라클 오지가 마술처럼 나타났다.

"냄새가 기가 막힌데! 그래 오늘 번제 음식은 무엇인가?"

오라클이 물었다.

"연한 안심 스테이크와 바닷가재 그라탕입니다."

"와, 내가 몹시 좋아하는 음식인데."

오라클 오지의 눈이 반짝거렸다. 그는 곧바로 안주머니에서 턱받침을 꺼냈다. 하지만 턱받침을 매면서 그의 표정이 바뀌었다.

"이렇게 맛있는 음식을 가지고 온 걸 보니 골치 아픈 문제가 있나보군."

"항상 그렇죠, 뭐."

맥스가 말했다.

오라클이 거나하게 음식을 먹고 있는 동안 맥스 부부는 자신들이 처한 상황을 설명하기 시작했다.

"뭐, 그 정도면 아직 절망하기에는 이른데."

버터를 잔뜩 바른 바닷가재를 먹으며 오라클이 말했다.

"낙관적인 것은 하나도 없는데, 그게 무슨 말씀이죠?"

맥스가 물었다.

"이제는 중대한 전략적 결정을 해야 한다는 걸세."

오라클이 말했다.

"기술을 따라가느냐, 시장을 따라가느냐 하는 문제를 결정해야 하네."

"뭐라고요? 도대체 그게 무슨 말씀이죠?"

"자네는 최초의 선택을 했지. 다시 말해 기술 중심의 회사를 택했단 말이지. 그 경우에는 바퀴를 몰라보게 혁신시켜야 하는 법이지."

"바퀴를 몰라보게 혁신시키다니, 그건 왜 그렇죠?"

"미래의 성장은 기술에서 새로운 진보를 창출할 수 있는 능력에 달려 있기 때문이지. 자네는 전혀 알려지지 않은 미지의 지식 세계로 가는 길에 있는 걸세. 자네가 경영하는 회사는 제품과 서비스를 통해 생활에 유익한 것들을 팔고 있지. 계속해서 이 같은 경영 방침을 고수하려면 회사가 추구하는 문화와 시장 전략이 큰 차이가 없어야 하네. 자네가 경영하는 회사는 이미 기술에 기반한 회사이니 말이야."

"그렇다면 맷돌도 계속해서 팔아야 하나요?"

미니가 물었다.

"그냥 맷돌이고 개량된 맷돌이고 간에, 개발할 수 있는 최첨단의 신제품은 모두 팔아야지."

"마치 저희들이 뛰어난 발명품만 개발하는 데 골몰해 있는 사람들처럼 말씀하시는군요."

맥스가 말했다.

오라클의 눈이 빛났다.

"어쨌든 자네들은 새로운 기술을 개발해서 계속 팔아야 하네. 그걸 잘할 수도 있고……. 계속해서 토비나 영업을 잘하는 기술 전

"이제는 전략적으로 중대한 결정을 해야 하네.
기술을 따라가느냐, 시장을 따라가느냐
하는 문제를 결정해야 한단 말이지."

문가를 고용해야 하고……. 아니면 아주 새로운 제품, 그러니까 일체의 지원 없이도 고객이 살 수밖에 없는 차세대의 최첨단 제품을 판다면 카시우스와 같은 클로저를 채용해서 판매할 수도 있고……."

"어르신, 잠깐만요. 그렇게 해서 회사가 수익을 올릴 수 있을까요?"

맥스가 물었다.

"수익을 올릴 수 있지, 그것도 엄청나게. 하지만 몇 가지 조심해야 할 점이 있네. 우선 회사를 너무 큰 규모로 만들어서는 안 된다네. 그렇다고 구멍가게 같은 인상을 주어서도 안 되고. 자네는 신속하게 움직여야 하는 거지. 또 배우고 개발하는 것만큼 새로운 고객을 꾸준히 찾아야 하네."

"그런 것을 잘할 수 있을지……."

맥스가 말했다.

"자네의 기분을 충분히 이해하네. 신기술이란 한동안 새로울 뿐이지. 하지만 기술에 익숙해지면 카시우스 같은 클로저나 사용법을 가르쳐주는 토비 같은 마법사가 필요하지 않아. 상품이 보편화되면 기술을 구매하는 사람들도 쉽게 기술을 터득하지. 그러므로 기술을 사용해본 적이 있는 고객들이 어설픈 사람들보다 많아지지."

"어설픈 사람들이라뇨?"

"초심자라면 금방 이해하겠지. 기술을 사용해본 적이 없는 고객말이야. 사실 바퀴를 구입한 사람들은 이전에는 바퀴를 전혀 사용해보지 않았던 사람들 아닌가. 그런데 이제는 완전히 변해버렸어. 점점 많은 사람들이 바퀴를 사용하여 이익을 얻으려 하거든. 한마디로 바퀴를 사용해본 적이 있는 사용자 시장이 점점 커지고 있어. 시장이 하루가 다르게 성장함에 따라 시장을 차지하기 위해 수많은 경쟁업체들이 뛰어들고 있고. 물론 자네는 시장을 따라갈 수도 있어. 점진적으로 늘어나는 바퀴를 사용자들에게 표준화된 바퀴를 팔 수도 있지."

"시장을 따라가려면 어떻게 해야 하죠?"

맥스가 물었다.

"이제는 바퀴를 모르는 잠재적인 구매자들을 대상으로 하지 말고, 바퀴를 사용한 경험이 있는, 점진적으로 늘어나는 고객에게 제품을 공급해야 한다네. 그런데 성장하는 시장에 들어가려면 완전히 새로운 마케팅 계획과 판매 스타일을 채택해야 한다네."

"그건 왜죠?"

"이유는 상당히 많아. 많은 사람이 기술을 사용하게 되면 그 기술은 표준화되기 쉽지 않은가. 표준에 맞지 않는 제품을 출시하거나 기존 제품과 약간이라도 다른 것을 출시하면 기존의 기술을 사용한 적이 있는 고객들은 망설이거나 뒷걸음질 칠 거야."

"그렇다면 저희가 개발한 바퀴살을 댄 바퀴도 그 때문에 시장에서 수요가 없었던 건가요?"

"어느 정도는 그렇다고 할 수 있지. 바퀴 기술 수준을 향상시키지 말라고 하는 말은 아닐세. 하지만 시간을 갖고 느긋하게 참아야 하네. 지금 시점에서 지나치게 제품의 품질을 향상시키는 것은 좋지 않네. 그저 비용을 조금씩 낮추면서 이전 제품보다 조금씩 향상시켜 나가면 된다네."

오라클은 잠시 숨을 돌렸다.

"이미 익숙해진 고객은 자신이 뭘 원하는지를 잘 알고 있지. 자신이 가치 있게 여기는 것이 무엇인지를 잘 알고 있다는 말이야. 그들은 굳이 세일즈맨으로부터 설명을 들으려고 하지 않아. 그렇다고 그들이 제품을 구매할 때 다른 사람의 도움을 전혀 받지 않는다는 말은 아냐. 그들도 문제가 생겼을 때에는 도움받을 사람이 필요하고 실제로 도움을 수시로 받지."

"예, 무슨 말인지 알겠습니다. 그런데 완전히 새로운 판매 스타일이라는 게 뭐죠?"

"한번 아틀라스 회사의 입장이 되어보게. 바퀴를 담당하는 부서의 전문가들이 자기한테 필요하지도 않은 향상된 기술로 디자인을 복잡하게 해놓고는 필요하다고 강요하는 오만불손한 세일즈맨을 좋아하겠는가?"

"아니, 좋아하지 않겠죠."

"하지만 이 점만은 명심해야 하네. 아틀라스 회사는 소수의 업체로부터 바퀴를 구매하지 않는다는 것이지. 다시 말해 아틀라스 회사는 무수한 업체로부터 바퀴를 구매하고 있다네. 그렇기 때문에 영업하는 것이 간단치 않아. 무수한 업체가 동시에 바퀴를 납품하면 그것을 어디에 쌓아놓아야 할지 생각해보라고. 그리고 반대로 납품이 이루어지지 않았을 때 무슨 일이 벌어질지를 상상해보라고. 나아가 바퀴가 실제로 둥글지 않으면 어떻게 할 것인가? 미니, 자네가 아틀라스 회사의 입장에 있다면 공급업자에게 무엇을 요구하겠는가?"

"무엇보다도 먼저 믿을 수 있는 납품업자를 찾아보겠죠."

"그래, 맞아."

"그리고 조그만 것 하나도 신경 써주는 업자도요."

"그래, 맞아."

"그리고 문제를 전혀 일으키지 않는 업자……."

"그래, 맞아. 하지만 최선을 다해 노력했는데도 문제가 생길 경우에는 어떻게 할 건가?"

"아무래도 자기를 감싸줄 세일즈맨을 원하겠죠. 일을 깨끗하고 신속하게 처리해줄 사람 말이에요."

"그래, 맞아."

"그리고 믿을 수 있는 사람이요."

맥스도 한마디를 했다.

"아주 좋았어."

"자기를 특별하게 여기고, 회사와 좋은 관계를 구축할 수 있으면서 마음까지 써주는 사람이요."

"맞았어."

"그리고 물론 낮은 가격으로 납품해주는 사람이요."

"이제는 부부가 척척박사가 되었구만."

오라클이 큰소리로 말했다.

"참, 그런데 그런 세일즈맨을 어디서 찾지요?"

오라클은 어깨를 으쓱했다.

"그건 나도 모르지!"

인맥 관리도 마케팅!

맥스 부부는 동굴에서 나와 자신들이 걸어온 길과 회사가 가야 할 길에 관해 이야기를 나누며 산에서 천천히 내려왔다.

고객들이 가장 많이 찾는 시장을 차지해야 하는가? 아니면 시장이 상상도 하지 못하는 제품을 계속해서 개발해야 하는가?

그들은 시내에 들어와서도 마음의 결정을 내리지 못했다.

"아무래도 우리는 기술면에서 강세가 있는 것 같아. 어찌 됐든 그게 우리가 아는 거잖아. 우리는 더욱 뛰어난 제품을 계속해서 개발해야 할 것 같아."

맥스가 말했다.

"하지만 여보, 한 번 이렇게 생각해봐요. 우리가 바퀴와 맷돌을 계속 개발할 수 있으리라고 장담할 수는 없잖아요. 얼마나 더 제품을 개발할 능력이 있다고 생각하세요?"

맥스는 어깨를 으쓱했다. 누구도 장담하지 못할 일이었다.

"게다가 우리는 이미 엄청난 제품들을 가지고 있잖아요. 무엇 때문에 다른 회사한테 시장을 넘겨주어야 한단 말이에요?"

마침내 집에 도착했고 맥스는 의기소침한 채로 거실에서 서성거리기 시작했다.

아무래도 화제를 바꾸는 게 좋을 듯 싶어 미니는 "빌더 벤 씨에게서 편지가 와 있네요. 우리가 없는 사이에 들렀던 것 같아요."라고 말을 건넸다.

"그래, 뭐라고 써 있어?"

"검투사들이 시내에 왔대요. 참 이것 좀 보세요."

그녀는 편지 두루마리를 펼치며 말했다.

"벤 씨가 오늘밤 경기를 보라고 표를 두 장이나 두고 갔군요."

"벤, 그 사람 정말 좋은 사람이라니까. 언제나 이렇게 신경을 써주고 말이야. 그래 기분도 그렇고 하니 경기나 보러 가자고. 몇 시간 정도 사업에 대해 잊을 수 있잖아."

"좋아요. 고민을 털어버리는 데에는 검투사들 구경하는 것만큼 좋은 게 없잖아요."

미니가 말했다.

그들은 저녁에 경기가 있는 스테디움으로 갔다. 앗시리아 검투사들과 히타이트 검투사 간에 두 경기가 있었다. 그리고 빌더 벤도 나와 있었다.

그는 환하게 웃음을 짓고 맥스 부부에게 악수를 청했다.

"이렇게 자리를 마련해줘서 정말 고마워요."

"어머, 로열석이에요."

미니가 말했다.

"음, 정말인데? 아주 훤히 잘 보여. 와! 저 히타이트 검투사 덩치 좀 봐."

맥스가 말했다.

"정말 최고군요. 실컷 즐기세요."

벤이 말했다.

"참, 친구들이 왔는데, 인사 좀 하세요. 여기는 제 친구 비비와 사이러스예요."

"만나서 반갑습니다."

맥스는 손을 내밀어 악수를 청했다.

"이름이 낯설지가 않네요. 언제 만난 적이 있던가요?"

"글쎄요. 언젠가 비즈니스로 만난 것 같아요. 비비와 저는 아틀라스 회사에 근무하고 있습니다."

사이러스가 말했다.

"아, 예. 이제 생각나는군요."

맥스가 말했다.

"만나서 반갑습니다. 아니 어떻게 벤 씨를 아세요?"

미니가 물었다.

"오랫동안 벤과 비즈니스를 해왔습니다."

비비가 말했다.

"벤이 우리 회사에 낙타를 납품해 왔거든요. 벤만큼 신뢰가 가는 사람은 없습니다."

사이러스가 말했다.

맥스와 미니도 똑같은 생각을 하면서 서로의 표정을 살폈다.

사이러스와 비비도 이미 떠났고, 꽤 늦은 시간인데도 맥스 부부는 그대로 앉아 있었다.

"벤 씨, 정말 대단한 경기였어요."

맥스가 말했다.

"예, 앗시리아 검투사들이 이길 것 같았는데, 히타이타 검투사들이 여간 질긴 게 아니네요."

"정말 대단했어요. 초대해줘서 정말 고마워요."

미니가 말했다.

"참, 벤 씨 잠깐 시간 좀 내줄 수 있어요?"

"두 분 부탁이면 없는 시간도 내야죠."

벤이 말했다.

"벤 씨, 경기를 보면서 아내와 몇 마디 말을 나눴는데……. 우리를 위해서 일해 주시겠습니까?"

그들은 서로 합의했고, 곧바로 악수를 했다. 빌더 벤이 맥스 바퀴제조 주식회사에 채용된 것이다. 사실 지금까지 거래해왔던 낙타 상인이 그를 제대로 대우해주지 않아 벤은 쉬면서 좋은 기회가 올 때까지 기다리고 있었던 것이다.

게다가 벤은 오랫동안 바퀴의 잠재력에 대해 생각해오고 있었다. 시장이 자신의 영업력을 요구하는 시점까지 성장하기를 기다리고 있었던 것이다.

다음 날 맥스 부부는 토비를 사무실로 불렀다.

"긴히 전달할 말이 있어서요. 이제 토비 씨는 맷돌에만 신경 써도 될 것 같아요."

맥스가 말했다.

"이번에는 토비 씨를 좀 더 좋은 자리에 앉히는 거예요. 부사장으로 일해주었으면 해요. 새로운 부서인 '맷돌 시스템'을 맡아주세요. 선도 기술과 특정 고객 요구에 따른 디자인과 관련된 일 등 맷돌에 관한 모든 것을 맡아주세요."

맥스가 말했다.

"그런데 바퀴살을 댄 바퀴는 어떻게 하죠? 정말 대단한 제품인데. 그 제품을 버리는 건 아니겠죠?"

그녀가 물었다.

"버리다니요? 그런 일은 없습니다."

맥스가 말했다.

빌더 벤은 곧바로 영업에 착수했다.

그가 아틀라스 마차제조 주식회사를 찾아가 웃음을 지으며 몇 마디 농담을 던지고, 등을 두드리면서 가격을 말한 다음 100만 셰켈짜리 주문을 받을 수 있을까?

물론 불가능한 일이다.

아틀라스는 이미 이멈 주식회사로부터 납품을 받고 있었다.

사이러스 및 비비와 친하다는 이유로 빌더 벤은 정문을 무사히 통과해 사무실로 들어갔다. 사이러스와 비비는 빌더 벤을 다정하게 맞아주었고, 금쪽같은 시간 30분을 내서 그의 판매 프레젠테이션까지 들었다. 그리고 사이러스는 벤에게 진심으로 말했다.

"벤, 걱정하지 말아요."

"그래, 알았어요."

벤이 말했다.

그는 제품 카탈로그와 바큇살을 댄 바퀴를 본따 만든 예쁜 열쇠고리를 주며 허세만 부리는 낙타에 대한 농담을 몇 마디 던졌다. 사이러스와 비비는 큰 소리로 웃었다. 그리고 그는 손을 흔들고 나왔다.

"기다려라."

벤은 뜨겁고 먼지가 나는 길을 걸어가며 자신에게 다짐했다.

"기다려야 한다."

그러나 빌더 벤에게 기다림은 손가락이나 빨고 앉아 있는 그런 것이 아니었다. 기다림은 행동을 의미했다.

잠재 고객을 찾아라

새로운 비즈니스를 맡을 때마다 빌더 벤은 다음과 같은 세 가지 질문을 스스로 던져본다.

· 첫째, 내가 관계를 맺을 수 있는 최고의 고객은 누구인가?
· 둘째, 어떻게 그들의 관심을 사는가?
· 셋째, 나를 알리는 최고의 방법은 무엇인가?

최고의 고객이란 오늘날 '장비 제조업체'라고 부르는 고객으로, 아틀라스와 같은 마차 제조업체, 짐마차 제조업체, 2륜마차 제조업체를 말한다.

그들이 최고의 고객인 이유는 간단하다. 바퀴를 대량으로 구매하기 때문이다. 그리고 계속해서 성장하는, 다시 말해 상당량을 지속적으로 주문할 수 있는, 대규모 비즈니스이기 때문이다.

이외에 다른 바퀴 구매자들도 있다. 빠르게 성장하는 서비스와 부품 공급업체망으로 마차나 짐마차 또는 2륜마차를 수리하는 엄청난 수에 이르는 업자들이다. 그들은 마구부터 휠캡에 이르기까지 다양한 제품을 판매한다(당시에도 휠캡이 있었다).

요즘 말하는 '애프터마켓(수리 시장)'인 것이다. 마차 소유주들이 고장 나거나 낡은 바퀴를 가지고 오면 그들은 새로운 바퀴로 바꿔준다.

대형 마차 제조업체를 드나들며 적절한 기회를 기다리는 동안 벤은 최고의 마차 수리업자와 교체 부품 공급업체를 찾아보았다.

문제는 벤이 그들을 전혀 모른다는 것이다. 또는 벤 자신이 말하듯이 '그들은 내가 얼마나 대단한 사람인지 모르는' 것이었다.

그러나 벤은 경험을 통해 그 같은 문제를 다루는 두 가지 방법을 알게 되었다.

가장 탁월하고 검증된 방식으로써, 잠재적인 고객이 주로 다니는 클럽이나 시민 그룹 또는 협회에 등록하는 것이다.

그래서 벤은 마차 수리업체 협회와 우마차 판매인 협회 등에 회원으로 가입을 했다.

하지만 앞으로 업계를 이끌어갈 고객을 파악할 수 있는 또 다른 효율적인 방법은 무료로 값진 서비스를 제공하는 것이다.

토비가 미팅에서 연설하고, 전문 잡지에 기사를 기고하여 무료 정보를 제공한 데 반해 벤의 접근 방식은 무료 서비스를 제공하는 것이다.

왜 서비스를 무료로 제공할까? 이제 대부분의 고객은 바퀴를 잘 알기 때문이다. 따라서 기술적인 정보를 원하지 않는다.

하지만 서비스를 제공함으로써 벤은 세일즈맨으로서 자신의 뛰어난 강점, 즉 고객 개개인의 필요에 따른 서비스를 제공하는 능력을 증명할 수 있었다.

그래서 벤은 '바퀴 안전 주간'이라는 서비스 프로젝트를 만들었다.

개업한 지 얼마 안 되는 마차 수리점이 눈에 띄면 벤은 다음과 같은 색다른 편지를 보냈다.

존경하는 사장님께

지나가는 길에 이제 막 문을 연 수리점이 눈에 띄어 이렇게 문안 인사를 드립니다. 맥스 바퀴제조 주식회사를 대신하여 점포 개업을 진심으로 축하드립니다. 상당한 규모로 급성장하는 비즈니스에 뛰어드신 점을 환영합니다. 사장님의 사업이 나날이 번창하고 성공하기를 진심으로 기원합니다.

이제 막 시작한 사장님의 사업이 좀 더 탄탄해지기를 바라는 마음에서 사장님과 사장님의 고객에게 '바퀴 안전 주간' 프로젝트를 소개하고자 합니다. '바퀴 안전 주간' 프로젝트는 무료 서비스로써 고객들이 더욱 안전하게 바퀴를 사용하도록 하기 위해, 사장님의 점포에서 서비스를 하는 프로젝트입니다.

하루가 다르게 마차, 우마차, 2륜마차가 도로를 꽉 메우고 있기 때문에 누구나 안전에 관심을 가지지 않을 수 없게 되었습니다.

단 하나의 부품이 뛰어난 바퀴보다도 안전에 더욱 중요할 수 있습니다. 따라서 가장 중요한 문제를 위하여 그리고 누구나 안전을 잘 이해하도록 하기 위해 우리는 사장님의 점포에서 '바퀴 안전 주간' 프로젝트를 펼치고 싶습니다.

기본적으로 서비스는 다음과 같이 운용됩니다. 일주일 중 사장님이 원하시는 날, 사장님의 점포에서 저희 맥스 바퀴제조 주식회사가 무료로 마차 바퀴를 비롯한 각종 바퀴에 대해 6개 항에 이르는 바퀴 안전 점검을 시행합니다. 또한 판촉제품을 무상으로 제공할 뿐만 아니라 사장님 점포의 기술진을 교육시켜 주고 1) 휜 바퀴, 2) 닳은 축, 3) 얼라인먼트, 4) 위쪽이 휜 바퀴, 5) 금이 간 바퀴, 6) 운전자를 짜증나게 하는 삐걱 소리가 나는 바퀴 등을 수리할 수 있는 특별 장비를 무상으로 제공합니다.

'바퀴 안전 주간' 프로젝트로 사장님은 더 쉽게 새로운 고객을 맞이할 수 있을 뿐만 아니라 뛰어난 신제품 바퀴를 더 쉽게 판매할 수 있습니다. 사장님을 뵙고 더 자세한 사항을 말씀드릴 수 있도록 며칠 내로 사람을 보내겠습니다. 탁월한 비즈니스 선택을 하시게 된 점 다시 한 번 축하드립니다.

맥스 바퀴제조 주식회사
빌더 벤 배상

벤은 이러한 방식으로 마차 수리업자들에게 접근했다. 물론 특정한 바퀴 제조업체와 관계를 맺지 않은 개업 업자들이 더욱 수월하다는 것은 잘 알고 있었지만 말이다.

어쨌든 바퀴 안전 주간 서비스 프로젝트는 히트를 쳤다. 사람마다 얻는 이익은 달랐지만 저마다 대단한 이익을 누렸기 때문이다.

첫째, 마차 운전자와 소유주가 두려움을 떨쳐버리게 되었다. 당시에는 바퀴가 쪼개지거나 마차에서 떨어져 나가거나 고장이 나는 게 다반사였다. 그래서 사람들은 어느 정도 바퀴에 대해 두려움을 갖고 있었다.

따라서 벤은 서비스가 고객들에게 정말 필요한 것이며 고객의 두려움을 없애는 데 매우 중요하다는 사실을 새삼 깨달았다.

둘째, 마차 수리업자는 많은 돈을 들이지 않고도 점포를 찾는 수많은 손님들과 접촉할 기회를 갖게 되었다. 그들은 단골을 갖게 되었고 공공의 이익을 위해 봉사한다는 신용까지 덤으로 얻었다. 또한 상당수의 바퀴를 비롯하여 축, 윤활유, 액세서리 등을 판매할 수 있게 되었다.

물론 맥스 바퀴제조 주시회사도 상당한 이익을 얻었다. 서비스를 제공하는 동안 바퀴 교체 유무를 떠나 점포를 찾은 모든 사람들은 더욱 향상된 바퀴살을 댄 바퀴 제품의 카탈로그를 받았다. 또 회사는 이를 통해 매출을 올렸다.

벤과 가맹업체들은 그 기간에 점포를 찾았던 마차와 우마차, 2륜마차 중 80퍼센트가 안전하다는 사실을 알게 되었다. 그 사람들은 바퀴를 교체하지 않았다. 하지만 그것도 벤에게는 나쁠 게 없었다(안전성을 체크하는 기술진을 제공함으로써 벤의 서비스가 정직하다는 사실을 확인시켰을 뿐만 아니라 이후에도 나쁜 평을 듣지 않았다. 쓸데없이 우마차 바퀴를 교체하는 비양심적인 마차 수리업자에게 사기를 당한 할머니들도 있었다).

나머지 20퍼센트에 해당하는 마차는 바퀴를 하나에서 네 개까지 교체해야 했다. 그런데 열의 아홉은 맥스 바퀴제조 주식회사의 바퀴로 교체했다.

기술자를 채용하고 광고를 하는 것 등에 적지 않은 비용이 들어갔으나 바퀴 안전 주간 프로젝트는 오히려 약간의 수익을 올렸다.

"솔직히 말해서 손해를 본다 하더라도 해볼 만한 가치가 있습니다."

벤은 나중에 미니에게 말했다.

"왜 그렇죠?"

"서로를 알게 되기 때문이죠. 저는 장기간에 걸쳐 마차 수리업자들과 안면을 익힐 겁니다. 어떤 면에서 그것은 제가 그들의 편이라는 것을 보여주는 것이죠. 그것은 저에게 호감을 갖게 하는 것과 다름없는 것입니다. 그리고 다음번에 찾아가면 그들은 제가 누구인지 기억합니다. 경쟁력 있는 가격으로 제품을 제공하면 그들은 제게 구매하게 됩니다. 가격을 물어보지도 않고 주문하는 수리업자도 있고요."

벤은 잠시 말을 끊었다.

"무엇보다도 서비스를 수행하는 점포에 가서 마차 수리업자

저마다 제대로 서비스를 하고 있는지 면밀하게 살펴보는 것이 중요합니다. 그래서 운영이 잘 되고 있는 점포를 알게 되는 거죠. 사업이 발전하여 장기적으로 좋은 결과를 가져올 점포가 어디인지도 명확하게 알 수 있고요. 머무르는 시간은 각 점포마다 차이가 날 수밖에 없습니다. 시간이 충분하지 않기 때문이죠. 그래서 마음에 드는 점포에 아무래도 더 자주 가게 돼요. 이제는 자주 들를 점포를 나름대로 정했습니다."

빌더 벤은 서비스를 제공할 수 있는 곳이면 어디든지 바퀴 안전 주간 프로젝트를 수행했다. 서비스는 상당히 인기가 높아 상당수에 이르는 마차 수리업자와 고객들은 벤에게 맥스 바퀴제조 주식회사가 나중에 다시 한 번 서비스를 후원해주었으면 좋겠다고 요청하기까지 했다.

한편 마차 수리업에 신경을 쓰면서도 벤은 아틀라스 마차의 사이러스와 비비와의 교제도 소홀히 하지 않았다. 사이러스와 비비가 실질적인 고객은 아니지만 벤은 이유를 만들어 그들을 만났다. 검투사 경기가 있는 날이면 벤은 어김없이 사이러스와 비비에게 관람표를 보냈다. 그리고 사이러스나 비비와 저녁식사를 할 때 사업과 관련한 의견을 나눌 수 있도록 잡지 《주간 마차》를 비롯한 관련 잡지에 실린 기사를 꼼꼼히 챙겼다.

"아틀라스 회사 사람들에게 많은 시간과 돈을 쓰시네요."

벤의 지출 보고서를 꼼꼼히 살피며 미니는 약간 회의적인 시각에서 언급했다.

"언제쯤이면 좋은 일이 있을까요?"

"솔직히 말해 저도 그 점은 장담할 수 없습니다. 다만 우리가 미리 그들을 고객으로 대한다면 그들이 결국 우리의 고객이 되는 것이 확실하다는 점은 말씀드릴 수 있습니다."

"그렇겠죠. 그런데 그게 언제쯤일까요?"

"이멈 주식회사가 실수를 범할 때에는 가능하다고 봅니다. 구체적으로 말하자면 이멈이 높은 가격에 납품을 한다든지, 그쪽의 빌더가 자신에게는 별것 아니지만 아틀라스 회사에게는 상당히 중요한 몇 가지 상세한 사항에 신경을 쓰지 못한다든지, 지금까지와는 다르게 사이러스와 비비를 대한다든지 할 때에 가능합니다. 이유야 어떻든 그런 때가 되면 사이러스와 비비는 저를 생각하게 되고, 제가 결국 납품을 따내게 됩니다."

신뢰가
경쟁업체를 물리치다

늦은 오후였다. 빌더 벤은 출장에서 막 돌아와 몸이 상당히 피곤했다. 퇴근해서 목욕을 한 다음 식사를 하고 휴식을 취하고 싶은 마음이 굴뚝같았다. 빌더 벤이 사무실을 나서려는데, 온몸이 먼지투성이인 전령이 숨을 헐떡거리며 달려왔다.

"저, 빌더 벤 씨 되십니까?"

전령이 헉헉거리며 물었다.

"그렇습니다."

"어휴, 정말 다행입니다. 아틀라스 회사에서 메시지를 가지고 왔습니다. 사이러스 씨가 가급적 빨리 뵙자고 합니다."

"지금 당장요?"

전령은 갑자기 혼란스러워진 것 같았다.

"음……. 문제가 있다면서 뵙자고 했습니다."

벤은 다음 날의 스케줄을 생각했다. 수첩을 보지 않아도 내일 스케줄이 꽉 차 있다는 것쯤은 알고 있었다.

"사무실에서 나올 때 사이러스 씨가 사무실에 있었습니까?"

벤이 물었다.

"사이러스 씨하고 비비 씨는 제가 선생님께 메시지를 전했는지 여부를 확인할 때까지는 퇴근하지 않겠다고 했습니다."

벤은 천천히 고개를 끄덕였다. 피곤하기는 했지만 힘이 불끈 솟았다.

"퇴근하세요. 제가 사이러스 씨와 비비 씨를 만나러 갈 테니까요."

"정말입니까?"

"제가 만나러 갈 테니, 걱정 마세요."

전령이 천천히 걸어가자 벤은 보도에 주차했던 2륜마차에 뛰어올라 채찍질을 하며 급하게 말을 몰았다.

벤은 아틀라스에 도착하여 사이러스와 비비에게 갔다. 사이러스는 표정이 어두웠고, 비비는 창백해져 있었다. 하지만 벤을 보기 무섭게 표정이 바뀌었다.

"메시지를 받고 바로 왔습니다. 그래, 무슨 문제가 있는 겁니까?"

벤이 물었다.

사이러스는 말없이 벤에게 헤라클레스 마차제조 주식회사가 거대한 탑을 쌓고 있는 바벨의 사람들에게서 마차 1만 대를 주문

받았다는 기사가 실려 있는 페이지를 펼쳐보이며《주간 마차》최신호를 건네주었다.

벤도 그 기사를 익히 알고 있었다. 하지만 예전에도 몇 번 그랬던 것처럼 일부러 사이러스와 비비에게는 알리지 않았다. 입찰에 나섰다가 입찰을 따내지 못할 것이라는 생각이 들어서였다. 사실 그는 아틀라스와 이멈 바퀴제조 주식회사의 동태를 면밀히 살피고 있었기 때문에 아틀라스에 바퀴를 지속적으로 납품하고 있는 이멈 바퀴제조 주식회사가 바퀴를 4만 개 주문받은 상태라는 것도 알고 있었다.

"음, 저도 이 기사는 읽었는데……."

"그래요? 그럼 이것 좀 읽어보세요."

사이러스는 이멈 바퀴제조 주식회사에서 보낸 편지를 벤에게 건네주었다.

구매 담당자 앞

최근에 바퀴 수요가 갑자기 늘어났습니다. 이에 따라 일주일마다 바퀴를 1,200개씩 귀사에 납품하던 것을 부득이 짧게는 2주, 길게는 4주 지연할 수밖에 없다는 사실을 통지하니 양해 바랍니다. 사실 저희는 고객을 위하여 24시간 생산에 전념하고 있습니다. 바쁜 시기를 지혜롭게 이겨내기를 부탁드립니다. 저희에게 부탁할 일이 있을 때에는 주저하지 마시고 연락 주십시오. 귀사의 발전을 기원합니다.

이멈 바퀴제조 주식회사

판매 담당자 배상

"이 편지가 뭘 말하는지 알 수 있죠? 이멈 이 자식들의 물량이 충분하지 못하다는 겁니다. 바벨탑 건설 관계로 헤라클레스 마차에서 갑자기 주문이 많이 들어온 거죠. 이건 '헤라클레스 마차'를 우대하는 조치라고요! 이제 우리 회사는 2~4주 동안 상당히 힘들게 되었단 말이에요!"

사이러스가 분을 삭이지 못하고 큰소리로 말했다.

"내일 모레 마차 100대를 납품하기로 했는데 바퀴가 없어서 생산도 못하게 생겼어요."

비비가 말했다.

"그래서 담당자에게 강력하게 따졌더니 충분히 재고를 확보했었으면 이런 일이 없었을 것 아니냐고 오히려 우리를 타박하더라고요. 젠장!"

사이러스가 말했다.

"정말 생각하기도 싫어요. 마차 수백 대를 생산하지 못하게 되었단 말이에요. 고객들은 마차가 주문 날짜에 제대로 배달되냐고 물어오고 있어요. 생산 관리자들은 이를 갈면서 우리를 죽일 듯이 노려보고 있고……."

"벤, 좀 도와줘요!"

사이러스가 안타깝게 말했다.

"필요한 바퀴가 어느 정도죠?"

"우선 급한 게 내일 오후까지 400개예요."

"그리고 주말까지 400개가 더 필요하고……."

비비가 덧붙였다.

벤은 침을 꿀꺽 삼켰다. 적은 양이 아니었다. 새로 생산하기에는 시간이 턱없이 모자랐다. 벤은 공장에 자재 재고가 어느 정도인지도 정확하게 알지 못했다. 하지만 이만한 기회는 없었다. 어떻게 하든지 '아틀라스'에 필요한 물량을 공급해야 했다.

"물론 도울 수 있죠. 두 분은 퇴근해서 두 발 뻗고 편안하게 주무세요. 걱정은 내게 맡기고요."

벤이 말했다.

사이러스와 비비는 동시에 안도의 한숨을 내쉬었다. 벤은 그들과 악수를 하고 태연하게 밖으로 나왔다. 그리고 쏜살같이 2륜마차로 급하게 몰았다.

공장장 아르테무스가 야간 작업자들에게 지시사항을 내리고 막 퇴근하려 할 때 벤이 공장에 도착했다. 벤이 걸어오는 것을 보기 무섭게 아르테무스는 "아이쿠!" 하고 못 본 척하려 했다.

그러나 벤은 아르테무스보다 빨랐다. 아르테무스가 가는 길을 잘 알고 있는 터라 벤이 그의 앞을 가로막았다.

"잠깐만요. 꼭 할 말이 있어요. 급하게 주문을 받았거든요."

"얼마나 급한데요?"

"매우 급해요. 내일 오후까지 400개가 필요해요."

"뭐라고요? 그건 말도 안 돼요. 불가능합니다."

"그러면 몇 개나 만들 수 있습니까?"

"내일 아침부터 작업을 하면 100개 정도 가능할 것 같아요."

"그런데, 왜 내일 아침부터 작업을 하죠? 당장 오늘밤부터 시작하지 않고?"

"오늘밤에는 예루살렘에서 들어온 주문분을 처리해야 하거든요."

"예루살렘 일은 미루세요. 당장 오늘밤 100대를 생산하고, 내일 오전에 100대 더 생산하세요."

벤이 말했다.

"아니, 우리 생산 스케줄을 망치려고 작정을 했어요?"

하지만 벤은 벌써 재고 바퀴가 몇 개인지를 생각하고 있었다.

"창고에 좀 갔다올게요. 생산라인을 변경해 놓으세요."

"생산라인을 변경하려고요?"

"바퀴살을 댄 바퀴가 아니라 일반 바퀴를 만들어야 하니까요."

"뭐라고요?"

공장에서는 생산라인을 변경하지 않는 것이 불문율이었다. 생산라인을 변경하라는 것은 아르테무스의 입장에서는 공장장인 자신을 모독하는 것과도 같았다.

"회사의 미래가 걸린
중요한 일입니다.
밤샘 작업을 해서라도
꼭 좀 처리해주십시오."

"아니, 정말 이럴 수 있는 겁니까?"

"죄송합니다만, 이번 주문이 워낙 중요해서요."

"어련하시겠습니까?"

두 사람은 말싸움을 벌였고, 시끄러운 소리를 듣고 사무실에서 나온 맥스는 두 사람의 이야기를 듣고만 있었다.

마침내 맥스가 입을 열었다.

"도대체 무슨 일입니까?"

벤이 먼저 설명을 했다.

맥스는 곧바로 이번 주문의 중요성을 알아차리고 아르테무스에게 고개를 돌렸다.

"회사의 미래가 걸린 중요한 일입니다. 벤 씨 말대로 좀 해주세요."

기분이 좋지 않았으나 아르테무스는 고개를 숙이고 작업자들에게 지시를 내리려고 발걸음을 돌렸다.

"잔업이 있다고 말 좀 해주세요. 잔업수당도 톡톡히 지불할 겁니다. 하지만 일을 시간 내에 해줘야 합니다."

맥스가 덧붙였다.

벤은 창고로 갔다. 재고 바퀴는 총 160개였는데, 로마로 선적한다는 표시가 붙어 있었다.

"미안합니다만 아틀라스 마차제조 주식회사로 다시 표시를 붙여주세요."

벤은 창고 담당자에게 부탁했다.

"그건 로마의 쇠뇌 제조업체에 선적할 겁니다. 그쪽에서 좋아하지 않을 텐데요."

"그건 걱정하지 말아요. 지중해 너머에 있기 때문에 우리한테 어떻게 하기는 쉽지 않을 겁니다."

공장은 바퀴 생산에 여념이 없었다. 맥스 부부도 팔을 걷어붙이고 일했고, 벤도 아내에게 집에 못 들어간다고 이야기한 뒤 작업복으로 갈아입고 바퀴 생산을 도왔다.

그들은 한숨도 자지 않고 부지런히 일했다. 아침에 벤은 맥스의 사무실에서 토막잠을 잤다. 눈을 떴을 때 낮 근무조가 일을 하고 있었다.

정오까지 생산된 바퀴는 총 240개였다. 로마에 선적할 160개를 합쳐서 주문량 400개를 맞췄다.

마차에 바퀴를 적재하여 배달하는 것은 일도 아니었다. 선도 마차에 탄 벤은 토막잠을 자면서 아틀라스로 갔다.

공장으로 바퀴를 가지고 가자 사이러스와 비비가 빌더 벤에게 달려왔다.

"고맙소, 우리를 위해 수고를 마다하지 않다니······."

사이러스가 말했다.

"정말 다행이야, 덕분에 자리를 보전할 것 같아."

"이 은혜 잊지 않을게요."

그리고 그들은 스스로 한 말대로 은혜를 잊지 않았다.

벤이 계산서를 내밀었는데, 그들은 자세한 내역은 보지도 않았다.

그로부터 몇 주가 지났다. 아틀라스 마차는 이먼 바퀴제조 주식회사와 맺었던 계약을 파기하고 맥스 바퀴제조 주식회사와 새로운 계약을 맺는다고 공식적으로 발표했다.

아틀라스 마차는 벤이 제시한 가격이 이멈 주식회사가 제시한 가격보다 약간 높다는 사실에 전혀 개의치 않았다. 이멈과 신뢰성 문제로 한바탕 소란을 겪은 뒤라 아틀라스는 한두 푼은 중요하지 않다는 것을 절실하게 깨달은 것이다. 빌더 벤은 신뢰를 소중하게 여겼다.

이렇게 해서 맥스 바퀴제조 주식회사는 월 1,200개씩 6개월 동안 아틀라스에 납품했고, 이후에는 1,600개를 납품하는 것으로 조정했다. 그리고 또 6개월이 지난 뒤에는 납품량을 월 2,000개로 늘렸다. 아틀라스와 맥스 바퀴제조 주식회사는 함께 승승장구했다.

오라클 오지가 던진
여섯 가지 기본 질문에 대한 빌더 벤의 대답

1. 우리의 고객은 누구인가?
→ 제품을 사용해본 구매자들(전에 바퀴를 구입했고, 계속해서 바퀴를 구입할 사람들)
→ B2B 판매를 하는 경우가 많은데, 제품을 전에 사용해보았기 때문에 고객 측에는 구매를 담당하는 '사내 전문가'(예를 들어 구매 담당자 또는 구매할 제품을 경정하는 데이터 프로세싱 관리자와 같은 기능 관리자)가 있게 마련이다. 회장부터 사용자에 이르기까지 판매에 영향을 미치는 2차 고객이 있는 경우도 많다. 이들은 판매에 대해서는 '아니오'라고 할 수 있으나 결정적으로 '예'라고는 할 수 없다.

2. 우리의 경쟁자는 누구인가?
→ 최고 경쟁자는 단연 기본적으로 동일한 제품이나 서비스 그리고 구조만 약간 다른 제품을 판매하는 회사들(예를 들어 이멈 바퀴제조 주식회사)이다. 결국 우리는 새로운 기술이나 현재의 기술을 급진적으로 다르게 개선한 기술(예를 들어 타이어를 개발한 마법사 정도의 기술력)과 경쟁할 수도 있다.

3. 고객이 우리가 팔고 있는 물건을 원하는 이유는 무엇인가?
→ 우리는 표준 제품(또는 고객 문제에 대한 표준 솔루션)을 판매하지만 고객을 철저하게 파악하여 고객 저마다의 필요성에 특징, 옵션, 납품 조건, 지원을 맞출 수 있기 때문이다.

4. 고객이 우리의 물건을 구입하는 이유는 무엇인가?
→ 고객의 비즈니스는 물론 각자의 요구를 정확하게 파악하고 있을 뿐만 아니라 고객과의 두터운 신뢰 관계를 발전시켰기 때문이다.

5. 고객이 경쟁업체의 물건을 구매하는 이유는 무엇인가?
→ 우리가 잘못하여 신뢰 관계가 무너지거나 고객이 다른 대안을 고려하기 때문이다. 이와 마찬가지로 경쟁업체가 기본적으로 동일한 제품 및 서비스에 대해 현격하게 낮은 가격으로 제공할 경우 고객은 충성심을 의심하기 시작할 수 있다.

6. 세일즈맨이 판매를 성사시키기 위해 고객에게 제공할 서비스로는 무엇이 있는가?
→ 세일즈맨은 고객 측의 핵심 인사들과 신뢰 관계를 구축할 수 있어야 한다. 복잡한 문제를 다루면서 동시에 세세한 것도 꼼꼼하게 살펴야 한다. 나아가 회사 내에서 고객 권익의 보호자가 되어야 하며, 고객을 행복하게 할 때에도 업무에 방해가 되지 않도록 세심하게 신경을 써야 한다. 무엇보다도 세일즈맨은 고객에게 개인적으로 상당한 관심을 기울여 제품에 가치를 더해야 한다.

227

고객이 만족할 때까지

빌더 벤이 세일즈맨으로 성공할 수 있었던 가장 큰 원인은 바로 고객의 성공을 이끌어낸 것이다. 그는 항상 고객이 더 발전할 수 있는 길을 찾았다.

벤은 고객을 비즈니스 파트너로 대했다. 다시 말해 벤은 항상 고객이 더 쉽게 성공할 수 있는 길을 찾았던 것이다.

어느 날이었다. 벤이 사이러스와 비비와 대화를 나눌 때였다. 사이러스가 비비에게 말했다.

"웬델과 이야기를 했는데, '자두' 문제를 어떻게 처리해야 할지 난감하다고 그래."

"자두라니?"

벤이 물었다.

"우리가 주문하는 자주색 바퀴를 생산하는 업체 말이야. 우리 는 색상이 자주라는 이유로 자두라고 불러. 커다란 자주색 바퀴가 장착된 마차를 원하는 사람이 없어. 웬델은 우선 급한 대로 창고에 수천 개의 자두 바퀴를 쌓아두었는데, 앞으로 어떻게 해야 할지 모르겠다고 그래. 정말 골칫덩어리지."

물론 빌더인 벤도 그것이 골치 아픈 문제라는 것을 모르지 않았다. 팔리지 않는 자주색 바퀴 수천 개라면 그 가격만 수십만 세켈에 이른다.

사이러스나 비비가 그 문제를 벤에게 뒤집어씌우지 않은 것만은 분명했다. 어쨌든 아틀라스는 벤에게 색상 문제를 맡겼던 것이다. 벤은 사이러스가 자신에게 준 색상 견본을 맞추기 위해 도장부서와 성심을 다해 작업했다. 심지어 완벽한 자주 색상을 만들기 위해 벤은 야간 작업까지 했다. 문제는 소비자들이 그 색상을 싫어해서 본체만체 한다는 데 있었다.

"앞으로 제가 어떻게 하는지 좀 지켜봐주십시오."

벤은 사이러스와 비비에게 말했다.

그는 공장의 도장부에 가서 자주색 위에 덧칠하는 데 비용이 얼마나 소요되는지를 물었다. 책임자는 바퀴당 5세켈 정도면 충분하다고 했다.

그리고 곧장 얼마 전부터 관심을 많이 쏟고 있는 고객에게로 갔다. 그 고객은 아직까지 바퀴를 소량 주문하여 특수 마차를 생산했다.

"사장님, 좋은 소식이 있는데, 한 번 들어보시겠습니까?"

그는 다른 제조업체가 활용할 수 없는 색다른 바퀴를 가지고 있다고 자초지종을 설명했다.

"저희가 신제품처럼 다시 손을 보겠습니다. 전량을 구매하세요. 납품 조건만 유연하게 해주신다면 정상적인 할인 외에도, 개당 5세켈씩 할인해 드리겠습니다."

이렇게 해서 거래가 이루어졌다. 사장은 흥분하며 거래를 받아들였다. 빌더 벤은 곧바로 사이러스와 비비에게 달려갔다.

"내가 자주색 바퀴를 모두 처분할 테니 처리비용을 개당 5세켈씩만 공제해주십시오."

"정말인가요?"

사이러스가 소리쳤다.

"어휴, 십 년 묵은 체증이 확 가셨네."

비비가 말했다.

결국 모두에게 이익이 되었다.

아틀라스는 쓰지 못하는 바퀴를 모두 처분했다. 바퀴당 5세켈을 지불해도 남는 거래였다. 수십만 세켈을 썩히는 것보다는 훨씬 나은 것이기 때문이다. 도장부도 바쁘지 않은 시간에 5세켈을 받고 분주하게 페인트칠을 하게 되었다.

특수 마차 제조업체는 저렴한 가격에 중요한 부품을 대량으로 구입할 수 있게 되어 장기적으로 상당한 수익을 올릴 수 있게 되었다.

무엇보다도 좋은 것은 아틀라스 회사에서 벤은 힘든 일을 마다하지 않는 대단한 사람이라는 소문이 돌았다는 것이다.

그러나 빌더 벤은 거기에서 멈추지 않았다.

자주색 바퀴 문제가 해결되고 얼마 지나지 않아 빌더 벤은 생각에 잠겼다. 앞으로도 이러한 문제가 발생한다면 그때는 문제를 어떻게 해결할 수 있을까? 아틀라스가 연노란색 바퀴를 주문했다가 자주색 바퀴처럼 무용지물로 되어버리면 어떻게 할 것인가?

그래서 벤은 여러 가지 궁리를 했고, 결국 묘안이 떠올랐다. 그는 미니를 찾아갔다.

"사실 얼마 전부터 자주색 바퀴 문제를 피할 수 있는 방법을 생각해보았습니다."

"그래 무슨 좋은 묘안이라도 있나요?"

미니가 물었다.

"우리가 먼저 도와주는 겁니다."

"도와주다뇨?"

"바퀴에 일가견이 있는 전문가를 채용해 마차 구매자들이 바퀴에서 가장 중요하게 여기는 것이 무엇인지를 연구하도록 하는 것입니다."

"그런데 우리가 굳이 그런 사람을 채용할 필요가 있나요?"

"이유는 두 가지입니다. 첫째, 그렇게 하면 우리는 더 큰 경쟁력을 갖추게 됩니다. 연구에 힘입어 우리는 다른 업체에 앞서서 바퀴에 추가해야 할 특징과 옵션을 알게 됩니다. 이렇게 되면 나날이 좋은 제품을 시장에 출시할 수 있습니다. 둘째, 연구를 판매 수단으로 전환하는 것입니다. 우리가 알고 있는 것들을 아틀라스를 비롯하여 몇몇 업체와 공유함으로서 우리는 그들에게 그들이 구매해야 할 바퀴 종류를 알려줄 수 있습니다. 그리고 그에 따라 그들이 바퀴를 구매하게 되면 그들도 모든 것을 단순화할 수 있게 되는 거죠."

미니는 잠시 생각을 하고 물었다.

"예, 생각은 좋은데, 비용은 어느 정도 소요될 것 같아요?"

"저희는 업계 최고의 기업과 최고의 고객과 관계를 맺고 있습니다. 그 비용이야 고객관리의 중요성과 비교하면 새 발의 피에 불과합니다. 그리고 이 연구에 힘입어 고객들에게 별도 특징을 장착할 바퀴를 살 수 있는 확신만 준다면 우리의 매출과 수익도 신장될 수 있을 것입니다."

"예, 좋습니다. 그렇게 해보죠."

미니가 말했다.

이렇게 해서 빌더 벤은 갖은 노력을 다해 최고의 마켓 리서치 전문가의 서비스를 받게 되었다. 어느 정도 시간이 지난 다음 전문가의 연구 결과에 따라 아틀라스는 바퀴 주변이 붉은 색으로 되어 있고 황금색 바퀴살을 댄 커다란 바퀴가 장착된 고급형 마차를 출시했다.

정말이지 소비자들의 반응은 놀라웠다. 전역에서 소비자들은 투톤 컬러 바퀴가 장착된 고급형 마차를 주문했다.

출시 한 달 만에 아틀라스는 예상했던 양의 두 배를 팔았고, 두 달이 지난 뒤에는 세 배의 양을 팔았다. 그해에 아틀라스 마차제조 주식회사와 맥스 바퀴제조 주식회사는 매출과 수익 면에서 역대 최고 기록을 경신했다.

시대를 잘 만나 벤이 비즈니스에서 성공했다고 생각하는 사람들도 있었다. 하지만 그들은 단단히 오해하고 있는 것이다.

사실 벤은 매우 따뜻한 사람이다. 귀까지 올라가는 커다란 함박웃음 때문에 사람들은 그에게 쉽게 다가갔다. 그리고 그는 상대방의 손이 아플 정도로 강하게 악수를 했으며, 상대방의 등을 따뜻하게 한두 번 쳐주기도 했다.

벤은 카멜 클럽에서 식사하는 것을 한 번도 거르지 않았으며 반드시 자기가 계산했다. 그는 항상 검투사 시합이나 악어 레이스 또는 보트 레이스를 화제로 삼았고 재미있는 말도 많이 했다.

하지만 빌더 벤의 최대 강점은 강력한 직업 윤리(직업 정신, 프로 정신)를 가진 것이었다. 사실 벤은 비즈니스를 잘 했다. 무엇보다도 먼저 고객 기업들이 더 많은 수익을 올릴 수 있도록 해주었기 때문이다.

빌더 벤은 고객과 자신과의 관계를 돈독하게 해주는 방법을 끊임없이 찾았다. 빌더 벤이라는 말은 그냥 나온 것이 아니었다.

벤은 관계를 구축하고, 관계가 가치를 구축하고, 가치가 시장 점유를 구축하고, 가치가 부를 구축했다.

채 1년이 지나지 않아 아틀라스는 맥스 바퀴제조 주식회사의 바퀴살을 댄 바퀴를 자사의 최고급 제품인 콜로서스 모델의 옵션으로 채택했다. 만 2년이 지날 즈음 바퀴살을 댄 바퀴는 최저가의 스파르탄부터 중간 가격대의 블루 나일 스페셜에 이르기까지 마차 전 종의 옵션이 되었다.

나아가 바퀴살을 댄 바퀴는 최고급품 콜로서스 모델과 뛰어난 성능을 자랑하는 람세스 스포츠 마차의 표준 바퀴가 되었다.

아틀라스는 짧은 시간에 맥스 바퀴제조 주식회사의 최대 고객이 되었고 맥스 바퀴제조 주식회사가 거대한 피라미드 공사에 납품했던 바퀴량을 훨씬 뛰어넘는 양을 구매했다. 맥스 바퀴제조 주식회사는 거대한 피라미드 공사에 수만 개를 팔았고 '아틀라스 마차'에는 수십만 개의 바퀴를 판매했던 것이다.

이 모든 것이 빌더 벤의 영향력으로 이루어진 것이었다.

오라클 오지에게서 배우는 통찰력

<u>세계 최고의 빌더가 가지고 있는 특징</u>

- 개별 고객을 낱낱이 파악할 뿐만 아니라 고객 비즈니스가 가지고 있는 복잡성도 잘 알고 있다.

- "무엇이든 할 수 있다"는 긍정적인 자세를 가지고 있으며 고객의 움직임에 빠르게 반응한다.

- 프로젝트가 아닌 투자가치에 주목한다.

- 고객과의 관계를 도모하기 위해 시간과 자원을 기꺼이 투자한다. 물론 구매를 많이 할 고객에게 집중적으로 투자한다.

- 고객과 일치된 사고를 한다. 고객의 권익보호에 앞장선다.

- 고객의 이익을 위해 회사의 정책과 효율성을 기꺼이 희생한다.

- 기술적인 변화에 민감하다. 기술적으로 전문가가 아니라도 고객이 요구할 경우 기술에 대한 전문지식을 신속하게 습득할 수 있는 곳과 방법을 알려준다.

- 최고로 봉사해야 할 고객의 요구에 맞춰 자신을 조절한다. 고객의 조직─소규모, 중간 규모, 대규모─크기에 따라 자신을 조절하고 그에 맞춰 내부의 시스템과 자원을 조절하는 경우가 많다.

- 수익성이나 경쟁력이 있는 서비스가 불가능할 경우에는 고객과 시장을 과감하게 포기한다.

- 일반적인 문제점: 고객과 지나치게 결탁하는 경향이 있다. 회사의 이익을 희생해서라도 고객의 권익을 보호한다. 기술적 변화에 지나치게 보수적이다.

4장

경쟁에서 살아남기

맥스의 딜레마

"싼 제품들과의
경쟁에서 살아남기 위해
손해를 보고라도 싸게 팔아야 할까?
왜 매출이 늘었는데도
회사의 수익은 줄어드는 걸까?"

넘쳐나는 중국산 복제품

판매량이 계속 지지부진하던 어느 날 맥스는 책상 모서리에 다리를 올려놓은 채 신문을 읽고 있었다.

스포츠 면에 실린 〈티그리스의 검투사들, 여리고의 검투사들 24 대 14로 제압〉이라는 기사가 제일 먼저 눈에 들어왔다. 그는 그 기사를 읽고 다음 면으로 넘겼고, 넘기자마자 커다란 글씨로 '바퀴 하나에 단돈 49.99셰켈'이라고 적혀 있는 전면 광고를 보았다.

맥스는 급하게 광고를 훑었다. 정신이 퍼뜩 나면서 속이 쓰렸다.

그는 곧바로 미니에게 달려갔다.

"여보, 이 광고 봤어?"

맥스가 물었다.

미니는 광고를 훑어보았다.

"어휴, 가격이 보통 저렴한 게 아니군요. 그런데 꼭 우리가 제조한 바퀴 같아요."

"여보, 우리 바퀴를 무단으로 복제한 것들이야. 중국에서 저임금 노동력으로 생산하여 대상을 통해 수입한 제품들이라고!"

"여보, 그러면 벤 씨를 찾아봅시다. 이 광고를 읽었는지도 알아보고요."

맥스 부부는 세일즈맨과 아들 버디를 위해서 얼마 전에 구입한 스포츠형 2인용 마차에 대해 말을 나누고 있던 빌더 벤을 찾았다.

"죄송합니다. 큰 문제가 있어서요."

미니가 말했다.

"무슨 문제입니까?"

맥스는 벤에게 신문 광고를 보여주었고, 빌더 벤은 그것을 보고 큰소리로 웃었다.

바퀴!

바퀴를 단돈 49.99세켈에 팝니다.

모든 표준 축에 맞는 치수!

붉은 색상, 파란 색상, 주홍 색상, 황금 색상,

인기가 높은 투톤 컬러까지 다양한 색상!

대상을 통해 중국에서 수입한 완전 신제품!

반품시 30일 내 현금 100퍼센트 보상!

각종 카드 환영!

우마차, 마차, 2인용 마차의 모든 요구를

만족시키는 최고의 바퀴 공급업체 '으뜸 원 바퀴'.

"도대체 무얼 걱정하십니까? 이 가격으로는 결코 업계에서 버틸 수 없습니다."

벤이 가볍게 말했다.

"정말 그럴까요?"

맥스가 물었다.

"그렇지 않으면 내 손에 장을 지지겠습니다. 뿐만 아니라 아마 그 바퀴들은 어딘가 잘못된 곳이 있을 겁니다. 이 가격에 우리와 같은 품질을 제공할 수 있는 방법은 없거든요. 중국 업자가 바퀴를 잘못 만들었거나 지나치게 재고가 많아 수출한 것 같습니다."

"그러면 정말 다행이고요."

미니가 말했다.

"아무튼 아틀라스 마차와는 관계를 바위처럼 견고하게 유지하고 있습니다. 저처럼 신경을 써주는 사람은 아마 찾지 못할 겁니다."

벤이 말했다.

얼마 지나지 않아 맥스 부부는 물론 빌더 벤, 바퀴 생산업체들은 히말라야를 넘어 수입한 바퀴들이 맥스 바퀴제조 주식회사를 포함한 대기업 바퀴업체들이 생산한 바퀴와 비교해도 품질 면에서 전혀 손색이 없다는 사실을 알게 되었다.

실제로 품질에서는 대동소이했지만 오히려 중국에서 제조된 바퀴가 품질 면에서 뛰어나다고 말하는 사람도 있었다.

다만 결정적으로 차이가 나는 것은 바로 가격이었다. 제일 먼저 바퀴를 수입한 대상은 맥스 회사의 바퀴 가격의 80퍼센트에 불과한 45세켈에 팔았다. 빌더 벤의 예상과 달리 수입상은 손해를 보지 않았다.

6개월이 지나자 가격은 바퀴당 39세켈로 떨어졌다. 그리고 6개월이 더 지난 뒤에는 29세켈로 떨어졌다.

"29세켈이라고?"

맥스는 어이가 없어 소리쳤다.

"아니, 어떻게 이런 가격이 가능하지? 29세켈이라면 1년 전에 최고의 고객에게 공급했던 가격의 절반밖에 안 된다고!"

아무도 이런 일은 일어날 수 없다고 했었으나 보라는 듯이 일어나고 말았다. 처음에는 중국에서 수입한 바퀴의 시장 점유율이 극히 미미했다. 중국제 바퀴는 벤이 크게 신경을 쓰지 않은 소수의 고객들만이 구입했다. 그러나 이제 많은 고객들이 "이것 봐, 별다른 바퀴가 있을 수 있겠어? 똑같은 바퀴지. 그런데 뭐하러 비싼 값을 주고 사?"라고 말한다.

서서히 고객들이 빠져나갔다.

벤은 맥스 부부에게 솔직하게 말했다.

"너무 걱정하지 마세요. 사실 그들 업체에서 올리는 수익은 미미합니다. 우리는 여전히 최고의 고객을 보유하고 있습니다. 우리는 아틀라스처럼 누구나 탐내는 마차 제조업체를 고객으로 두고 있습니다. 정말 어떤 일이 있더라도 아틀라스만은 절대로 놓치지 않겠습니다. 걱정하지 마십시오."

벤은 아틀라스 마차제조 주식회사에 약속시간보다 조금 일찍 갔다. 그래서 사이러스와 비비의 일이 끝날 때까지 기다리는 동안 사이러스의 책상에 펼쳐져 있는 신문을 보게 되었다. 놀랍게도 '바퀴가 단돈 24세켈'이라는 광고가 전면에 실려 있었다.

빌더 벤은 좋지 않은 신호라는 것을 즉각 알아차렸다.

사이러스와 비비가 업무를 끝내고 그에게 왔을 때 그는 그들의 얼굴이 죽음의 신 플루토처럼 그늘져 있다는 것을 곧바로 알아차릴 수 있었다.

"요즘 어떠세요?"

벤은 일부러 쾌활한 목소리로 물었다.

"좋죠, 뭐."

사이러스가 말했다.

"아니, 그렇지 않아요."

비비가 말했다.

"왜 좋지 않은데요?"

"벤, 우리와 얘기 좀 합시다."

"벤, 우리가 지금 말하는 것이 당신에 대한 불만이 아니라는 사실을 좀 이해해 줬으면 좋겠어요."

"그래, 무슨 얘긴데 그러죠? 우리는 오랫동안 함께 비즈니스를 해왔잖아요. 문제가 있다면 함께 해결할 수 있을 것 같은데요."

"나도 그랬으면 좋겠어요."

사이러스가 말했다.

"헤라클레스 마차제조 주식회사가 수입업체에서 바퀴를 구매하고 있어요. 헤라클레스의 전마차종이 우리 모델보다 10~15퍼센트 정도 저렴합니다. 바퀴를 저렴하게 구매하기 때문이죠."

"그래요. 그래서 좀 더 저렴한 가격에 마차를 팔고 있는 거죠."

비비가 거들었다.

"그래서 우리도 별수 없게 생겼어요. 우리도 똑같이 할 수밖에 없습니다. 그렇지 않으면 우리는 시장에서 완전히 사라져버린단 말이에요."

"그래, 알았어요. 그만하시죠."

벤은 미소를 지었다.

"몇 셰켈 정도의 문제라면……."

"몇 셰켈 정도의 문제가 아니에요. 수입업체가 우리에게 당신 회사보다 심지어 10셰켈이나 싼 22셰켈에 납품하겠다고 제안했어요."

"그거야 거래처를 잡으려고 하는 거 아니에요? 그들은 단지 이 회사와 거래를 해보려고 하는 거란 말이에요!"

하지만 그들의 표정을 자세히 본 벤은 수입업체가 펼치는 전략이 성공할 수도 있다는 것을 알아차렸다.

"가격을 맞춰줄 수밖에 없습니다. 아틀라스 마차는 우리의 최고 고객입니다."

벤이 맥스 부부에게 말했다.

"하지만 벤 씨. 24셰켈에 바퀴를 납품하면 우리는 팔 때마다 손해를 봅니다."

맥스가 말했다.

"저도 알고 있습니다. 하지만 우리도 물량으로 밀어붙여야 합니다."

벤은 누구나 공감할 만한 말을 했다.

벤은 실제로 맥스 부부 앞에 무릎을 꿇고 솔직하게 호소했다.

"고객과의 관계를 매끄럽게 유지하지 못하면 회사는 결국 무너지게 됩니다."

맥스는 고개를 돌렸다. 자신이 이룩한 세계가 서서히 넘어져가는 것만 같았다. 지금까지 이룩한 모든 것이 복제품에 의해 송두리째 날아가기 일보직전이었다.

그는 아내에게 고개를 돌렸다.

"이제 어떻게 하지?"

오라클은 오랫동안 맡아보지 못했던 입맛 돋우는 음식 냄새에 이끌려 잠에서 깨어났다. 그는 음식 냄새가 나는 곳으로 천천히 향했다. 자주 보던 장작불이 지펴 있었고, 맥스 부부가 눈에 띄었다. 달아오른 불 위에 놓여 있는 석판에는 둥글고 붉은 피자가 놓여 있었다.

맥스가 인사를 했다.

"어르신, 대형 피자를 마음껏 드시죠."

오라클은 양손을 비볐다.

"우우! 정말 고마우이!"

수염이 토마토 소스와 녹은 치즈에 닿지 않도록 오라클은 기다랗고 하얀 수염을 어깨 너머로 넘기며 자리에 앉아 피자를 먹었다.

"왜 여기까지 배달이 안 되는지, 그 이유를 모르겠습니다."

맥스가 말했다.

피자를 반 정도 먹은 후에 오라클이 말했다.

"정말 오랜만에 왔네. 그래 사업은 어떤가?"

"상황이 매우 좋지 않습니다."

미니가 말했다.

"적어도 우리에게는 최악입니다. 얼마 전만 해도 저희는 시장의 선도 기업이었습니다. 내년에도 올해만큼만 되었으면 좋겠다고 생각했으니까요."

맥스가 말했다.

"그런데 무슨 일이 일어난 건가?"

오라클이 물었다.

"싸구려 복제품이 쏟아져나왔어요."

미니는 지난번에 찾아온 후 있었던 일을 소상하게 말하고 최근 상황을 전했다.

"저희는 더 이상 경쟁할 수가 없게 되었습니다. 가격 문제로 어제만 해도 최고의 고객을 잃었거든요. 지금처럼 상황이 계속되다간 조만간에 고객이 모두 떨어져나갈 것 같아요."

"하지만 아직도 고객은 있지 않은가?"

오라클이 물었다.

"물론 있지요."

"그래, 가장 수익이 높은 고객은 누구인가?"

"특별한 바퀴를 원하는 고객에게서 대부분의 수익을 올리고 있어요. 특별한 치수나 특별한 용도, 이를테면 사막과 같은 험난한 지형에서 사용하는 바퀴를 주문하는 고객들이죠. 아니면 어느 누구도 따라할 수 없는 특별한 도장을 한 바퀴들이요."

오라클은 고개를 끄덕였다.

"그 정도면 아직은 좋다고 볼 수 있네. 다시 말해 다른 업체가 신경을 쓰지 않는 수요를 기반으로 생존할 수 있다는 말이지. 하지만 무엇보다도 어찌됐든 가격을 낮추어야 해. 지금 같은 시장에서 경쟁하려면 그게 절대적이지. 그리고 최소한 필요한 조직만으로 고도의 효율적인 제조를 해야 하지. 그게 무엇보다도 중요하네. 그렇게만 할 수 있다면 몇 가지 선택을 할 수 있지."

"그 말을 들으니 조금 안심이 되네요. 그런데 어떤 선택을 하라는 건지 잘 이해가 안 돼요."

맥스가 말했다.

"그래, 비록 소수에 불과하지만 선택이 있지. 다시 한 번 전략적 결정을 해야 하네. 기본적으로 두 가지 선택, 곧 특별한 유형의 틈새시장을 찾아보는 방법과 대규모 시장을 지배하는 방법이 있기 때문이지."

맥스는 주저하지 않고 대답했다.

"저는 두 번째를 원합니다. 회사가 대규모 시장을 지배했으면 합니다."

"그렇게 성급하게 말하지 말게."

오라클이 타일렀다.

"틈새시장 업체는 절대로 망하는 법이 없다네. 틈새시장은 자네가 기대할 수 있는 최고의 시장이라고 할 수 있지. 다시 말해 특수 바퀴 제조업체로 변신한다면 대대적인 구조조정을 단행하여 생산과 매출은 적지만 상당한 수익을 실현할 수 있어."

"아니, 그건 마음에 들지 않습니다. 저는 항상 그랬듯이 시장을 선도하는 기업을 만들기 원합니다."

맥스가 말했다.

"그렇다면 제일 먼저 빌더 벤을 해고해야 하네."

"왜 그렇죠?"

미니가 물었다.

"더 이상 뛰어난 사람이 없을 정도로 최고의 세일즈맨인데요!"

"그 사람은 과거 시장에서나 최고였다네. 이제는 더 이상 아냐. 요즘 같은 시장에서는 벤과 같은 빌더들을 쓰기에는 비용이 너무 많이 들어. 그리고 판매 스타일도 지금처럼 바퀴가 일용품이 되어 버린 시장에서는 효율적이지 못하고."

맥스는 깜짝 놀랐고 심지어 모욕을 당한 느낌마저 들었다.

"아니 지금 제 바퀴가 일용품이라고 하셨습니까?"

"그렇다마다, 바퀴는 이제 일용품에 지나지 않아. 어떤 바퀴든지 동일한 표준을 갖고 있잖은가. 특별한 전문 지식이 없어도 바퀴를 사용할 수 있고. 바퀴를 생산하는 대기업은 어떤 기업을 막론하고 동일한 제조 품질을 제공하고 있네. 자네도 중국에서 수입했다는 복제품이 자네 회사에서 생산하는 바퀴와 품질 면에서 대동소이하다는 점을 인정하고 있지 않은가. 다만 가격에서 차이가 날 뿐이지.”

흥분한 맥스는 동굴 안을 서성거렸다.

“일용품이라고요? 하지만 저는 일용품 시장에는 남아 있고 싶지 않습니다.”

“비즈니스를 하는 사람들은 누구나 ‘일용품 시장에는 남아 있고 싶지 않아’라고들 말하지. 마치 모욕을 당한 것처럼 말이야. 그러나 이와 같은 시장이 바로 큰 돈을 벌 수 있는 시장이지. 일용품처럼 되어버린 바퀴를 수억 개 판매한다면 개당 1셰켈만 남아도 수억 셰켈의 수익을 올릴 수 있지.”

수억 셰켈의 수익을 올린다는 말에 맥스는 귀가 솔깃했다.

“좋습니다. 그렇다면 시장을 어떻게 지배하죠?”

“뛰어난 세일즈맨에 의존하지 말고 효율적인 판매 시스템에 주력해야 하네.”

“그게 무슨 말이죠?”

“벤을 비롯한 빌더들은 최고의 능력을 보이는 사람에게만 주력하도록 시키게. 이 같은 조건을 만들려면 자네는 능력은 뛰어나나 빌더보다 비용이 적게 들어가고 쉽게 대체할 수 있는 사람들로 완전히 새로운 영업 조직을 구축해야 하네. 그 사람들은 전문 세일즈맨이라기보다는 팀으로서 함께 일하는 세일즈 팀원들이지."

오라클이 잠시 말을 그쳤다.

"이 같은 사람들을 모집하고 훈련시켜 사업이 발전하면 팀원을 더 많이 채용할 수 있는 절차를 마련해야 하네. 그리고 솔직하게 말해서 자네는 이 사람들에게 많은 돈을 줄 입장도 아니야. 그러면 도산하고 말 테니까. 시장을 지배하기 위해서 자네는 그들을 철저하게 교육시켜 엄청나게 뛰어난 고객 서비스를 제공해야 하네. 또한 이들의 사기를 진작시키려면 월급뿐만이 아니라 인센티브를 효과적으로 제공해야 하네. 단, 인센티브를 지나치게 많이 주어서는 안 되네."

"그럼 세일즈 성격이 완전히 바뀌겠네요."

미니는 이렇게 말하고 맥스를 바라보며 "하지만 당신이 최고 경영자이기 때문에 모든 것은 당신에게 달렸어요"라고 말했다.

"이미 결정했어. 복제품업자 놈들을 깡그리 무너뜨리고 싶어. 전처럼 최고가 되고 싶어."

맥스가 말했다.

"좋았어. 하지만 그들을 무너뜨리려면 먼저 그들이 장악하고 있는 시장으로 들어가야 하네."

산에서 내려오는 길에 맥스는 미니에게 말했다.

"벤 씨 후임으로 누구를 채용해야 할까?"

"글쎄요."

미니는 잠시 생각한 끝에 입을 열었다.

"어르신께서 새로운 시장에서는 세일즈맨을 팀원으로 생각해야 한다고 말씀하셨잖아요. 팀원이 있으면 아무래도 세일을 총괄하는 팀장이 있어야겠지요."

"세일즈 캡틴을 말하는 거야?"

"그렇다고 볼 수 있죠."

미니는 맥스를 뚫어져라 쳐다보았다.

"어디서 들어본 듯하지 않아요?"

수소문 끝에 맥스 부부는 대규모 무역항인 로도스 항의 할인 체인점에서 세일즈 매니저로 근무하는 세일즈 캡틴 칼렙을 찾아냈다.

그들의 제안(상당한 월급)을 들은 후에 칼렙은 고개를 끄덕였다.

"정말 월급이 많군요. 그런데 그때와 지금 도대체 뭐가 달라진 거죠?"

"칼렙 씨가 저희 점포에서 처음 일하던 때로부터 상당히 오랜 시간이 흘렀군요. 우리도 그때는 영업을 몰랐고, 칼렙 씨도 그랬어요. 칼렙 씨가 취했던 접근방식은 당시에는 우리 제품은 물론 우리가 팔고자 하는 고객의 유형과도 맞지 않았어요. 하지만 이제 우리는 칼렙 씨의 접근방식이 현상황에 맞다고 생각해요."

미니가 말했다.

칼렙은 고개를 다시 끄덕였다.

"정말 힘든 상황이군요. 복제품은 원래 가격에 강점을 가지고 있기 때문이죠."

"제조과정에 신경을 많이 써서 제품의 생산성을 높이면서도 동시에 가격을 낮출 수 있는 제품을 생산하는 문제로 엔지니어들과 이야기를 나누고 있습니다. 조만간 복제품과의 가격 차이를 줄일 수 있을 겁니다."

"저도 큰 변화를 꾀해볼까 합니다. 세일즈 문화도 완전히 새롭게 창조하고요. 사장님의 지원과 관리가 필요합니다."

"그런 것은 걱정하지 마세요."

미니가 말했다.

그들은 계약을 끝냈으며 칼렙은 곧바로 세일즈 팀원을 모집했다.

살아남으려면 변해야 한다

빌더 벤은 단단히 화가 나 있었다.

"여보, 이 광고 좀 봐!"

그는 아내에게 짜증을 부렸다.

"정말 역겨워 죽겠어."

"무슨 광고인데 그래요?"

"내 후임으로 온 친구 말이야. 세일즈 캡틴이라는 친구인데, 내가 보기에는 자기 하나도 추스르지 못할 친구 같아."

"이게 그 사람의 광고예요?"

"아니, 회사 광고란 말이야. 하지만 이런 광고를 하도록 한 사람이 바로 그 친구하고 미니 씨라니까."

"뭐가 그렇게 잘못되었다는 거예요?"

"어떤 광고든지 브랜드명과 멋진 카피 그리고 근사한 사진이 들어가는 법이잖아. 그런데 그런 게 전혀 없어."

그의 말대로 새로 계약한 광고업체는 신제품 상표를 '맥스 바퀴'라고 짓는 그 광고를 세계 곳곳에 게시했다. 흑해에 이르기까지 모든 왕국과 제국의 게시판에는 새로운 디자인과 "맥스 바퀴는 굴러간다!"라는 광고 카피가 화려하게 게시되었다.

그리고 이어서 전차 광고로 유명해진 광고가 나왔다. 그것은 입을 굳게 다물고 굳은 표정을 한 기사가 한 손으로 고삐를 잡고 다른 손으로는 "맥스 바퀴는 굴러간다!"라는 글씨가 쓰여 있는 멋진 깃발을 높이 쳐든 채 황금 전차를 끌고 가는 그림이었다. 백마 네 마리가 콧김을 불어내면서 끌고 가는 황금 전차는 다른 전차보다 훨씬 앞서 달리고 있었다. 전차 광고는 사방에 게시되었고 광고상까지 거머쥐었다.

한편 홍보 전문가 필은 새로운 업무를 맡았다. 마법사 토비가 잘나갈 때처럼 필은 필자 이름을 밝힌 기술 논문을 잡지에 게재하고, 세미나를 열고, 연설회를 예약하는 등 여러 가지 방법을 통해 회사 알리는 데에 힘을 썼다. 후에 벤이 들어왔을 때 필은 《주간 마차》 등 여러 업계 잡지 편집자들에게 맥스 바퀴제조 주식회사가 재고 관리 서비스 및 색상 선택 등에서 업계에서 가장 뛰어나다는 사례 연구 기사를 게재하도록 힘썼다. 그리고 '나병환자를 위한 유명인사들의 마차 대회'와 같은 광고 효과 만점의 이벤트도 마련했다.

"지금 필 그 사람이 무엇을 하고 있는지 알아? 거대한 피라미드 측면을 맥스 바퀴제조 주식회사의 광고로 도배하려 하고 있어."

벤이 말했다.

"정말 그렇게 하면 안 되죠. 그렇지 않아요?"

아내가 물었다.

"그런데 사정은 그렇지 않아. 파라오의 경제 담당 책임자들이 돈 벌기에 혈안이 되어 있거든. 하지만 그들은 바벨탑에 더욱 관심이 많아. 하늘까지 올라가는 기괴한 건물을 지으려고 애쓰는데, 지금 파산 직전에 있거든."

실제로 필은 이를테면 맥스 바퀴제조 주식회사를 세계 전차 레이스 대회의 공식 후원 바퀴 업체로 만드는 등 브랜드를 일반인들에게 널리 알리기 위해 많은 활동을 하고 있었다.

"우리 때만 해도 이렇게 경박한 광고는 하지 않았잖아. 삐걱거리는 소리가 들릴 경우 윤활유를 사용해야 한다는 정도의 광고밖에 하지 않았다는 것 당신도 알잖아?"

벤이 말했다.

"하지만 여보, 요즘은 바퀴 제조업체들이 하나같이 바퀴 윤활유를 사용하고 있어요."

"내가 말하고자 하는 것은 그게 아니야!"

벤이 인정하건 하지 않건 그건 사실이었다. 더 정확히 말하자면 이제 바퀴 제조업체가 브랜드를 차별화하기 위해 바퀴를 새롭게 개발하는 것은 그리 중요하지 않았다.

비용을 절감하려면 옵션을 줄여야 했다(제품에 제공되는 옵션은 어느 것이나 생산 및 재고 비용 상승을 의미하기 때문이다). 벤이 활동하던 시대에는 온갖 모양 즉 둥근형, 사각형, 8각형 또는 반인반신의 모양이 조각된 형태에 바퀴살을 댄 바퀴의 커다란 원주변이 황금색 판이나 청동판 또는 번쩍거리는 구리판이나 평범한 나무로 둘러쳐진 바퀴살을 댄 것들이 나와 있었다. 그러나 이제는 바퀴살은 어느 것이나 목조이고, 형태는 둥근형이나 사각형밖에 없다. 다른 종류의 바퀴는 제조 원가가 지나치게 많이 들기 때문이다.

색상도 이전에는 바퀴 종류만큼 많았다. 벤은 색상 샘플 책자를 항상 가지고 다녔다. 맥스 바퀴제조 주식회사도 한때 1,000가지 색상을 제공했다. 이제 고객은 12가지 색상만을 선택할 수 있을 뿐이다. 맥스는 12가지 색상을 소비자들이 가장 선호하는 8가지 색상으로 줄일 목적으로 마켓 리서치 전문가를 채용하기까지 했다.

따라서 광고 회사의 어떠한 번뜩이는 카피 문안도 크게 효과를 보지 못했다. 차라리 "우리가 만든 바퀴를 구입하세요, 다른 바퀴와 다를 바가 없으니까요"라는 광고 문안이 나왔을지도 모른다.

따라서 새로운 상표와 맥스 바퀴제조 주식회사라는 브랜드 인지도를 구축하는 게 중요했다.

사실 빌더 벤은 세일즈 캡틴이 채용하는 세일즈맨들 때문에 더욱 분개했다.

"그들에게 무슨 문제라도 있나요?"

아내가 물었다.

"그놈들이 무슨 세일즈맨이라고……. 그놈들은 어린애같이 유치한 놈들이라고."

벤이 소리쳤다.

어떤 면에서는 벤의 말도 일리가 있었다. 세일즈 캡틴이 세일즈맨으로 채용한 사람들은 벤과는 업무성향이 완전히 달랐다.

그들은 고객이 될 사람을 알아보는 기술에 있어서는 문외한과 다를 바 없었다. 그들 대부분이 고객이 제기한 이의를 해결하는 것은 변호사들이나 하는 것으로 생각하고 있었다. 또한 그들 대부분이 거래에 목숨이 달려 있는데도 거래를 성사시키지 못했다. 그들이 회사를 위해 일을 시작할 때가 아직 아니기는 했지만.

세일즈 캡틴이 채용한 사람들은 전체적으로 어렸고, 외모는 준수한 편이었다. 그리고 보통 사람보다 약간 지식을 갖춘 편이고 학자처럼 공부를 많이 하지는 않았지만 학력은 빠지지 않는 편이었다.

무엇보다도 중요한 것은 그들이 다정다감하고 쾌활한 성격의 소유자들이라는 점이다. 그들은 적극적인 태도를 가졌고, 매사에 낙관적이었다. 그리고 무엇보다도 사람들을 대하는 것을 지겹게 생각하지 않아 대인관계가 대단히 좋았다.

세일즈 캡틴은 빠른 시간 안에 손쉽게 사람들과 스스럼없이 지낼 수 있는 직원을 찾았다. 그는 낯선 사람에게도 스스럼없이 말을 걸 수 있고, 남의 말을 귀담아 듣고, 한 번도 만난 적이 없고 앞으로도 개인적으로는 만날 일이 없을 사람들의 요구와 처지를 강하게 대변할 수 있는 사람을 원했다.

세일즈 캡틴은 세일즈맨들이 개별 고객과 친해지는 것을 좋아하지 않았다. 사실대로 말하면 그는 그 같은 일을 하지 못하도록 은근히 압력을 넣었다. 무엇보다 중요한 것은 맥스 바퀴제조 주식회사의 브랜드와 고객과의 관계였기 때문이다.

세일즈 캡틴은 심지어 그들을 세일즈맨이라고 부르지 않고 '세일즈 팀원'이라 불렀고, 마치 그들을 자신이 선장으로 있는 배의 선원처럼 여겼다.

세일즈 팀원은 총 네 명으로 아담, 사라, 조세핀, 톰이었다. 그들은 북적거리는 타이레(Tyre, 레바논의 베카 서쪽 고원 근처의 역사적인 항구 도시) 시내에서 얼마 전에 개업한 맥스 바퀴 체인점인 '메가마트(Megamart)'에서 일했다.

빌더 벤은 그들을 '꼬마들'이라고 불렀다. 그들은 대부분 20대에서 30대 초반으로 세일즈 경험은 전무한 편이었다.

세일즈 캡틴은 다른 장점만 있다면 세일즈 경험의 유무는 하등 문제될 게 없다고 생각했다. 사실 그는 세일즈 경험이 전무한 사람들을 오히려 선호했다. 잘못 길들여진 세일즈 습관을 굳이 없앨 필요 없이 자신의 방법대로 그들을 교육시킬 수 있기 때문이었다.

세일즈 캡틴의 세일즈 교육 프로그램은 간단명료했다. 세일즈 팀원은 단 한 번이 아닌 주기적인 교육을 지속적으로 받아 처음 배우는 사항들을 모두 숙지하게 되었다.

그들은 고객을 맞이하는 법 등 가장 기초적인 것에서 날씨나

스포츠 같은 가벼운 소재로 가볍게 대화의 물꼬를 트면서 바퀴와 관련한 기호와 고객의 필요를 신속하게 파악하는 법을 배우고 익혔다.

또한 고객과 대화를 나누는 것보다 더 중요한, 고객의 요구를 귀담아 듣는 법을 배웠다. 그리고 고객에게 들은 것을 이용하여 대화를 계속하는 동시에 고객이 진정으로 원하는 것이 무엇인지 파악하는 법을 배우고 익혔다.

대화 도중에 그들은 고객의 비즈니스에 정말 중요한 사항과 특징 그리고 중요하지 않거나 심지어 관련이 없는 사항과 특징을 알아내는 법까지 배웠다. 이를테면 고객이 어떤 스타일의 바퀴를 원할까? 또는 제일 관심이 있는 게 기능일까 아니면 가격일까 등등.

당시에는 대부분의 바퀴 상인들이 종업원에게 투자를 하지 않았다. 당시 종업원들은 일반적으로 경험이 일천한 사람으로부터 판매에 대해서 배울 뿐이었다.

세일즈 팀원들은 이제 제일 중요한 거래를 성사시키는 기술을 배웠다. 그들은 기술을 쉽고, 효율적으로 익혔다.

이를테면 세일즈 캡틴은 팀원에게 예전부터 세일즈 분야에서 가장 유서 깊게 내려오는, 거래를 성사시키는 방법을 가르쳤다. 그 방법은 고객이 제품을 사겠다는 답변을 쉽게 할 수 있는 질문을 던지는 것이었다. 그런 질문을 여섯 개 정도만 던지면 고객의 성향을 파악할 수 있을 뿐 아니라, 고객이 구매할 가능성을 더욱 높였다.

일례로 아담은 고객이 들어오면 반갑게 인사를 하면서 "오늘 날씨 참 좋죠, 그렇지 않아요?"라는 질문으로 대화를 시작한다.

"예, 오늘 날씨가 정말 좋군요."

고객은 보통 이렇게 대꾸한다.

"신형 바퀴를 찾으세요?"

"그렇습니다."

"지금 타고 오신, 속력이 빠른 2륜마차에 어울리는 바퀴겠죠?"

"말하나마나죠."

"적절한 가격에 성능이 뛰어난 제품이 아무래도 낫겠죠."

"그렇다마다요."

"여기 있습니다. 벤허 스페셜입니다. 손쉽게 교체할 수 있고, 쉽게 균형을 맞출 수 있는 제품입니다."

"예. 그럼, 그것으로 하겠습니다."

이렇게 되면 판매가 쉽게 이루어지는 것이다.

이런저런 질문을 하여 사겠다는 말을 받아내는 판매법보다 더 쉬운 것은 다감하게 대화를 하면서 은근히 넘겨짚어 거래를 성사시키는 판매법이다. 조세핀은 이 방법을 자주 사용했다. 그녀는 고객과 다정다감하게 대화를 나누며 고객이 바퀴를 사도록 만들었다. 이 방법은 지나치게 섬세해서 거래가 이루어졌는지조차 모를 경우가 있다.

어느 날 오후였다. 바퀴 진열대를 살피고 있던 사내가 조세핀에게 물었다.

"녹색 바퀴도 있습니까?"

"녹색 바퀴를 좋아하시나 보죠?"

"네, 좋아합니다."

"그럼 이쪽 아래를 살펴보세요. 정말 옷이 멋지군요."

"고맙습니다."

"명절 때마다 남동생에게 옷을 사주려 해도 애가 싫어해서 정말 짜증나요. 녹색은 은은한 톤이 제일 멋진 것 같아요. 참 옷은 시내에서 사세요?"

"피라모스와 티스베 거리에 있는 의류점에서 삽니다."

"좋은 옷이 많이 있나요?"

"저는 항상 만족하고 있어요."

사내가 말했다.

이렇게 말하면서 조세핀은 녹색 바퀴를 점포 앞에 있는 복도로 굴린다. 여전히 이런저런 말을 나누며 조세핀은 주문을 적기 시작한다. 판매가 쉽게 이루어진 것이다.

만약에 고객이 "잠깐만요. 녹색이 마음에 들지 않아요"라고 할 때, 조세핀은 "죄송합니다. 괜찮습니다. 제일 좋아하는 색상이 뭐죠?"라고 묻는다.

"청색이 아무래도 나을 것 같아요."

"그럼 청색으로 하시겠습니까?"

"그게 좋겠어요."

그러면 판매가 이루어지는 것이다.

세일즈 캡틴은 판매의 지름길은 고객이 구매하지 않으려는 기본적인 이유를 재치 있게 해결해주는 것이라는 점을 잘 알고 있었다.

무엇을 사려고 할 경우 보통 아무것도 모르는 소비자들은 두 가지 질문을 하게 마련이다.

첫째, 정말 적절한 가격인가?

둘째, 괜히 바가지 쓰는 것은 아닌가?

첫 번째 질문에 대한 답은 무조건 '예'가 되어야 하며 두 번째 질문에 대한 대답은 무조건 '아니오'가 되어야 한다. 세일즈맨이 확신을 가지고 설명할수록 잠재적인 구매자는 구매할 가능성이 높아지는 법이다.

그래서 가격 문제를 다룰 때 세일즈 캡틴은 종업원에게 고객이 제대로 구매한 것인지에 관해 의문을 갖지 않게끔 일을 처리하라고 교육시켰다.

일례로 그는 맥스 바퀴가 최고라는 사실을 보여주는 증거 자료와 함께 경쟁업체의 광고물을 고객들에게 보여주라고 당부했다. 이렇게 함으로써 저렴한 가격으로 고객들의 시선을 사로잡으면서 고객들에게 이렇게 저렴한 곳은 없다는 확신을 심어주는 것이다.

물론 경쟁이 없는 것은 아니다. 메가마트가 항상 고객의 마음에 드는 가격을 제공하는 것은 아니기 때문이다. 그래서 세일즈 캡틴은 그 자리에서 할인을 해주는 방식을 사용했다. 다시 말해 고객이 가격에 대해서 찜찜해하는 듯한 표정을 짓는 등 아무래도 판매가 어려울 것 같다는 판단이 들면 종업원들은 그 자리에서 바퀴당 1세켈을 할인해주었다.

가격 경쟁이 있는 시장에서 사업을 할 경우 판매 가격에 서비스 비용을 포함시켜야 한다는 것은 당연하다. 세일즈 캡틴이 알고 있듯이 서비스는 가격으로 따지면 수세켈에 이르고, 저렴한 가격에 제품을 제공하는 대신 판매와 관련된 일체의 서비스(바퀴를 예로 들 경우, 고객의 마차나 우마차, 2륜마차에 바퀴를 장착하는 서비스 등)에 대해 요금을 부과하는 방법이 좋은 경우도 있다.

하지만 세일즈맨이 서비스로 더 나은 가치를 뚜렷하게 보여줄 수 있는 경우도 있다. 바퀴 가격을 지나치게 낮게 불렀을 경우, 세일즈맨(종업원)은 "바퀴는 단 19세켈에 불과하지만 바퀴 장착 서비스는 10세켈을 받고 있습니다. 그런데 바퀴를 20세켈에 구입하면 장착 서비스는 5세켈만 받습니다"라고 말하는 것이다.

바퀴 구매자들이 항상 가격만을 문제 삼는 것처럼 보이지만 가격만이 구매를 결정짓는 유일한 요소는 아니다. 그것 못지않게 중요한 것이 구매할 때의 편리함과 구매한 후의 신뢰이다.

고객은 누구나 바퀴를 구입한 후 바퀴에 아무런 문제가 없기를 바란다. 그들은 뛰어난 품질을 원한다. 신뢰할 수 있는 바퀴를 원하고, 거래가 쉽게 이루어지기를 원한다.

어느 날이었다. 미니는 미팅 시간에 세일즈 캡틴에게 말했다.

"고객을 편하게 해주어야 한다는 것을 항상 팀원들에게 말씀해 주세요. 우리가 어느 정도 손님을 편하게 할 수 있죠?"

"글쎄요, 그건 잘 모르겠습니다만 열심히 노력하고 있습니다." 세일즈 캡틴이 말했다.

"모르겠다뇨?"

"이 점을 생각해보셨으면 합니다. 이 시장에서 제일 중요한 것은 판매에 방해가 되는 장애물을 어떻게 해서든지 없애는 것입니다."

"장애물이라뇨? 무슨 장애물을 말씀하시는 거죠?"

"어떤 의미로는 가격도 장애물이죠. 가격은 잠재적으로 고객의 구매를 막으니까요. 가격이 낮으면 그만큼 저항도 약해지겠죠. 그 반대로 가격이 높으면 그만큼 저항도 많아지고요. 가격이 높으면 고객들은 구매를 다시 생각하게 되고, 그만큼 판매가 더뎌지게 됩니다. 하지만 그 가격만이 유일한 장애물은 아닙니다."

그는 잠시 말을 멈췄다가 다시 입을 열었다.

"요즘 마차, 짐마차, 2륜마차를 가진 사람들은 누구나 신형 바퀴를 원합니다. 하지만 그들이 어느 회사의 제품을 구입할까요? 솔직히 우리 제품이나 이멈 주식회사 제품이나, 그 외의 다른 회사 제품이나 별로 다를 바가 없습니다. 그리고 가격도 대동소이하고요. 그렇다면 고객은 무엇을 가지고 바퀴를 선택할까요? 바로 편리함입니다. 고객이 좀 더 편하게 구매할 수 있도록 도움을 제공하는 회사가 결국 판매를 하게 됩니다. 편리하다는 것이 무엇인지 알려면 먼저 불편한 것이 무엇인지 살펴보는 것이 좋습니다. 따라서 우리는 고객을 불편하게 만드는 것이 무엇인지 알아야 합니다."

그는 잠시 말을 그쳤다.

"고객이 불편해하는 것 중 하나가 거리입니다. 고객이 찾아오기에 점포가 너무 멀리 떨어져 있으면 고객은 불편해합니다. 따라서 고객과 가까운 곳에 많은 점포망을 구축해야 합니다. 또한 시간 부족 역시 불편 중의 하나입니다. 고객의 시간을 쓸데없이 빼앗아버리면 판매는 물 건너간 겁니다. 일례로 고객이 왔는데도 서비스를 제공하지 않거나, 바퀴를 장착하는 데 지나치게 오랜 시간이 걸릴 경우 고객은 짜증을 내고 돌아가게 됩니다."

"우리 점포에 고객이 원하는 바퀴가 없을 경우에도 판매가 어렵겠죠."

미니도 거들었다.

"맞습니다. 재고품이 없거나 제품을 다양하게 갖추어놓지 못했을 경우 우리는 고객의 시간을 빼앗는 셈이 됩니다. 또 판매 이후에 일어나는 문제도 많습니다. 일례로 일주일밖에 사용하지 않았는데 고장이 나는 경우가 있습니다. 문제를 곧바로 해결해주지 않으면 고객은 우리에게 좋지 않은 인상을 갖게 됩니다. 고객이 우리에 대해 좋지 않은 인상과 감정을 가지는 것은 우리가 지속적으로 바퀴를 판매하는 것에 걸림돌이 됩니다."

그는 잠시 호흡을 가다듬었다.

"물론 저렴한 비용으로 장애물을 줄이거나 없애는 방법을 생각해내는 것이 가장 어렵기는 하지요. 결국 그 같은 문제를 해결하는 업체가 시장을 지배하게 되는 것입니다. 인간이란 본래 편한 것을 좋아한다는 사실을 항상 명심해야 합니다. 힘들여 산을 오르고자 하는 사람은 소수에 불과합니다. 대부분의 사람은 산을 비켜길을 가는 법입니다. 따라서 산의 정상에 비즈니스를 세우면 안 됩니다. 도로 옆에 비즈니스를 세워야 합니다."

장애물	해결책
높은 가격	용이한 신용(외상) 거래
	할부 결제
	할인
거리	고객이 찾아오기에 편리한 위치 선정
	무료 배달
시간 부족	카탈로그 배포
	신속한 서비스
	효율적인 디스플레이
	간편한 계산 절차
	다양한 제품 구비
좋지 않은 인상	원 스톱 쇼핑
	고객의 입장에 선 종업원
	고객에게 무조건 양보하는 태도

기적을 만들어내는
고객 감동 세일즈

고객을 편하게 해주는 방법을 생각해내는 것은 상당히 어려울 수 있다. 하지만 반드시 해야 하는 일이라고 생각했기 때문에 세일즈 캡틴은 그 문제를 해결하는 것을 힘들다고 생각하지 않았다.

그는 서비스를 더 효율적으로 제공하며 판매를 촉진시키는 방법을 꾸준히 모색했다. 그리고 이를 자료로 남겼다.

세일즈 캡틴은 어느 날 타이레에 있는 메가마트에 들러 종업원들에게 고객이 좀 더 편하게 구매할 수 있도록 하는 묘안을 내라고 했다.

"다음 달에 들러 여러분이 제안한 묘안을 가지고 이야기를 나눌까 합니다."

세일즈 캡틴이 입버릇처럼 말하는 '더 편하게'라는 말에는 여러 가지 의미가 담겨져 있었다. 그는 종업원들에게 '더 편하게'의 의미에 대해서 자세히 설명했다.

"'더 편하게'는 물론 고객이 더 편안하게 느낄 수 있도록 일을 처리하는 것을 의미하지만 일반적인 문제를 좀 더 잘 처리할 수 있는 새로운 절차를 추구하는 것도 의미합니다. 또는 어떤 문제가 일어나기 전에 미연에 방지하는 것을 의미하기도 하고요. 또는 비용에 포함되지 않은 특별한 서비스를 제공하는 것을 의미하기도 합니다. 뿐만 아니라 여러 가지 방법으로 고객을 도와주는 종업원의 새로운 행동을 의미할 수도 있고요."

조세핀이 그의 말을 끊었다.

"어머, 팀장님은 정말 고객을 사랑하시나 봐요."

세일즈 캡틴은 재미있다는 표정으로 그녀를 뚫어져라 쳐다보았다. 그는 순간 조세핀이 자신이 말하고자 하는 바를 파악한 것은 아닌가 하는 생각이 들었다. 아니면 조세핀이 그 순간 어떤 영감을 받은 것인지도 몰랐다. 하지만 세일즈 캡틴은 어쨌든 그녀의 말이 지나치게 감상적인데다 요점을 놓치고 있다고 생각했다.

"고객을 사랑한다고요? 글쎄요. 나는 그렇게 생각하지 않아요."

"팀장님은 고객을 더 편하게 해주려고 열심히 일할 뿐만 아니라 저희들에게도 그렇게 하라고 당부하시잖습니까."

"맞는 얘깁니다."

아담이 말했다.

"팀장님께서는 고객이 더 낮은 가격에 더 편리하게 구매하도록 열심히 일하고 계십니다. 도대체 왜 그렇게 열심히 일하시는 겁니까?"

"이렇게 생각해보는 것은 어떨까 싶네요. 나는 아내와 자식을 무척 사랑합니다. 하지만 고객을 사랑한다, 그렇지 않습니다. 솔직히 나는 고객의 이름을 하나도 모릅니다. 하지만 고객 하나하나가 나한테 매우 소중한 것은 사실입니다. 우리에게 고객은 농부들에게 꼭 필요한 강물이나 빗물과 같은 존재입니다. 나일 강이 범람하면 농사를 망치게 됩니다. 고객이 우리 점포에 오지 않으면 우리는 성장하지 못합니다. 그리고 우리가 성장하지 않으면……."

그는 말을 끊고 그들에게 더 생각해보라면서 비블로스(Byblos, 레바논에 있는 고대 도시로서 BC 10세기까지는 페니키아의 주요 도시였고 현재 알파벳의 모태가 된 페니키아 문자를 발달시킨 곳)로 가서 성대하게 메가마트를 오픈하기 위해 해안 지방으로 향했다. 그가 출장을 간 사이 세일즈 팀원들은 고객이 제일 뜸한 3~4시경에 고객을 더 편하게 만드는 방법에 대해서 서로 의견을 나누는 시간을 가졌다.

약속한 대로 다음 날 세일즈 캡틴이 출장에서 돌아왔고 팀원들은 저마다 묘안을 하나 이상 발표했다. 묘안을 여섯 가지 이상 말한 종업원도 있었다. 상당수의 묘안이 너무 평범했지만 그는 그것들을 귀담아 들었다.

제일 먼저 그는 톰에게 의견을 말하라고 했다.

"제 생각에는 점포 규모를 늘려야 할 것 같습니다."

"그건 왜 그렇죠?"

"간혹 고객들이 한꺼번에 몰리더라도 여유 있게 실내를 돌아볼 수 있도록 해야 하기 때문입니다."

"그렇지만 점포의 규모를 늘릴 여유가 아직은 없습니다."

세일즈 캡틴이 말했다.

"그렇군요."

"디스플레이를 바꿔보면 어떨까요. 디스플레이를 효율적으로 한다면 비용을 들이지 않고도 혼잡한 것을 피할 수 있을 것 같습니다."

"알겠습니다."

톰이 말했다.

그다음에 세일즈 캡틴은 사라에게 말을 걸었다.

"사라 씨는 어떤 생각을 가지고 있습니까?"

"점포 전체를 진홍색으로 도색했으면 합니다."

세일즈 캡틴은 짐짓 놀라지 않은 척했다.

"진홍색으로 도색을 한다고요?"

"그렇습니다."

그녀가 말했다.

"그렇게 하면 고객들이 우리와 좀 더 편하게 거래를 할 수 있으리라 생각하는 근거가 무엇입니까?"

"아시다시피 여기 타이레 시내에는 진홍색으로 도색한 점포가 하나도 없습니다. 그렇기 때문에 우리 점포가 눈에 띌 수 있습니다. 그러면 고객이 우리를 좀 더 쉽게 찾을 수 있습니다. 우리 점포가 심지어 표적물이 될 수도 있습니다. 타이레는 예전부터 진홍색 염료로 유서 깊은 도시입니다. 왕과 왕비들은 진홍색 의상을 입었기 때문에 타이레에서 진홍색은 황가를 대변하는 색상이었던 것입니다. 점포를 진홍색으로 도색하면 우리는 시민의 자존심을 높여줄 뿐만 아니라 우리 점포에서 바퀴를 사는 것이 현명한 선택이라는 것을 상징적으로 말해주는 것입니다. 따라서 고객은 좀 더 편하게 우리 점포에서 바퀴를 구매하고 싶어할 것입니다."

설명이 끝나자 세일즈 캡틴은 생각에 잠긴 채 고개를 끄덕였다. 귀담아 들을 만한 의견이었다.

"좋습니다. 바쁘지 않은 시간을 이용해서 비용이 얼마나 될지 계산해봅시다."

그가 사라에게 말했다.

그다음에 조세핀이 의견을 말했다.

"바퀴를 장착하는 데 한 시간 정도 걸린다고 말하면 그냥 돌아가는 손님들이 많았습니다. 손님들은 기다리는 것을 싫어합니다. 그런데도 기다리는 시간을 단축할 생각은 왜 하지 않는지, 그 이유를 모르겠습니다."

세일즈 캡틴은 순간 조세핀의 의견이 탁월하다는 생각을 했다.

"아주 좋습니다. 그런데 구체적으로 생각하고 있는 게 있으면 말해보시죠."

"한 시간 이상 걸리지 않도록 처리하는 겁니다. 한 시간 이상 소요될 경우 장착과 밸런싱에 대한 서비스 요금을 받지 않는 겁니다."

"좋은 생각입니다. 비수기에는 대단히 좋을 것 같습니다. 그런데 눈코 뜰 새 없이 바쁠 때에는 어떻게 하지요?"

"거기까지는 미처 생각하지 못했습니다."

조세핀이 말했다.

"제 질문을 오해하지 마세요. 정말 좋은 의견이라고 생각합니다."

세일즈 캡틴은 필기를 하면서 말했다.

"조금 더 생각을 다듬은 후에 다음번 내가 왔을 때 다시 한 번 이야기해봅시다."

세일즈 캡틴이 트라이카(Thrace, 터키 이스탄불에서 286km 떨어진 곳에 위치하고 있는 도시) 시내에 메가마트를 오픈하게 되어 출장 간 사이 조세핀과 아담은 그 문제를 가지고 고심한 끝에 처음 의견에서 두 가지 의견으로 발전시켰다.

출장을 갔다 돌아온 세일즈 캡틴이 그들을 불렀고, 그들은 자신의 의견을 말했다.

"서비스 요원이 충분하면 고객들은 기다릴 필요가 없어요. 바퀴를 우리 점포에서 구입하고 손님이 편한 시간에 편한 장소에서 장착을 해주는 것은 어떨까 싶어요."

"아니면 신문에 '전령을 통해 필요한 바퀴를 알려주시면 저희가 직접 고객에게 편리한 장소로 달려가 장착해 드립니다'라고 광고를 하는 것은 어떨까요."

아담이 말했다.

"고객에게 2륜마차나, 우마차, 마차를 주차시킬 주차장을 알려주는 겁니다. 그리고 우리는 고객이 쇼핑을 하거나 다른 일로 시간을 보내고 있는 동안에 바퀴를 장착하는 거죠. 그리고 고객에게는 마차를 찾아갈 시간을 말해주면 될 것 같습니다."

"정말 좋은 의견입니다. 하나같이 귀한 의견입니다. 회장님께 개인적으로 여러분의 제안을 말씀드리고, 시험할 비용을 확보하도록 하겠습니다. 실행할 경우 비용이 얼마가 들지 각자 계산 좀 해보시고요. 그리고 한두 사람이 나서서 좀 더 구체적으로 계획을 세워주었으면 합니다."

타이레 항구의 부둣가에는 드미트리와 카산드라라는 그리스 부부가 살고 있었다. 어부 드미트리는 동이 틀 무렵 고기를 잡으러 바다로 나갔다. 남편이 오후에 부두로 돌아오면 카산드라는 우마차에 생선을 가득 싣고 어시장에 가서 생선을 팔았다.

생선을 팔고 집으로 돌아오던 길에 카산드라는 우마차에 이상이 있다는 것을 알았다. 그녀는 우마차를 세우고, 바퀴를 자세히 살폈다. 바퀴 하나가 완전히 닳았고, 다른 바퀴는 커다랗게 금이 가 곧 쪼개질 것 같았다.

집에 돌아오기 무섭게 그녀는 남편에게 말했다.

"여보, 바퀴를 갈아야 할 것 같아요. 내일 하루 쉬면서 바퀴를 갈아줄 수 없어요?"

하지만 드미트리는 아내의 말을 들어주지 않았다.

"하루 쉬라고? 내일부터 오징어잡이가 시작되는 걸 모르고 하는 소리야? 올해는 풍어가 예상되는데, 하루를 쉬면 제우스의 형제인 바다의 신 포세이돈이 화를 낼지도 모른다고. 바퀴를 갈 시간 없어."

"알았어요. 그럼 어떻게 하죠? 하나 남은 바퀴에도 커다랗게 금이 가 있어요!"

아내가 말했다.

"내가 출근할 때 당신이 나가서 바퀴를 갈면 되잖아?"

"어쩌죠, 저는 바퀴에 대해 전혀 모르는데요?"

"그냥 바퀴가 어떻다고 말만 하면 갈아준단 말이야."

"어디로 가야 하는데요?"

카산드라가 물었다.

"이멈 바퀴 직판점에 가봐. 거기가 제일 싼 것 같아."

다음 날 드미트리가 고기를 잡으러 나간 사이 카산드라는 우마차를 끌고 남편이 말한 이멈 바퀴 직판점으로 향했다. 가는 길에 그녀는 눈에 띄는 진홍색으로 도색된 맥스의 메가마트를 지나치게 되었다. 순간 그녀는 그냥 들어갈까 하는 생각을 해보았다. 하지만 남편의 말대로 이멈 직판점으로 향했다.

카산드라는 결국 이멈 바퀴 직판점에 도착해 우마차를 세우고 안으로 들어갔다. 이른 시간이라 그런지 손님이 없었다. 네 명의 종업원이 그녀의 눈에 띄었다. 그들은 하나같이 부스스하고 초췌한 모습이었다. 한 사람은 커피를 마시며 신문을 읽고 있었고, 나머지 사람들은 수다 떠는 데 정신이 없었다. 카산드라는 그들에게 다가갔다. 하지만 그들은 계속 이야기만 하고 있었다.

그렇게 10초, 20초, 30초가 흘렀다. 세 사람은 여전히 정신없이 이야기만 하고 있었다. 단단히 화가 난 카산드라가 발걸음을 돌리려는 순간 커피를 마시고 있던 사람이 다가왔다.

"무슨 일로 오셨습니까?"

"우마차 바퀴 두 개를 갈까 해서요."

"어떤 바퀴를 원하시죠?"

"잘 모르겠는데요."

"잘 아시다시피 바퀴의 종류가 상당히 많습니다. 필요한 치수와 종류를 알아야 저희들이 갈 수 있습니다."

"바깥에 있는데, 한번 보실래요?"

짜증난다는 듯이 한숨을 내쉬며 한 사람이 말했다.

"그럼 한번 보죠."

두 사람은 밖으로 나갔고, 낡은 바퀴를 살핀 뒤 종업원이 "어휴!" 하고 한숨을 내쉬었다.

"뭐가 잘못되었나요?"

"정말 옛날 바퀴군요. 맞는 바퀴가 있는지 모르겠어요. 한번 확인해보죠."

실내로 들어간 종업원은 10분이 지나도 나오지 않았고, 카산드라는 짜증이 나기 시작했다. 혹시 잊어버린 것은 아닐까. 정말로 그 종업원은 그녀를 까맣게 잊고 있었다. 그는 1분 뒤에 다른 고객과 함께 모습을 드러냈다.

종업원이 자신의 옆을 지날 때 카산드라가 "죄송합니다만, 제 바퀴는 어떻게 됐습니까?"라고 물었다.

종업원은 그제야 생각났다는 듯이 "죄송합니다. 손님이 가신 줄 알았어요"라고 했다.

"그게 무슨 말이에요? 여기서 쭉 기다리고 있었어요. 바퀴 두 개를 갈아달라고 했잖아요, 기억 안 나세요?"

"알고 있습니다. 확인해보았는데 개당 19세켈입니다."

"곧바로 갈아줄 수 있죠?"

"아무래도 시간이 걸릴 것 같습니다. 저희 점포에는 현재 재고가 없습니다. 하지만 손님께서 주문하실 수는 있습니다."

"그럼 주문해서 받는 데 며칠이나 걸릴까요?"

"3주 정도 걸릴 겁니다."

"뭐예요? 오늘 당장 필요하단 말이에요."

카산드라는 큰소리로 말했다.

다른 손님이 자신을 쳐다보자 종업원은 그제야 주위를 둘러보았다.

"코스모, 이 손님 네가 좀 봐줘라!"

코스모가 천천히 걸어왔다.

"도대체 어떤 바퀸데 그래?"

"우마차용, 살이 없는 것으로 직경이 3큐빗(약 50센티미터)짜리야."

코스모는 카산드라를 쳐다보았다.

"있나 없나 한번 확인해보겠습니다."

"이봐요! 그게 무슨 소리에요! 아까 그 사람이 확인했는데 여기

"그럼 주문해서 받는 데 며칠이나 걸릴까요?"
"3주 정도 걸릴 겁니다."
"뭐예요?
오늘 당장 필요하단 말이에요."

에 없대요. 그냥 이 우마차에 맞는 바퀴로 갈아주세요."

코스모는 눈을 깜빡거렸다.

"알았습니다. 한번 확인해보고요."

그는 안으로 들어갔다가 이내 나왔다.

"직경 3큐빗짜리 바퀴는 없군요. 하지만 4큐빗짜리 특별형을 쓰면 될 것 같습니다."

"제가 한번 볼 수 있을까요?"

카산드라는 그와 함께 창고에서 천장까지 쌓여 있는 바퀴를 보고 난 다음에 그가 추천한 두 가지 모델을 집었다. 오렌지 색상이었다.

"다른 색상도 있나요?"

카산드라가 물었다.

"예, 확인해 볼게요."

"아니, 됐어요. 곧바로 가봐야 하거든요. 가격이 어느 정도 돼죠?"

"개당 29셰켈에다 세금, 장착비 그리고 윤활유 비용까지 내셔야 합니다."

카산드라는 좀 비싸다는 생각이 들었다.

"잘 아시겠지만 우마차라는 게 무거운 것을 적재하기 때문에 조금 비싼 편입니다."

그는 그녀에게 찡긋 미소를 짓고 "이제는 오래 타실 수 있을 겁니다"라고 말했다.

"알았어요."

카산드라는 눈을 동그랗게 뜨고 말했다.

"그럼 어서 갈아주세요."

두 시간이 지났는데도 카산드라는 여전히 기다리고 있었다. 걱정이 태산 같았다. 남편이 돌아오는 시간에 부두에 가지 못하면 고기가 잘 팔리는 시간대까지 어시장에 도착하지 못한다.

한편 코스모를 비롯한 직원들은 그녀에게 전혀 신경을 쓰지 않고 있었다. 그들은 한쪽에 모여 이런저런 이야기에 열중하고 있었다. 그녀는 종업원들이 다른 손님들에게도 그렇게 대한다는 것을 위안으로 삼을 뿐이었다.

마침내 오렌지 색상의 커다란 바퀴로 교체되었다. 카산드라는 계산을 하고(부가 비용까지 합쳐 72셰켈을 지불하고) 마차를 찾았다. 황소조차도 화가 난 듯이 보였다.

하지만 시내를 벗어나기도 전에 마차에서 이상한 소리가 났다. 그녀는 소리나는 부분을 자세히 살폈다. 바퀴가 마차의 측면에 닿아 있었다. 폭발하기 일보 직전이 된 그녀는 마차를 끌고 다시 이 멈 직판점으로 갔다.

온몸에 윤활유가 잔뜩 묻어 있는 덩치 큰 사람이 바퀴를 자세히 살폈다.

"아이고!"

"아니 왜 그러죠?"

"바퀴가 너무 크고 직경이 넓어서요. 이런 경우에는 더 기다란 축을 끼워야 하거든요."

"값이 어떻게 되죠?"

"그거야 제가 모르죠. 판매 직원한테 물어볼게요."

몇 분이 지났고 다른 사람이 나타났다. 상의에 '테오'라는 명찰이 달려 있었다.

"무슨 일이시죠?"

"코스모라는 사람한테 무슨 문제가 있습니까?"

"그 사람은 휴식 중입니다."

"덩치가 큰 서비스 직원이 바퀴에 문제가 있다면서 새로 축을 끼우라고 해서요. 그러고는 아무런 말이 없군요."

테오는 어깨를 으쓱했다.

"그렇다면 축을 원하시는 거예요, 아니면 다른 것을 원하시는 거예요?"

"축 가격이 어느 정도 되나 알고 싶어서요."

카산드라는 분을 삭이며 되도록 조용하게 말했다.

"알았습니다. 제가 확인해보죠."

축을 만들고도 남을 시간이 지난 다음 테오라는 사내가 나타났다.

"축을 사신다고 했죠? 작업비, 세금 그리고 윤활유까지 합쳐 총 134세켈입니다."

카산드라는 너무 놀라 입을 다물 줄 몰랐다.

"아니, 지금 농담하시는 겁니까?"

"아닙니다. 그게 정상적인 가격입니다. 주문하시겠습니까?"

"아니, 제품도 없으면서 어떻게 주문을 받습니까?"

"그거야 가지고 오면 됩니다."

"어련하시겠어요. 3주나 걸리겠죠."

카산드라가 말했다.

"4주면 정말 확실하게 옵니다."

"그만하세요!"

카산드라는 버럭 소리를 질렀다.

"당장 이 흉한 오렌지 바퀴를 떼세요. 그리고 예전 바퀴를 달아 놓으세요. 그리고 돈도 돌려주고요!"

테오라는 사내와 온몸에 윤활유가 잔뜩 묻은 덩치가 커다란 사람이 서로를 살폈다.

"글쎄요, 우리가 돌려줄 수 있을지는 잘 모르겠는데요."

"아니, 왜 그렇죠?"

"뭐라고요? 조금밖에 가지 않았는데요."

"하지만 그래도 사용했기 때문에 중고 바퀴가 된 거죠."

"어서 책임자를 불러오세요. 책임자한테 따질 테니까."

"지금 휴식 중인데요?"

직판점 책임자는 테오에게서 이미 간략하게 설명을 듣고 나와 고개를 저었다.

"죄송합니다. 한번 사용한 바퀴는 반품할 수 없는 게 저희 회사의 방침입니다."

"좋아요. 그렇다면 저의 방침을 말씀드리죠. 제 남편은 거칠고 배우지 못한 그리스 어부예요. 바퀴를 반품하고, 돈을 내주지 않으면 당장 남편을 데리고 와서 다 토하도록 오징어를 먹여놓을 테니까 알아서 하세요."

한 시간이 지난 뒤에 카산드라는 낡은 바퀴와 현금을 돌려받았다. 하지만 기분이 좋지는 않았다. 그 사람들을 이겼다는 느낌도 들지 않았다. 카산드라는 결국 문제를 해결하지 못했다. 부서진 바퀴로 아무 탈 없이 남편이 돌아오는 시간에 맞춰 부두에 가기만을 바랐다. 그녀는 이미 직판점 종업원들과 싸우느라 진이 다 빠졌고, 소리 내어 엉엉 울 판이었다.

그녀는 오는 길에 곁눈으로 무엇을 보았다. 진홍빛의 맥스 바퀴 메가마트였다.

그림자의 길이를 보고 그녀는 아직도 남편이 돌아오려면 한 시간 정도 여유가 있다고 생각했다.

커다란 진홍빛 점포 앞에서 그녀는 충동적으로 우마차를 세웠다.

안으로 들어가면서 그녀는 아무런 기대도 하지 않았다. 바퀴는 바퀴일 뿐이고, 바퀴 상점은 어디까지나 바퀴 상점이지 않은가?

두 명의 판매 직원(항상 그렇듯이 조세핀과 톰)이 문가에서 잡담을 하고 있는 모습을 보자 희미하게 남아 있던 희망은 없어지고, 이상하게 오기가 발동했다. 카산드라는 또 무시당할 것이라고 생각했다. 하지만 두 사람은 그녀를 보자마자 그녀를 반갑게 반겼다.

"안녕하세요? 오늘 하루 어떻게 지내셨어요?"

조세핀이 먼저 인사를 했다.

"뭐라고요?"

카산드라가 말했다.

"요즘 어떠시냐고요?"

"보다시피 바퀴 두 개를 갈아야 하는데, 시간이 없어서요."

"문제없습니다. 신속하게 갈아드리겠습니다. 밖에 있나요? 제가 한번 살펴보죠."

조세핀이 말했다.

카산드라와 조세핀은 밖으로 나가 바퀴를 살폈다. 조세핀은 바퀴를 곧 갈 수 있을 것 같다고 생각했다.

"정말 심각하군요."

"예, 보신 그대로입니다."

카산드라가 말했다.

물론 조세핀은 우선 카산드라의 태도를 살폈다. 그녀는 대화를 하기보다는 세일즈 캡틴에게서 교육받은 대로 부인의 마음을 헤아리려고 애썼다.

"이것 때문에 마음고생이 심하셨겠어요."

조세핀이 말했다.

"정말 힘들었어요."

"이제는 걱정하지 마세요. 저희가 바로 갈아드릴 테니까요."

그러나 카산드라는 여전히 의심했다.

"이 바퀴에 맞는 게 없으면 어떻게 하죠?"

"지금 당장 확인하겠습니다. 없다고 해도 바퀴살을 댄 바퀴는 맞을 겁니다. 그것마저 없으면 제품을 주문할 때까지 못으로 고정시켜 놓도록 하겠습니다."

"혹시 3~4주 정도 걸리는 것 아닙니까?"

"작년까지만 해도 3~4주 걸렸습니다. 하지만 이제는 자재창고로 곧바로 연락을 취하기 때문에 3~4일이면 충분합니다."

조세핀이 말했다.

"그럼 정말 다행이군요."

"저희는 고객이 기다리는 시간을 최소화하기 위해 최선을 다하고 있습니다. 누구나 바퀴를 사는 데 시간을 낭비하는 것보다는 생산적인 일을 하려고 하니까요."

카산드라는 조금씩 기분이 좋아졌다. 자신의 요구를 들어주고 자신의 시간을 존중해주는 사람을 만났기 때문이었다.

두 사람은 마차 바퀴와 2륜마차 바퀴를 지나쳐 우마차 바퀴가 진열되어 있는 곳으로 갔다.

"여기 있군요."

조세핀이 카산드라의 우마차에 맞는 바퀴를 가리키며 말했다.

"원래의 베이지 색상으로 하실래요, 아니면 다른 색상으로 하시겠습니까?"

"색상을 선택할 수 있단 말인가요?"

"물론입니다. 녹색, 붉은색, 황색 그리고 청색이 있습니다."

"청색으로 할래요. 제가 좋아하는 색이거든요."

기분이 좋아진 카산드라는 이제 수다스러워졌다.

"청색을 보면 바다가 생각나거든요. 게다가 남편도 어부고요."

"어부라고요? 저희 오빠도 어부예요."

조세핀은 청색 바퀴를 굴리면서 말했다.

"오늘은 오징어를 잡는 날이죠?"

"예, 남편은 만선이 되어 돌아올 거예요. 오빠 이름이 어떻게 되죠?"

두 사람은 계속 말을 하다가 카산드라가 가격을 물어보았다.

"잠깐 확인 좀 하고요."

조세핀이 말했다.

카산드라의 얼굴은 다시 어두워졌다. 조세핀이 가격을 보러 다른 곳으로 갈 줄 알았기 때문이다. 하지만 조세핀은 모든 제품의 가격이 적혀 있는 카드를 꺼냈다.

"바퀴는 개당 21세켈이고, 세금은 별도입니다. 지금 바퀴 끼우실 거죠?"

"지금 갈아야죠."

"가는 비용은 바퀴당 3세켈이에요."

"윤활유는 얼마죠?"

"윤활유는 무료로 주입해 드리고 있습니다."

조세핀이 말했다.

카산드라는 입술을 물어뜯었다. 이멈 직판점은 바퀴당 19세켈 (기꺼이 3주일을 기다린다면), 가는 데 개당 4세켈 그리고 윤활유에 1세켈이었으므로 결국 가격은 똑같다.

"좋아요. 하지만 시간이 없어요. 부두에서 남편을 만나야 하거든요."

카산드라가 말했다.

"저희 점포는 한 시간 이내로 바퀴를 갈아드립니다."

"글쎄요. 남편의 고깃배가 부두에 도착하기 전까지 부두에 가야 하거든요."

"제가 할 수 있나 한번 보고요. 만약 오래 걸리면 부서진 대로 임시로 고쳐놓을게요. 내일 아침에 저희 직원이 댁으로 가서 갈아드리겠습니다."

"그렇게까지 해주시다니 정말 고마워요."

카산드라는 새로 간 청색 바퀴 마차를 굴리며 30분 뒤에 부두로 향했다. 그녀는 만족스러웠다. 하늘을 날아갈 것만 같았다. 꿈인지 생시인지 살을 꼬집어보고 싶었다.

카산드라는 생각에 잠겼다. 이제 오던 길을 되돌아가는구나. 이멈 직판점에서 바보 같은 놈들과 티격태격 싸우고 볼썽사납게 돈까지 반환받고 똑같은 가격에 맥스 직판점에서 서비스를 받다니!

카산드라는 남편이 배를 막 묶고 있을 때 부두에 도착했다.

"바퀴가 정말 근사한데. 그래 내가 말한 대로 이멈 직판점에서 간 거지?"

남편이 물었다.

그는 곧바로 아내가 자신을 뚫어져라 노려보는 것을 알아차렸다.

"아니 왜 그래? 내가 잘못 말했나? 도대체 왜 그래?"

그러나 모든 고객이 카산드라처럼 고분고분하지는 않았다. 당시 고객들은 지금 고객과는 달리 무시무시한 행동을 일삼는 경우가 많았다는 사실을 우리는 곧잘 잊곤 한다. 맥스가 살던 시대에는 아무런 문제가 없는 제품을 채찍, 창, 칼(어떤 때에는 세 가지 모두)로 무장하고 반품하는 고객들(특히 2륜마차 기사들)이 꽤 있었다.

그 같은 일이 벌어지면 세일즈맨은 부상을 당할 뿐만 아니라 기분도 몹시 상하게 된다. 하지만 세일즈 캡틴은 팀원들에게 그런 고객을 대하는 방법을 사전에 교육시켰다. 화가 바짝 난 고객을 무서워하지 말고 오히려 그런 기회를 기다리라고 가르쳤다. 고객을 다루는 기술과 자세만 갖추고 있으면 화가 난 고객을 다루는 것은 정말 흥미진진한 일이 될 수도 있다는 것이다.

유난히 분주한 어느 날 오후였다. 메가마트에 무시무시하게 생긴 사내가 들어왔다. 사내는 산처럼 덩치가 클 뿐만 아니라 온몸에 땀을 비 오듯 흘렸고, 코를 틀어막아야 할 정도로 지독한 냄새가 났으며 눈빛은 무시무시했다. 게다가 시선을 끌려고 커다란 곤봉으로 바닥을 치기 시작했다.

"좋았어. 내가 점수에서 뒤져 있으니까 이번에는 내가 처리해 볼게."

톰은 아담에게 말하고 그 사내에게 다가갔다.

아담 옆에 있던 손님이 아담에게 물었다.

"조금 전에 저 양반이 '내가 점수에서 뒤져 있으니까'라고 했는데, 그게 무슨 말입니까?"

"아, 아무것도 아닙니다. 그냥 우리끼리 재미 삼아 하는 말입니다."

아담이 말했다.

톰은 무시무시하게 생긴 사내에게 다가가 "무슨 일이십니까?"라고 물었다.

"으아아악!"

그 사내는 소리부터 질렀다.

"무슨 문제라도 있나요?"

"어제 말이야. 2륜마차 바퀴를 여기서 두 개나 샀는데 그게 엉터리 물건이란 말이야! 정말 ×같아서. 집에 가서 마차에 장착했는데, 달리다 보니까 심하게 흔들거려. 에이 ×발!"

"심려를 끼쳐드려 죄송합니다. 제가 뭐가 잘못되었는지 한번 보도록 하지요."

두 사람은 밖으로 나갔고, 톰은 2륜마차를 자세히 살폈다. 바퀴가 충분히 조여지지 않았던 것이다.

간단하게 고칠 수 있는 일이었다. 다른 서비스 직원들이 눈코 뜰 새 없이 바빴기 때문에 톰은 "연장을 가져와서 제가 고치겠습니다"라고 말했다.

톰은 직접 렌치를 가져와 바퀴통을 조인 다음 사내에게 다가가 제대로 고쳐졌는지 확인하기 위해 잠깐만 시내를 돌자고 하며

"어제 말이야, 2륜마차 바퀴를 여기서 두 개나 샀는데
그게 엉터리 물건이란 말이야!
정말 ×같아서."

"심려를 끼쳐드려 죄송합니다.
뭐가 잘못되었는지 제가 한번
보도록 하지요."

마차에 올라탔다.

메가마트 앞으로 다시 돌아오자 사내는 "얼마나 드리면 되나요?"라고 물었고, 톰은 "아니 괜찮습니다. 그 문제는 신경 쓰지 마십시오"라고 말했다.

사내는 미소를 얼굴 가득히 지었다.

"고맙습니다. 좋은 하루 되십시오."

"선생님도 좋은 하루 되십시오."

톰은 안으로 들어가 아담에게 물었다.

"어땠어?"

아담은 점수를 매기며 말했다.

"정말 잘했어. 어디 보자. 곤봉을 휘두르고 심한 욕까지 한 사람을 다루었으니 점수를 두 배로 줘야 해. 침착했고, 진심으로 대하는 태도를 보였고, 최선을 다해서 문제를 해결해준다는 자세를 보여주었으니 400점은 될 것 같아. 그리고 문제되는 것을 직접 고쳤기 때문에 200점을, 또 그 사람이 미소를 잃지 않았기 때문에 보너스로 200점을 더 주겠어. 이제 다시 자네가 1등이 되었군."

"죄송합니다."

손님이 또다시 물었다.

"안 들으려고 해도 자꾸만 들리네요. 지금 두 분은 그것을 재미 삼아 하는 겁니까?"

"그렇습니다. 그리고 돈도 받고요."

톰이 말했다.

누구나 "직장에서 게임이라니? 세일즈 캡틴은 이 같은 행동을 엄격하게 단속하지 않나?"라고 의아해할지도 모른다.

그런데 반대로 세일즈 캡틴은 게임을 권장하며 심지어 돈까지 주었다. 게임을 하게 되면 종업원은 손님에게 더 많은 관심을 보이기 때문에 세일즈 기술과 고객 서비스가 향상된다. 또한 종업원들 사이에 경쟁심이 생겨서 근무 시간이 지루하지 않다. 놀랍게도 게임을 하면 업무가 재미있어진다.

또한 실질적인 보상까지 따른다. 보너스를 받을 수도 있는 것이다. 뿐만 아니라 칭찬이 따르고 동료들의 눈길도 달라진다. 또한 세일즈 캡틴은 6개월에 한 번씩 점수가 제일 높은 종업원에게 수고를 치하하기 위해 푸짐한 저녁까지 대접한다. 물론 보상은 다른 방식으로도 이루어졌다.

고대 바퀴 업계의 최고의 전문 잡지인 《바퀴 세계》가 고객 만족도를 조사했는데, 고객들은 메가마트를 1위로 꼽았다.

《바퀴 세계》 특별호에 조사 결과가 나왔고, 편집자는 메가마트의 종업원들과의 인터뷰 기사를 실었다.

바퀴세계: 메가마트에서의 근무는 어떻습니까?

조세핀: 상당히 재미있게 근무하고 있습니다.

바퀴 세계: 재미있다고요? 그게 정말입니까?

조세핀: 그렇습니다. 정말 재미있습니다.

바퀴 세계: 이유가 뭐죠?

조세핀: 제 생각에는 무언가 중요한 것이 있기 때문인 것 같아요.

바퀴 세계: 이를 테면 어떤 것이죠?

아담: 2주에 한 번씩 퇴근 후 저희는 회사 비용으로 회식을 하면서 어떻게 하면 우리 점포를 잘 운영할지 그리고 어떻게 하면 조금이라도 세일즈를 더 잘할 수 있는지를 논의합니다. 이야기를 마치면 모두 기분이 좋습니다.

바퀴 세계: 직원들의 사이는 좋은 편입니까?

사라: 그럼요, 여기 있는 사람들은 모두 좋은 사람들입니다. 톰만 빼놓고요.

톰: 이건 또 뭔 소린감!

사라: 아니에요, 모두 좋아요. 톰도 얼마나 좋은데요. 힘들 때에는 서로서로 돕고 있어요. 그리고 우리 모두는 우리 점포에 오신 분들이 좋은 시간을 보낼 수 있도록 최선을 다하고 있습니다.

바퀴 세계: 또 그 외 특별히 하는 것은 없습니까? 혹시 판촉물을 더 많이 줍니까?

톰: 솔직히 월급은 다른 곳보다 많이 받는다고 자부합니다. 하지만 그것보다 중요한 것은 바로 사람입니다. 정말이지 저희 점포에는 아주 좋은 사람들만 있습니다. 우리 모두는 항상 서로에게 도전하고 있습니다.

바퀴 세계: 구체적인 예를 든다면?

조세핀: 고약한 고객이 들어오면 저는 사라에게 "내가 고객의

기분을 풀어주기 위해 웃는 얼굴로 나가면 내게 1셰켈을 달라"고 합니다.

사라: 저도 똑같이 하는데, 지난 두 달 동안 내기를 한 것을 계산해보니까 플러스 마이너스 제로던데요.

아담: 중요한 것은 그렇게 함으로써 우리들이 나태해지지 않는다는 겁니다.

톰: 뿐만 아니라 최고 고객만족 근무평점을 받으면 저희는 커다란 포상도 받게 됩니다.

바퀴 세계: 어떤 포상인데요?

아담: 아테네로 여행을 가는 것 같은 거죠.

조세핀: 사실 생각만 해도 기분 좋아요. 우리 메가마트가 고객만족 평점에서 1등을 하면 팀장님께서는 우리가 아테네 여행을 다녀오는 동안 다른 지점에서 일하는 사람들을 동원해 메가마트를 지키게 하겠다고 했어요.

사라: 솔직히 기분이 벌써부터 좋아요. 파르테논 신전을 본 적이 없거든요.

바퀴 세계: 그 신전을 본 사람이 얼마나 되겠습니까? 얼마 전 완공하지 않았습니까?

톰: 설사 상을 받지 못한다 하더라도 할 일은 많습니다. 난감한 문제를 해결하거나 고객을 위해서 제 나름대로 꼭 필요한 일을 했다면 알아주는 사람이 있을 겁니다. 제 고객말고라도요.

조세핀: 사실 누구의 눈치를 보지 않고 고객에게 도움을 제공

한다는 사실이 중요한 것 같아요.

사라: 솔직히 말해 우리 마트는 일하기에 더할 나위 없이 좋은 곳이에요.

네 명의 종업원은 사실을 그대로 말했고, 아무도 그것을 의심하지 않았다. 사람들은 세일즈 캡틴이 부하 직원을 어떻게 능력 있게 만들었는지, 어떻게 한 달 단위로 면밀하게 부하 직원의 업무를 관리하는지 제대로 이해하지 못했다. 정말 미스터리에 가까웠다.

어떤 집단이든지 능력이 뛰어난 사람은 소수에 불과하다(이와 반대로 능력이 떨어지는 사람도 소수에 불과할 뿐이다). 비율로 따지자면 열에 한둘이 월등히 뛰어나고, 열에 한둘이 월등히 떨어진다.

세일즈 캡틴은 팀원들의 업무 능력을 한 차원 끌어올렸다. 그들 가운데서 업무 능력이 뛰어난 직원은 타의 추종을 불허할 정도가 되었고, 보통 수준의 직원은 상당한 수준이 되었으며, 능력이 떨어진다는 소리를 듣는 직원(만약에 있다면)은 최소한의 업무를 충분히 수행할 정도가 되었다.

세일즈 캡틴은 위에서 언급한 방법, 곧 엄격한 종업원 선발 및 채용, 뛰어난 교육(일회성이 아닌 지속적인) 그리고 권한 위임이라는 특별한 마술을 결합하여 이와 같은 결과를 가져왔다.

하지만 가장 중요한 것은 지루하고 단조로운 업무에서 벗어나도록 신선하면서도 비용이 적게 드는 인센티브를 지속적으로 활용했다는 것이다.

세일즈 캡틴은 팀원들 간의 분위기에 항상 관심을 기울였다. 그는 팀원들과 함께 메가마트에서 많은 시간을 보냈고, 시간을 낼 수 없는 경우에는 가장 신뢰하는 팀원에게 메가마트를 관리하는 것을 맡겼다. 팀원들의 사기는 어떤가? 어떤 인센티브가 유효한가? 시간만 낭비하고 돈만 들어가는 인센티브에는 어떤 것이 있을까? 어떤 시스템이 더 좋은 결과를 가져왔을까? 그는 항상 이같은 문제에 매달렸고, 그 답을 얻기 위해 팀원들의 의견을 경청했다.

세일즈 캡틴은 팀원들에게 기대할 수 있는 것과 기대할 수 없는 것들을 누구보다도 정확하게 간파하고 있었다. 기본적으로 팀원들은 대부분 젊은 사람이라 벤과 같은 프로 의식도 없고, 토비와 같은 특별한 기술 지식을 가지려고 꿈도 꾸지 않으며, 카시우스와 같은 야망이나 매력은 어디서도 찾아볼 수 없는 극히 평범한 사람들이었다. 근본적으로 이들은 남들이 괜찮다고 여기는 직업에 종사하고, 점포에서 열심히 근무하며, 밤이면 칼같이 퇴근하기를 원할 뿐이었다. 이들은 대단한 경력에도 관심이 없다. 또한 월급을 많이 받는다고 해서 동기를 부여받는 사람들도 아니었다. 그들에게 특별한 것을 원한다면 우선 그들을 창조적으로 만드는 것이 급선무였다.

바로 그것이 세일즈 캡틴만이 가지고 있는 비결이었다. 바로 그것이 그가 한두 해가 아니라 매년 소수의 사람이 아닌 전체 조직의 성과를 높일 수 있었던 비결이었다.

물론 이멈도 세일즈 캡틴이 추구한 몇 가지 아이디어를 그대로 따라해보려고 안간힘을 썼으나 제대로 따라하지 못했다. 그는 회사에서 전액을 지급하는 여행을 단지 최고의 성과를 올린 직원에게만 제공했고, 인센티브를 고객만족보다는 영업에 연결시켰던 것이다.

그 결과, 단지 휴가를 가기 위해 직원들이 온갖 술책을 쓰는 경우까지 생겼다. 결국 이멈은 조직의 성과를 향상시키지 못했다. 아무런 보상도 받지 못한 세일즈맨들 대다수는 낙담했고 사기는 땅바닥까지 떨어졌다. 자연히 이멈의 시장 점유율도 바닥으로 치달았다.

이런 시장 상황에서 고객들은 어디서 바퀴를 사겠는가? 결국은 자신이 손해를 보더라도 변함없이 저렴한 가격만 찾을까? 아니면 1~2셰켈을 더 주더라도 바퀴를 제대로 구입했다는 생각이 드는 곳을 찾을까?

결국 메가마트에서만 우마차 바퀴를 사는 카산드라와 드미트리 부부 같은 고객이 수백만 명이 되었다.

시간이 지날수록 바퀴 수리로도 별도의 수익을 냈다. 얼마 지나지 않아 맥스 바퀴제조 주식회사는 업계 최고의 기업이 되었다. 맥스는 현명하게도 수익의 일부를 효율성 확보를 위해 재투자했으며, 몇 년 후 고객들은 굳이 낮은 가격과 뛰어난 서비스를 비교하면서 바퀴를 선택할 필요가 없어졌다. 맥스 바퀴제조 주식회사가 저가의 뛰어난 서비스를 제공했기 때문이다.

맥스 바퀴제조 주식회사는 매출 부문에서는 업계 3위, 고객만족도에서는 1위 기업이었지만 얼마 지나지 않아 이멈 주식회사가 당해내지 못할 저렴한 가격을 제공하면서 매출 부문에서도 1위 기업이 되었고, 고객만족도에서는 여전히 1위를 고수했다.

마침내 일이 벌어지고 말았다. 처음에는 귓속말로 전해지던 소문이 몇 주에 걸쳐 급속하게 퍼졌다. 이멈 주식회사에 자재를 납품하는 업체들은 업계 최대 업체가 결제를 늦춘다고 불평을 털어놓았다. 그리고 이멈 주식회사에 목재를 납품하는 레바논 목재 주식회사가 더 이상 미수를 연장하지 않을 것이라는 소문이 돌았다. 목재를 납품받으려면 이멈 주식회사는 현금을 준비해놓고 레바논 목재 주식회사의 마차 기사들을 기다려야 하는 상황에 이르렀다.

이어서 엄청나게 저렴한 가격으로 바퀴를 할인판매하겠다는 광고가 나왔고, 현수막이 곳곳에 걸려 있었다. 맥스 부부는 이멈이 가격을 그토록 인하하고서도 경영을 계속할 수 있을지 의아하게 여겼다. 그 해답은 곧 밝혀졌다.

이멈 주식회사 도산!

수십 개의 직판 매장 폐쇄!

새로운 일자리를 찾아야 하는

수백 명의 세일즈맨들!

맥스가 신문 기사를 읽고 있을 때 전령이 왔다.

"그게 뭡니까?"

맥스가 물었다.

"이멈 씨에게서 온 편지입니다."

맥스는 봉투를 열었다. 편지 내용은 다음과 같았다.

존경하는 맥스 회장님!

회장님과 저는 수년에 걸쳐 라이벌 관계를 유지했습니다. 회장님을 이겼다고 생각한 적도 있었고, 이 같은 편지를 회장님께서 직접 저에게 보내게 될 것이라고 생각한 적도 있었습니다. 그러나 그런 시절은 지났습니다.

내일 아침 일찍 미팅에 나와주신다면 고맙겠습니다. 회장님께서 관심을 가질 만한 제안을 할까 합니다.

이멈 배상

몇 시간 후 맥스와 이멈은 테이블을 가운데 두고 앉아 있었다.

"무슨 일이십니까?"

맥스가 먼저 입을 열었다.

"어쩌다 보니 제가 마음먹은 대로 사업이 되지 않습니다."

이멈이 말했다.

"예, 저도 들었습니다."

"저희 기업을 인수하실 의향이 없으신가요?"

맥스는 이멈이 만나자고 하는 이유가 그것일 거라고 짐작하고
는 있었지만 막상 당사자에게 그 같은 제안을 받고 적잖이 놀랐다.

마침내 맥스가 입을 열었다.

"좋습니다. 먼저 회계원장을 좀 보았으면 합니다."

맥스는 몇 시간에 걸쳐 이멈 주식회사의 회계원장을 자세히
살폈다.

"5억 셰켈 정도면 매입하도록 하겠습니다."

"10억 셰켈 정도의 가치는 있는 것으로 알고 있습니다."

"그럼 7억 5천 셰켈이면 어떻겠습니까. 그 이상이면 없던 일로
합시다."

맥스가 말했다.

이멈은 침을 꿀꺽 삼켰다.

"그렇게 하도록 하죠. 단 한 가지 조건은……."

한 시간이 지난 뒤 맥스는 이멈과 협의를 끝내고 얼굴 가득히
웃음을 지으며 나왔다. 이제 내일 아침에 일어나면 지금까지 경영

했던 회사의 거의 두 배나 되는 '맥시멈 바퀴제조 주식회사'의 회장이자 최고 경영자(CEO)가 되는 것이다.

이멈의 단 한 가지 조건은 합병되는 회사의 이름에 자신의 이름을 붙여달라는 것이었다.

맥스는 개의치 않았다. 아니 오히려 '맥시멈'이라는 이름이 더욱 좋다는 생각이 들었다. 무엇보다 중요한 것은 최대 바퀴제조 회사의 최고 경영자가 된다는 것이었다.

너무 기분이 좋은 나머지 아무 생각 없이 그는 보도에서 도로로 발을 내딛었다. 바로 그 순간 맥스는 쌩하고 달리는 2륜마차에 그대로 치이고 말았다.

1. 우리의 고객은 누구인가?
→ 특별한 구매 조건을 달지 않는, 제품을 써본 적이 있는 구매자들. B2B 판매의 경우, 구매 담당자 또는 비슷한 업무를 담당하는 보통 관리자들이다. 소매시장에서 고객은 보통 '소비자들'이라고 말한다.

2. 우리의 경쟁자는 누구인가?
→ 동일한 제품을 판매하는 업체들.

3. 고객이 우리가 팔고 있는 물건을 원하는 이유는 무엇인가?
→ 표준화되고, 이미 자리를 잡은 솔루션이기 때문이다.

4. 고객이 우리의 물건을 구입하는 이유는 무엇인가?
→ 저렴한 가격을 제공하기 때문에.
편안하게 해주는 서비스를 제공하기 때문에.
습관적으로.

5. 고객이 경쟁업체의 물건을 구매하는 이유는 무엇인가?
→ 우리에게 좋지 않은 인상을 가지고 있고, 그 외의 사소한 문제점 때문에.
그보다 낮은 가격 또는 좀 더 뛰어난 서비스 그리고 더 편해서.

6. 세일즈맨이 판매를 성사시키기 위해 고객에게 제공할 서비스로는 무엇이 있는가?
→ 세일즈맨들은 뛰어난 서비스를 제공하고 제품에 가치를 부가하여 경쟁업체와 차별화해야 한다. 이 모든 것은 효율적으로 이루어져야 한다. 고객들에게 좋은 인상을 지속적으로 남기도록 해야 한다.

오라클 오지에게서 배우는 통찰력

세계 최고의 세일즈 팀원이 가지고 있는 특징

- 고객을 행복하게 해야 한다고 반복적으로 납득시키는 리더.

- 고객 서비스를 위한 효율성 높은 시스템과 정책들 중에서 경직된 형식은 되도록 피하며, 고객 한 사람 한 사람이 쉽고 편하게 구매할 수 있는 것이 보장될 경우에는 기꺼이 조직상의 변화를 줌.

- 보상은 고객 만족을 기준으로 이루어지는 경우가 많음.

- 시스템 및 제품과 관련된 기술을 개발하고, 직원들을 업그레이드하기 위한 지속적인 교육 프로그램을 수행.

- 직원들이 근무하기에 더할 나위 없는 환경을 만들기 위해 노력함. 종업원의 사기 진작을 위한 이벤트를 다수 개발. 팀원은 업무를 자발적으로 하지 않으며 강력한 리더십이 있어야 맡겨진 업무를 충실하게 수행한다는 사실 인식.

- 일반적인 단점: 기술에 대한 이해도가 낮으며, 기업 시스템이 갖춰져 있지 못한 것은 제대로 처리하지 못함.

맥스, 구조조정에 돌입하다

그러나 맥스는 죽지 않았다.

불행 중 다행으로 목숨은 건졌다. 1년 내내 그는 죽음의 문턱에서 서성거렸다. 그리고 건강을 회복하는 데 다시 1년이 걸렸다.

어느 날 아침이었다. 이제 그만 누워 있어도 될 정도로 몸이 가볍다고 느낀 맥스는 옷을 갈아입고 아침을 먹기 위해 식탁에 앉았다.

"여보, 커피 드세요. 조간신문 좀 볼래요?"

아내가 말했다.

"그래 줘봐, 2년 만에 신문을 보는군. 아주 샅샅이 읽어야겠어."

그는 커피를 마시고 금융 면을 펼쳤다. 가슴이 턱 막혔다.

"이게 도대체 뭐야? 시장이 미쳐가는 거 아냐?"

그가 소리쳤다.

"바퀴시장이 그렇다는 거예요?"

"아니, 주식시장이 말이야!"

"예. 당신이 무의식 상태에 빠진 후 5,000포인트까지 올라갔어요."

"그런데 우리의 주당 가격에 무슨 일이 생긴 거야?"

"합병하고 곧바로 주당 100세켈까지 올라갔어요."

미니가 말했다.

"그런데 어제 33.8세켈로 마감했군. 도대체 이유가 뭐야?"

"증권 전문가들 때문에 그래요."

"아니, 그게 무슨 소리지?"

"전문가들이 우리 회사를 하향조정해서 그래요. 우리 회사는 '파라오 지수'에서도 제외됐어요. 애널리스트들은 한결같이 우리 주식을 보유 또는 매도로 평가하고 있어요."

"어떻게 해서 이런 일이 벌어진 거야?"

"나도 정확한 이유는 잘 모르지만, 장래 수익 평가가 좋지 않게 나왔어요. 그래서 바빌론에서 카르타고에 이르기까지 연기금 운용자들이 우리 주식을 내다 팔면서 주가가 곤두박질친 거예요."

"그랬단 말이지."

맥스는 잠시 생각에 빠졌다.

"하지만 바퀴 매출은 여전하잖아."

"그럼요, 그것도 수십억 개를 팔고 있어요. 하지만 수익은 높지 않아요. 매출은 항상 그대로고 수익은 거의 없어요."

맥스는 신문을 접어 테이블에 던졌다.

"여보, 옷 갈아입고 나와요. 회사에 가봅시다."

사옥은 완전히 변해 있었다. 맥스는 사옥을 보는 순간 너무 놀라 입을 다물 수 없었다. 커다란 대리석 기둥과 화려한 조각과 분수가 수십 개나 눈에 띄었다. 정복 차림의 트럼페터가 힘차게 트럼펫을 불고 있었다. 맥스를 맞이하기 위한 것이었다.

대리석 기둥 위에는

맥시멈 주식회사
세계 본사
모든 것에서 최고를

이라고 조각되어 있었다.

맥스 부부를 태운 황금 마차의 마부들은 바퀴 역사에서 가장 위대한 순간들을 장식한 거대한 청동 문으로 이어지는 대리석 계단이 있는 웅장한 입구 앞에서 마차를 세웠다.

마차에서 내린 맥스 부부는 트럼펫 소리에 귀가 멍했다.

"아니 나를 이렇게 호들갑스럽게 맞이하게 만든 사람이 도대체 누구야?"

맥스가 물었다.

"에드 씨 생각이에요."

"에드? 에드가 누군데?"

"뻥뻥거리기 좋아하는 에드 씨 말이에요. 당신이 사고를 당한 후 곧바로 채용했어요. 제가 맥시멈처럼 거대한 기업을 한 번도 경영한 적이 없어서 경영에 많은 경험이 있는 사람을 채용할 수밖에 없었어요. 그래서 트랜스-아틀란틱 대상 주식회사의 부사장을 지냈던 에드 씨를 채용했어요."

"트랜스-아틀란틱이라면 중국제 싸구려 바퀴를 수입하여 우리 회사를 벼랑까지 내몰던 그 회사 아니야?"

"맞아요. 하지만 저는 단지……. 저기 에드 씨가 와요!"

계단을 성큼성큼 내려오는 잘생긴 사내가 화려한 백색 토가(로마 시민의 긴 겉옷)를 펄럭거리며 얼굴 가득히 미소를 짓고 반갑다는 듯이 양손을 펼쳤다.

"맥스 회장님! 정말 대단하십니다. 이렇게 살아나시다니, 정말 기적 같습니다."

그는 맥스를 끌어안으며 양볼에 입맞춤을 했다.

"좀 어떠십니까? 이제는 예전 건강을 되찾으셨죠?"

"예, 좋습니다. 에드 씨가 맞습니까?"

"예, 이사회에서 제가 올린 보상 프로그램을 승인한 직후에 잠깐 만난 적이 있습니다. 하지만 곧바로 무의식 상태가 되어 저를 기억하지 못하시리라 생각됩니다. 어서 들어오십시오. 정말 보여 드릴 것이 많습니다. 먼저 식당부터 보시는 게 좋을 것 같습니다. 정말 보시면 흥분할 정도로 마음에 쏙 드실 겁니다."

"에드 씨, 잠깐만요. 여기 대리석부터 보았으면 합니다. '모든 것에서 최고를'이라고 조각되어 있는데, 이게 무슨 뜻이죠?"

"마음에 드십니까? 제 아이디어입니다. 우리가 하는 일은 뭐든지 최고가 되어야 한다는 생각에 회사의 목표를 이렇게 세웠습니다."

"예, 그래 그럼 순수익에서 최고가 되었습니까?"

"그래서 그 목표를 위해서 열심히 노력하고 있습니다."

"정말입니까? 그렇다면 좀 더 순조롭게 시작할 수 있도록 제가 도와드리겠습니다. 저기 트럼페터 보이시죠? 우선 저 사람들을 해고하십시오."

"하지만, 회장님!"

"그리고 우리가 타고 온 황금 마차도 처분하세요. 기본형 2륜 마차면 충분합니다. 그리고 마부는 한 명이면 족합니다."

"하지만 회장님, 이사회에서 만장일치로 황금 마차를 구매하는 것을 승인했습니다."

"뭐라고요? 내가 아직도 회장이라는 사실을 모르셨습니까? 황금 마차들은 모두 창고에 넣으세요. 이사들에게 우리 회사 주식이 주당 100셰켈이 넘으면 황금 마차를 탈 수 있다고 하세요."

"회장님, 그렇게 서두르지 마십시오. 세계 최고의 바퀴제조 주식회사로서 그에 걸맞은 이미지를 갖춰야 한다는 점을 아셔야 합니다."

"나도 동감입니다. 트럼페터를 해고시키고, 황금 마차를 창고에 넣으세요. 안으로 들어가서 회계장부를 좀 봅시다."

그 이후로 맥스는 하루 종일(식당에서 값비싼 식기에 담긴 점심을 급하게 먹은 때를 제외하고) 회계 장부를 꼼꼼하게 살폈다.

오후 늦게 맥스는 에드를 불렀다.

"지난 2년 동안 회사를 위해 애써준 점 고맙게 생각합니다. 하지만 오후 내내 생각해본 결과, 저는 에드 씨에게 다른 직책을 주기로 결정했습니다."

"말하기는 그렇지만, 계약 조항에 정년까지 근무하는 조항이 들어……."

"걱정하지 마십시오. 우리는 정년까지 직원을 해고하지 않습니다. 다만 에드 씨가 우리 회사에 남으려면 다른 일을 해야 한다는 생각이 들었습니다. 능력에 걸맞은 일을 말입니다."

"그게 어떤 일입니까?"

"야만족의 바퀴시장을 개척해주십시오. 알프스 산맥 너머의 튜튼족 로마인들이 항상 불평하는 것이 그것입니다. 지금도 그들은 바퀴를 구매하지 않고 있습니다."

"로마는 아직 도로망도 갖추지 못했다고 합니다."

"그 점은 염려하지 마세요. 그쪽 상황을 잘 알고 있는 직원이 있으니까요. 그들에게 먼저 도로 건설의 당위성을 말씀해주세요. 그 사람들은 속력이 빠른 2륜전차를 만들 수 있을 겁니다. 그리고 2륜전차가 다닐 도로도요. 그렇게 되면 바퀴를 팔 수 있습니다."

에드의 얼굴이 순간 일그러졌다.

"하지만 그들은 야만적이고 매우 거칩니다."

"그들은 에드 씨처럼 뛰어난 문화적 감수성을 가진 사람을 높게 평가하리라 생각합니다. 그들을 설득하여 도로만 개설한다면 에드 씨는 켈트족, 덴마크족 그리고 훈족까지 설득할 수 있을 것이고, 그다음에는 동방으로 가서 몽고족도 설득하리라 자신합니다.”

“좋습니다. 그럼 수행원을 비롯해 여러 가지 제반 사항을 준비시켜 주십시오. 비서 몇 명과 최고의 포도주 등을 주시고 편안한 출장길이 될 수 있도록 해주십시오.”

“좋습니다. 출장비로 1,000세켈을 준비해 드리겠습니다.”

“하루에 말입니까?”

“아니오, 1년에 말입니다.”

“지금 농담하시는 겁니까? 이건 말도 안 됩니다. 퇴사하겠습니다.”

이렇게 해서 에드는 화를 벌컥 내고 자기 발로 나가버렸다.

맥스는 구석에 위치한 미니의 사무실에 갔다.

“여보, 에드 그 친구는 해결했어. 이제부터 실질적인 문제를 해결해야겠어. 회사를 정상화시키고 매출을 늘려 다시 한 번 수익 성장을 실현해야겠어.”

맥스는 상황을 반전시켜 회사를 다시 강하게 만들려면 두 가지에 신경을 써야 한다고 생각했다. 첫째, 비용을 절감하는 것이다. 다시 말해 매출에 변화가 없는 상태에서 비용을 절감한다면 수익 실현은 불을 보듯이 뻔한 것이었다.

두 가지 가운데서 이 방법은 상대적으로 쉽다. 특히 에드가 과

"뭐라구요?
세상에 돈을 그것밖에 주지 않는다고요? 그럼
퇴사하겠습니다."

도하게 비용을 지출했기 때문에 그만큼 비용을 절감할 기회가 많아진 것이다.

하지만 두 번째는 상당히 힘든 문제였다. 그것은 매출을 어떻게 성장시키는지에 관한 문제이기 때문이었다. 매출 성장은 정말 힘든 문제였다. 연구에 따르면 바퀴 시장은 연간 1~2퍼센트 성장에 그칠 뿐이었다.

그래서 파라오를 비롯한 여러 나라의 왕들이 전쟁이라도 일으켜 엄청난 양의 2륜마차를 주문하지 않는다면(맥스는 개인적으로 이런 잠재적인 고객을 달가워하지 않는다) 시장은 정체되어 있을 수밖에 없었다.

설상가상으로 시장에는 중국 제품들이 밀려들어올 뿐만 아니라 인도나 심지어 샴(타이)과 같은 국가에서도 제품이 밀려들어오고 있었다. 문명화된 세계는 싸구려 제품들로 넘쳐났고, 가격은 더 이상 올라가지 못했다.

"정말 미쳐버릴 것만 같아요."

미니가 말했다.

"제조에서 물류 체제에 이르기까지 완벽할 정도로 효율적인 관리를 하는데도 중국이나 기타 국가의 제품보다 저렴하게 만들 재간이 없어요. 우리가 가격을 내릴 때마다 저들은 우리의 몇 배를 내린다니까요."

심지어 거리에서 바퀴를 파는 상인까지 생겼다. 그들은 바퀴를 공터에 쌓아놓고 단돈 2~3셰켈을 팔았다. 물론 서비스는 일체 없었다. 구매자가 바퀴를 골라 돈을 지불하고, 집으로 가져가면 그것으로 끝이었다.

"고객들이 최저가에 바퀴를 사서 스스로 교체하고 서비스에 전혀 신경을 쓰지 않는데 우리가 어떻게 경쟁할 수 있겠어요, 그렇지 않아요?"

미니가 물었다.

맥스는 생각에 잠긴 채 고개를 끄덕였다.

"나도 잘 모르겠어. 뭐 좋은 소식이라도 있나?"

"몇 가지 좋은 소식이 있어요."

미니는 마법사 토비가 맷돌 매출을 많이 올리고 있다고 말했다. 마법사 토비를 비롯한 여러 마법사들은 비록 소량을 판매했지만 그것들은 고가의 최고 제품으로 상당한 수익을 올릴 수 있었던 것이다.

한편 빌더 벤은 특수 바퀴시장에서 일대 약진을 했다. 아틀라스 마차를 잃기 일보직전까지 갔으나 벤의 뛰어난 세일즈 정신과 서비스로 아틀라스를 붙잡는 데 결국 성공했다. 그는 심지어 합병된 우마차 회사를 새로운 고객으로 만들었고, 제너럴 2륜마차 제조회사와도 적게나마 거래했다(벤이 부르는 가격은 보통 제품보다 약간 높았다).

"하지만 그것도 문제가 있어요."

미니가 말했다.

"어떤 문제인데?"

당시 맥시멈은 메가마트를 통해 바퀴를 대량으로 시장에 공급했다. 벤은 시간에 맞춰 1만 개나 2만 개의 주문량을 선적하는 것도 너무 힘들다고 볼멘소리를 했다. 세일즈 캡틴의 직원들은 5만 개에서 10만 개의 바퀴를 취급한다는 것이었다.

　　"문제는 10만 개의 바퀴를 그냥 밀어내기하고 있다는 거예요. 그런 바퀴들은 겨우 바퀴당 2분의 1셰켈의 수익을 올리고 있어요."

　　"그런데도 바퀴를 생산하는 이유가 뭐지?"

　　"공장이 100퍼센트 돌아가지 않으면 바퀴당 생산비가 올라가게 되고, 그러면 시장에서 비싼 가격을 이유로 외면당하니까요."

　　"이런 생각이 드는데……. 우리는 소수의 바퀴에서 수익을 대부분 올리지만 수익이 아예 없는 제품 생산에 전력을 기울이고 있는 것 같아."

　　"예, 당신 말 그대로예요."

　　미니가 말했다.

　　"아니, 어쩌면 일을 이렇게까지 만들어놓은 거야?"

　　미니는 갑자기 묘안이 떠오른 듯 보였다.

시장지배의 법칙

다음 날 두 사람은 오라클 오지를 찾아갔다.

맥스가 불을 지폈고, 미니는 싸온 음식을 불에 데웠다.

모습을 드러낸 오라클은 음식의 양을 보고 깜짝 놀랐다.

"뭐가 이렇게 많아?"

"스뫼르가스보르드입니다. 갓 요리한 것입니다."

미니가 말했다.

"어르신께서 시장하실 것 같아서요."

맥스가 거들었다.

"그렇기는 하지만……. 너무 많은데."

오라클이 말했다.

오라클은 잘게 썬 양배추 샐러드, 파스타, 정어리, 안초비(멸치류의 작은 물고기), 계란 프라이, 여러 가지 야채가 들어 있는 단지, 돼지고기, 비엔나소시지 등을 번갈아 보았다.

"어르신, 어서 드시죠."

맥스가 재촉했다.

"무슨 일이 있으세요? 표정이 좋지 않으세요. 죄송합니다. 파이가 없어서, 하지만……."

미니가 말했다.

"아냐, 음식 타박하는 게 아니야! 이 정도면 충분해. 다만 배가 고프지 않아 먹고 싶지 않아서 그래."

오라클이 말했다.

"하지만 저희들은 오늘 어르신과 중대한 문제를 논의해야 하는데요? 그러니까 뭐라도 좀 잡수셔야 하지 않겠어요?"

미니가 말했다.

"오, 그래. 알았어."

오라클은 접시에 손을 댔다.

"과일을 먹으면 되겠군."

오라클은 포도를 먹었고, 맥스 부부는 지금까지 일어났던 일들을 설명했다.

돌연 오라클의 표정이 달라졌다.

"왜 회사가 어려움에 빠졌는지, 그 이유를 아나? 오늘 가져온 스뫼르가스보르드처럼 회사가 비대해졌기 때문이지."

"이해가 안 되는데요?"

미니가 말했다.

"내가 뭔가를 보여주지."

오라클은 꺼져가는 불에서 타다 남은 나뭇가지를 하나 뽑아들고 동굴 벽에 네 마리 짐승을 대충 그렸다.

"이게 무슨 짐승인 것 같나?"

오라클은 첫 번째 짐승을 가리키며 물었다.

"새 같은데요."

맥스가 말했다.

"그래 맞아! 뭐 내가 잘 그리지는 못하지만 그래도 매처럼은 보일 거야. 다른 짐승들도 맞출 수 있겠나?"

"그 옆에 있는 것은 낙타군요."

미니가 말했다.

"그래, 맞아."

"그 옆에 있는 것은 말이고요."

"그래, 그럼 마지막에 그린 것은?"

"그건 코끼리입니다."

맥스가 말했다.

"그래, 맞아. 이 짐승들이 공통적으로 하는 게 뭐라고 생각하나?"

맥스와 미니는 오랫동안 생각했지만 답이 나오지 않았다.

"이 짐승들은 하나같이 사람을 위해 일한다고 할 수 있지. 매를 한번 예로 들어볼까. 우리가 매를 훈련시키면 매는 조그만 짐승을 잡아와서 우리가 그것을 먹을 수 있게 해주지 않는가."

"맞습니다."

미니가 말했다.

"비행 능력이 뛰어나 매는 예전부터 귀족들이 매우 귀하게 여겼네. 하지만 만약에 2륜전차가 있다면 그것을 끌 수 있는 짐승이 있어야겠지. 그런데 매에게 2륜전차를 끌라고 하겠나?"

"아니오, 말을 이용해야 합니다."

맥스가 말했다.

"그래, 맞아. 조금 전에 말한 것처럼 이번에는 말을 날도록 훈련시킬 수 있겠나?"

"그건 도저히 못 하죠."

"그래, 맞아. 말은 힘이 세고 빨리 달려 많은 일을 할 수 있지만 날지는 못하지. 모든 일을 잘 하지는 않아. 목재라든가 무거운 석재 등 굉장히 무거운 것들을 옮긴다고 할 때 말을 이용하겠나?"

"아니요, 당연히 코끼리를 이용해야죠."

미니가 말했다.

"그래, 맞아. 무거운 짐을 옮길 경우, 조련만 잘 한다면 코끼리가 제격이지. 하지만 사하라 반대편으로 짐을 옮길 경우에도 코끼리를 이용할 텐가?"

"아니오, 당연히 낙타를 이용해야죠."

미니가 말했다.

"그래, 맞아. 말과 코끼리는 사막 가운데서 죽어버려, 자네들은 오도가도 못 하는 신세가 되지. 하지만 낙타는 사막을 다니는 능력이 뛰어나기 때문에 사하라 반대편까지 갈 수 있지. 낙타는 말처럼 유용하지도, 코끼리처럼 강하지도 않아. 하지만 우직하고, 고집스러우며 어떤 면으로는 오만하다고 할 수 있지. 하지만 사막지대를 지나갈 일이 있으면 낙타를 이용해야 하지."

"맞습니다. 그런데 왜 자꾸 그런 말씀만 하시는지요?"

맥스가 물었다.

"자네들은 매우 유능한 네 명의 세일즈맨을 거느리고 있지. 그걸 지금 말한 짐승에 비유하면 어떨까 싶네. 지금 말한 짐승처럼 그들은 각자 자신의 성격에 가장 어울리는 일들이 있네. 카시우스는 자네를 배불리 먹일 사냥감을 찾기 위해 홀로 창공을 높이 날아다니는 매에 비유할 수 있지. 토비는 매우 특수한 환경에서 큰일을 해내는 낙타에 비유할 수 있지. 벤은 마차를 끄는 등 눈에 보이는 일을 끊임없이 하는 말에 비유할 수 있지. 마지막으로 세일즈 캡틴과 팀원들은 엄청나게 무거운 짐을 옮기는 힘센 코끼리에 비유할 수 있지."

오라클은 잠시 말을 끊었다.

"이제 이 모든 짐승에게 동시에 마구를 달 수 있을지 생각해보게."

"한꺼번에 마구를 단다고요? 그건 말이 안 되죠."

맥스가 말했다.

"그렇게 하면 일이 안 되겠죠. 아니 오히려 더욱 좋지 않은 일이 벌어질지도 모르죠."

미니가 말했다.

"그래, 낮아. 자네들이 찾는 답이 바로 여기에 있네. 회사는 하나인데 자네들은 뛰어난 네 사람에게 동시에 마구를 달려고 하고 있네. 그렇게 해서는 좋은 결과를 기대할 수 없지."

맥스는 한숨을 내쉬었다.

"무슨 말인지 충분히 이해합니다. 하지만 동시에 마구를 달지 않으면 그들을 어떻게 이용할 수 있겠습니까?"

오라클은 잠시 생각에 빠졌다. 그리고 옷에서 초를 하나 꺼내 불을 붙이고 펼쳐진 음식에서 오렌지를 하나 들고 말했다.

"이리들 따라오게."

오라클은 맥스 부부를 깜깜한 동굴에서도 제일 어두운 곳으로 데리고 간 다음 오렌지를 촛불 옆에 갔다댔다.

"이 촛불을 회사라고 생각하고, 오렌지를 바퀴 시장으로 생각하게. 촛불의 불빛은 시장을 감당할 수 있는 회사의 능력이네. 촛불이 오렌지를 어느 정도 밝히는가?"

"반 정도 밝힙니다."

미니가 발했다.

"그래, 맞아. 회사의 경우에 관리하고자 애써야 하는 부분의 최대치가 그만큼이지. 이제 문제는 밝히고 싶은 반쪽이 어디인가 하는 걸세."

오라클이 말했다.

오라클과 맥스 부부는 원래 있던 곳으로 다시 갔다. 오라클은 다시 나뭇가지를 집어 들고 벽에 동그라미를 그렸다.

"이게 바퀴 전체 시장을 나타낸다고 생각해보게."

그리고 바퀴를 사등분하는 그림을 그린 다음 판매 형태에 따라 이름을 붙였다.

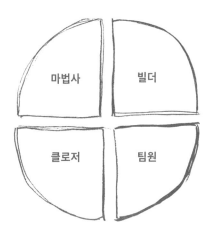

"먼저 비즈니스 대부분은 전체 시장의 4분의 1에서만 이루어지네. 그리고 매출규모는 매우 작지만 수익이 높은 곳에서만 이루어질 때도 있고. 사실 그게 좋은 것이고. 왜냐하면 그게 바로 진정으로 경쟁력 있게 관리할 수 있는 분야이기 때문이지. 최고의 회사는 자신이 최선을 다할 수 있는 곳에만 집중하지."

오라클은 잠시 말을 멈췄다.

"자네들이 경영하는 회사는 어떤 면으로는 내 조언을 잘 받아들여 대단한 성공을 거두었고, 그 성공에 힘입어 이제는 세계 최고의 기업이 되었네. 따라서 시장의 싱딩 부분을 점유할 수노 있네. 하지만 현명하다면 반의 법칙(Rule of Half)을 고수해야 하네. 작지만 번뜩이고, 기술적으로 진보된, 다시 말해 항상 새로운 물결(next wave)을 추구하는 데에 있어 가장 적절한 마케팅 및 영업 전략은 클로저-마법사 유형을 채택하는 거네. 이와 달리 높은 수익을 실현하고자 한다면 마법사-빌더 유형을 결합해야 하네. 다시 말해 우선 새롭게 부상하는 기술을 채택하고, 이것이 시장에서 받아들여질 때까지 마법사 스타일로 영업하고, 이를 빌더에게 넘겨주면 빌더는 판매한 이익으로 남은 자본을 다른 새롭게 부상하는 기술에 투자하는 거지. 가격과 편리성에서 경쟁력이 있을 정도로 표준화될 때까지 말이야."

오라클은 잠시 숨을 몰아쉬었다.

"기업이 시장을 지배하기를 원하는 경우도 있지. 이럴 경우에는 느리고, 점진적이며 예측 가능한 성장에 목표를 두어야 하고, 빌더-팀원 영업 전략을 채택해야 하네. 새로운 기술은 따로 개발하지 않지만, 대부분의 시장에서 새로운 기술을 받아들이는 게 확실할 경우 곧바로 합병, 매수, 인수를 통해 기술을 획득해야 하네. 빌더가 주도해나가도록 하게. 그러나 경쟁으로 인해 옵션이 표준화되고 가격 인하에 대한 압력이 심해지면 세일즈 캡틴-팀원 스타일로 전환하여 기술이 낡아질 때까지 밀고 나가게."

오라클은 지그시 맥스 부부를 쳐다보았다.

"지금까지 말한 단계에 자네들이 경영하는 회사도 들어 있걸세. 회사를 자세히 살핀 다음 회사에 맞는 전략이 어떤 것인지를 정확하게 파악하여 채택하게. 하지만 두 가지 영업 스타일을 유지하려 한다면 1차 시장(primary market)과 2차 시장(secondary market)을 가지고 있어야 한다는 점에 유념하게. 2차 시장이 있다면 1차 시장의 절반에 해당하는 수익을 기대할 수 있다네. 그리고 3차 시장까지 유지하려 하면 3차 시장에서 손실을 보게 된다는 점을 유념하게."

맥스는 고개를 끄덕이며 오랫동안 깊은 생각에 잠겼다가 마침내 입을 열었다.

"우리가 네 개 시장을 모두 이용하면 왜 안 되는 거죠?"

"그거야 간단하지. 어떤 기업도 모든 고객을 만족시킬 수 없기 때문이지. 세일즈맨들과 점심을 먹으면서 알게 되었듯이 세일즈맨의 욕구와 시장의 욕구 그리고 고객의 욕구는 상당히 모순이지. 자네는 그 모든 갈등을 충분히 관리할 수 없다네. 4분의 1이나 2분의 1에서 최선을 다하여 리더가 되도록 하게. 그럼 이제들 가보게. 행운이 있기를 바라네."

그 말과 함께 오라클은 어둠 속으로 사라졌다.

또 하나의
혁신적인 기술

"세일즈 캡틴이 회장님을 만나러 오셨습니다."

미니는 비서에게 고맙다고 말했고 맥스 부부는 인사를 하기 위해 자리에서 일어섰다.

"팀장님, 앉으시죠. 긴히 할 말이 있어서 이렇게 오시라고 했습니다."

"무슨 일 때문이죠?"

"팀장님, 어떻게 감사의 말을 전해야 할지 모를 정도로 지금까지 괄목할 만한 성과를 올리셨습니다."

"그렇게 생각해주시니 오히려 제가 고맙습니다. 항상 그렇듯이 최선을 다했을 뿐입니다."

"팀원들과 함께 지금까지 불철주야 수고를 해주셨지만 우리 부부는 직판점(메가마트)을 그만 정리해야겠다고 마음을 굳혔습니다."

"그게 무슨 말씀이죠?"

"정말 팀장님은 말로 표현할 수 없을 정도로 팀원들을 잘 관리하셨습니다. 모르긴 몰라도 우리 시대 최고의 세일즈맨이라고 할 수 있겠죠."

맥스가 말했다.

"솔직히 몇 년 동안의 실적을 보면 팀원들도 최고였고요."

미니가 거들었다.

"팀장님, 사실은 이제 우리는 도저히 경쟁할 수 없습니다. 물론 이 말이 정확히 맞는 것은 아니지만 말입니다. 좀 더 정확히 말하자면 앞으로 더 좋은 기회가 보이지 않는 일용품 시장에서 현재의 가격으로 경쟁하고 싶지 않다는 말입니다."

"우리의 제안을 받아들이시면 충분한 보상과 함께 더 많은 책임을 가지고 일할 수 있는 자리를 드릴까 합니다."

미니가 말했다.

"새로운 자리를 제안한다고요? 죄송합니다만, 저를 해고하시려는 겁니까, 저를 승진시키려는 겁니까?"

"둘 다입니다. 메가마트 주식회사의 사장 겸 CEO가 되어주셨으면 합니다."

메가마트 체인을 독립 법인으로 분리하기로 했습니다. 거기서 능력을 보여주셨으면 합니다. 그렇게 되면 상당한 자본을 핵심 사업 부문의 지배력을 구축하는 데 투자할 수 있을 겁니다."

미니가 말했다.

"게다가 맥시멈 주식회사의 정책을 따르지 않고 맥시멈 제품 이외에도 중국제, 인도제, 로마제 등 고객이 원하는 것을 뭐든지 팔 수 있습니다."

맥스가 말했다.

"그런 조건이라면 수락하겠습니다."

팀장이 말했다.

"좋습니다. 팀장님은 지금까지 많은 일을 하셨고 최선을 다하셨습니다. 앞으로는 이 문제를 가지고 항상 논의해나가도록 합시다. 이번 일에 최선을 다해주시기를 다시 한 번 부탁드립니다."

"고맙습니다."

팀장이 말했다.

그가 나간 뒤에 맥스는 미니에게 말했다.

"일이 잘 된 것 같은데, 이제는 다른 사람들과 상의를 해야지."

"어서 오세요, 벤 씨, 여기 앉으시죠."

"왜 그렇게 심각한 표정을 짓고 계세요?"

미니가 물었다.

"지금 막 복도에서 나가던 세일즈 캡틴과 마주쳤는데, 상당히 기쁜 표정을 짓고 있어서요. 이번 미팅이 아무래도 저에게는 좋지 않을 것 같군요."

벤이 말했다.

"그렇게 말씀하시니 솔직히 이야기하겠는데, 사실 우리 부부는 몇 가지 중대한 결정을 했습니다. 그 가운데 하나가 빌더 그룹을 우리 회사의 미래의 핵심 사업으로 성장시키겠다는 것입니다."

맥스가 말했다.

벤은 지금 말한 것이 도저히 믿겨지지 않는 듯이 그 자리에서 벌떡 일어났다.

"다시 한 번 말씀해 주시겠습니까?"

"들으신 그대로입니다. 벤 씨를 비롯한 빌더들이 미래의 우리 사업의 주역이 됩니다."

맥스가 말했다.

이어서 미니는 "벤 씨에게 부탁이 하나 있습니다. 제 예감이 맞다면 우리가 제안한다 하더라도 최고 경영진 자리는 원하시지 않겠죠?"라고 말했다.

"사실 그런 자리를 차지하고 싶은 마음이 없다고 하면 거짓말이겠죠. 하지만 솔직하게 말한다면 그런 자리에 앉고 싶은 마음은 전혀 없습니다. 경영이라는 것은 따분하기 그지없고, 제가 하고 싶은 대로 하는 데에는 영업만한 게 없습니다."

"이제 더 이상 아무 말씀도 하지 마세요. 그 정도면 충분히 벤 씨의 마음을 이해합니다."

맥스가 말했다.

"하지만 우리는 어떻게 해서든지 벤 씨에게 좀 더 좋은 자리를 주고자 합니다. 우리는 벤 씨를 부회장으로 추대할 생각을 가지고 있습니다. 벤 씨가 여전히 우리의 최대 고객과 지속적으로 관계를 가지게 될 겁니다. 이제부터 새롭게 하실 일은 우리 세일즈맨들이 고객에게 더 큰 가치를 제공할 수 있는 방법을 지속적으로 찾아보는 것입니다."

미니가 말했다.

"정말 분에 넘치는 자리를 주신 점에 대해 대단히 감사드립니다."

"지금 자리에 연연해서는 안 된다는 점을 말씀드립니다. 새로운 고객을 찾는 데에 최선을 다해야 할 것입니다. 조만간 몇 가지 제품을 출시할 예정입니다."

맥스가 말했다.

"걱정 붙들어 매십시오. 참, 생각하고 있는 제품은 어떤 것입니까?"

"함께 제품을 보러 가십시다."

세 사람은 구불구불한 대리석 홀을 지나 창으로 무장한 경비들이 지키는 무거운 철제 문 앞에 이르렀다. 세 사람이 오자 경비들은 옆으로 비켜섰고, 맥스가 문을 열고 세 사람은 안으로 들어갔다.

그들 세 사람은 마술사, 마법사(기술진) 그리고 조수들이 여러 가지 신비로운 발명품과 실험용 장치를 개발하느라 정신없이 일을 하고 있는 동굴 같은 실내로 들어갔다. 그 사람들 가운데 토비가 있었다.

토비는 벤이 한 번도 보지 못한 이상한 장치 가까이로 갔다.

"그게 뭐죠?"

벤은 토비의 어깨 너머를 바라보며 물었다.

"우리의 미래를 책임지게 될 제품입니다."

맥스가 말했다.

"가장자리에 홈이 있는 두 개의 바퀴 같아 보이는데요?"

"맞습니다. 이것을 우리는 '기어'라고 부르고 있어요. 제가 보여 드릴게요."

토비가 커다란 기어에 붙어 있는 손잡이를 돌렸고, 큰 기어가 돌아가자 맞물린 채로 작은 기어도 돌아갔다.

"보신 것처럼 기어 하나가 돌아가면 다른 기어도 돌아갑니다. 작은 기어가 큰 기어보다 훨씬 빨리 돌아간다는 점을 눈여겨봐야 합니다. 즉, 회전력을 이용하면 속도가 빨라질 수 있다는 것입니다."

토비가 말했다.

"그렇군요. 그런데 이 기어를 어디에 사용하죠?"

벤이 물었다.

"여기를 잘 보세요."

가까이에 있는 다른 장치를 돌리면서 맥스가 말했다.

"연마용 바퀴입니다. 크랭크-기어 구성에 의해 돌아가는 예전의 석재 바퀴 가운데 하나입니다. 크랭크를 돌리면 기어가 바퀴를 돌려서 칼이나 가위 등 모든 금속을 얇게 만들 수 있습니다."

"이제 시작입니다. 기어는 두 개의 롤러를 돌리게 하여 금속판을 납작하게 할 수 있습니다. 선반이나 다양한 종류의 압연기에

"도대체 그게 뭐죠?"
"우리의 미래를 책임지게 될 제품입니다.
바로 '기어'라는 거예요."

사용될 것입니다. 기어는 온갖 종류의 제품을 생산할 수 있는 '기계'라고 하는 유용한 장치에 필요한 부품이 될 겁니다."

토비가 말했다.

"예, 그렇기는 한데……."

벤이 말했다.

"하지만 우리는 기어에만 미래를 걸지는 않습니다. 토비 씨, 우리가 개발하고 있는 다른 제품을 보여주시죠."

맥스가 말했다.

"먼저 이것부터 설명하겠습니다."

토비가 말했다.

"이게 바로 '도르래'라고 하는 것입니다. 우리는 도르래를 이용하여 크게 힘을 들이지 않고 무거운 물건을 들어 올릴 수 있습니다."

토비가 말했다.

"뱃사람들 같은 경우 무거운 돛을 들어 올릴 때 도르래를 사용할 수 있을 겁니다."

맥스가 말했다.

"이게 바로 제가 제일 자랑하는 제품입니다. 물레방아입니다."

미니가 말했다.

토비는 벤에게 물의 무게를 운동으로 전환시키는 데 사용되는 바퀴 모델을 보여주었다.

"정말 놀랍군요."

벤이 말했다.

"이 모든 것이 현재는 최첨단 기술입니다."

맥스가 말했다.

"이 기술이 실제로 이용된다면 우리 마법사들(기술진)은 이 기술로 최첨단 제품을 만들 것입니다. 우리 마법사들이 첨병 역할을 한다고 할 수 있습니다. 마법사들이 개발한 신제품은 이 같은 신기술이 표준화되어 시장에서 받아들여질 뿐만 아니라 대량생산 제품으로 변할 때까지 역할을 합니다. 그 후에는 벤 부회장님과 같은 빌더들이 시장을 주도하게 되는 것입니다. 빌더들은 상업적으로 가장 잠재력이 있는 기술을 원하는 고객들에게 판매하게 되는 것입니다. 이제 아시겠죠?"

"물론입니다."

벤이 말했다.

"결국 여기 있는 제품 중 일부만이 표준화되고, 단순화되고, 손쉽게 생산되어 일용품이 될 것입니다. 바로 이때 우리는 이 같은 제품라인을 일용품에서 최고의 수익을 올릴 수 있도록 다른 비즈니스(회사)에 매각하는 것입니다. 수익이 높은 제품 라인만 고집하여 우리는 새로운 기술과 새로운 제품 개발에 투자할 수 있는 것입니다."

"와우, 마치 끝없이 계속해서 반복할 수 있는 사이클처럼 들립니다."

"그게 바로 기본 아이디어입니다."

"정말 대단합니다."

"사실 우리는 모두 대단하다고 생각하고 있습니다. 이제 하나만 논의하면 되겠죠. 토비 씨."

"왜 그러시죠?"

"토비 씨는 맷돌을 비롯하여 여러 가지 바퀴 시스템을 몇 년에 걸쳐 정말이지 엄청나게 팔아왔습니다. 그런데 집사람과 나는 토비 씨한테 이제 다른 자리를 맡길까 합니다."

"왜 다른 일을 맡기려는 거죠?"

"지난번에 교통사고를 당하면서 점점 나이를 먹어간다는 사실을 절실하게 깨달았기 때문입니다. 이제 집사람과 함께 그만 경영 일선에서 물러나고 싶습니다. 그리고 토비 씨가 우리 회사의 회장 겸 CEO를 맡아주었으면 합니다. 처음에는 벤 씨에게 맡기려고 했지만 벤 씨는 경영보다는 영업에 적격이라는 사실을 알게 되었습니다. 이외에도 새로운 전략을 세워놓은 상태에서 집사람과 저는 새로운 기술을 제대로 이해하고 평가할 수 있는 사람이 경영을 했으면 싶습니다. 따라서 토비 씨가 회장 자리를 맡아주면 우리로서는 더할 나위 없이 좋겠습니다."

전설에 의하면 너무 기쁜 나머지 토비가 실내 한쪽 끝에서 다른 쪽 끝까지 재주넘기를 했다는 이야기가 있다. 실증적 역사 연구자들은 재주넘기는 100년 후 로마의 서커스에서 처음 나타났다면서 이 같은 사실을 부인한다.

하지만 그게 뭐 그리 중요한가?

클로저 카시우스는 어떻게 되었을까?

맥스는 사무실에 돌아와 소파에서 꿈을 꾸면서 깊은 잠을 자다가 "밖에 잠깐 뵙자는 손님이 와 있습니다"라는 비서의 말에 잠에서 깨어났다.

"그래, 누굽니까?"

"클로저 카시우스라고 합니다."

"어서 안으로 모시죠."

곧바로 카시우스가 모습을 드러냈고, 바로 뒤에 조수인 듯한 사람이 적색의 대형 실크 시트로 가려진 어떤 장치를 밀고 들어왔다.

"카시우스 씨, 만나서 반갑습니다. 그래 좀 어떠십니까? 다음 주에 점심이나 하자는 전갈을 보내려고 했습니다. 그런데 솔직히 우리 회사의 업무가 너무 많이 변해서 우리가 함께할 수 있는 일이 많지는 않을 것 같습니다. 우리는 지금까지 서로 좋은 관계를 유지했습니다. 고마운 마음을 표현하고 싶었습니다."

카시우스는 그 말에 개의치 않았다.

"하하, 너무 신경 쓰지 마십시오. 회장님이 시간만 내주신다면 언제든지 달려오겠습니다. 아무튼 바퀴를 판매한 것은 우리의 가장 뛰어난 성과였습니다. 하지만 지금 제가 여기 바퀴보다 더 뛰어난 제품을 가지고 왔습니다."

"바퀴보다 뛰어난 것이라뇨?"

"회장님, 먼저 한 가지 질문을 하고 싶습니다. 딱 한 가지 질문입니다. 물이 언덕 위로 흐를 수 있을까요?"

"물이 언덕 위로 흐를 수 있냐고요?"

맥스는 반문했다.

"글쎄요, 그럴 수는 없을 것 같군요."

"하지만 가능합니다. 그리고 그것을 증명하기 위해 도구까지 가지고 왔습니다."

카시우스는 적색의 대형 실크 시트를 벗겨내자, 물이 가득 들어 있는 큰 통이 나타났다. 그것 위에 올려져 있는 플랫폼에는 빈 물통이 있었다. 물이 들어 있는 큰 통과 빈 물통 사이에는 (곁에서는 보이지 않지만) 나선형으로 구리판이 감겨져 있는, 두꺼운 관으로 이루어진 장치가 있었다. 막대기의 높은 끝에 손잡이가 있었고, 카시우스가 그것을 돌리기 시작했다.

"얼마나 대단한지 직접 눈으로 확인하시죠!"

자신이 하고 있는 일을 카시우스는 웅변적으로 표현했다.

카시우스가 손잡이를 계속해서 돌리자 물이 관을 따라 흘렀고 위에 있는 빈 통으로 솟구쳤다.

"정말 놀랍지 않습니까?"

카시우스가 말했다.

"정말 대단합니다, 정말이요."

"회장님, 간단한 장치이지만 이것은 물을 수송하는 것에 일대 혁명을 가져오게 될 겁니다. 현재 샘이 없거나 물이 부족한 곳에 사는 사람들은 노예를 시켜 물통으로 물을 수송하고 있습니다. 하지만 이 장치는 물을 간단하면서도 쉽게 그리고 지속적으로 수송

할 수 있습니다."

"예, 맞아요. 그런데 이름이 뭐죠?"

맥스가 물었다.

"펌프라고 합니다."

"펌프요!"

"바로 조금 전에 보여드린 게 바로 펌프입니다. 시실리에 놀러 갔는데, 거기서 아르키메데스라는 그리스 사람을 만났습니다. 파티에서 친구들이 그 사람을 소개해주어 우리는 자연스럽게 말을 나누었습니다. 그런데 이야기 도중 그가 원주율을 계산한 천재 중의 천재라는 생각이 들었습니다. 그래서 그 사람에게 직접 개발한 것 중에서 실제 생활에 활용할 수 있을 만한 것은 없는지 물어보았는데, 그 친구가 자기 나라 시라큐스가 로마군에 의해 포위되어 로마군과 싸우는 데 많은 힘이 된 것이 있다고 말했습니다. 그래서 제가 그게 뭐냐고 물어봤습니다. 그러자 그 사람이 '펌프'라고 하더군요."

이렇게 해서 또 다른 바퀴가 다시 돌기 시작했다.

마케팅 전략 수립을 위한 로드맵

　이 책은 기술만 알던 맥스가 오라클 오지를 만나 마케팅 및 세일즈에 대해 배우고 다양한 세일즈맨들을 만나 세계 최고의 기업을 탄생시키는 과정을 담고 있다.

　우리가 실재 시장에서 부딪히는 판매 상황은 지금까지 읽은 내용에서 크게 벗어나지 않는다. 지금까지 읽은 이야기에는 네 가지 유형의 세일즈 기법(클로저 카시우스 형, 토비 형, 빌더 벤 형, 세일즈 캡틴과 팀원 형)과 네 가지 유형의 시장상황(새로운 기술의 탄생기, 고속성장기, 점진적인 성장기, 성숙기)이 등장한다. 자신이 지금 처해 있는 시장의 상황과 자신이 펼치고 있는 세일즈 유형을 곰곰이 생각해보라. 만약 네 가지 유형 중 한 가지 유형과 일치한 모습으로 가고 있다면 마케팅 및 세일즈를 제대로 하고 있는 것이다. 반면에 엇갈린 길을 가고 있다면, 쉽게 말해 시장은 토비의 판매 방식을 원하는데 세일즈 캡틴의 판매 방식을 고수하고 있다면 앞으로 큰 문제가 터질 가능성을 품고 있다. 기술의 변화에 따라 마케팅 전략과 세일즈 기법도 바꿔야 한다. 다음 표들을 보며 시장이 요구하는 세일즈 기법에 대해 생각해보자.

시장 상황에 따라 기술은 어떻게 달라지는가

1. 탄생

· 기술은 새롭고 혁신적이지만, 모든 사람들에게 생소할 뿐이다.

· 제품은 기본적인 기능 외에 몇 가지 부가기능이나 옵션만을 가지고 있을 뿐이다.

· 상대적으로 소수 사람만이 이 단계의 기술이 가지는 장점과 가치를 알고 있다. 기술이 더 발전하면 소수의 사람은 곧바로 기술의 신봉자가 된다.

2. 고속성장

· 기술은 하루아침에 갑작스럽게 향상되는 경우가 많다. 이 같은 향상에 힘입어 옵션이 많아지고 기술은 더욱 정교해진다. 많은 사람들이 현재 기술에 만족하고 있지만 지속적으로 기술을 개발해야 한다.

3. 점진적인 성장

· 기술이 광범위하게 사용된다. 기술은 시장 깊숙이 침투하고 잠재적인 시장 대부분에서 받아들여진다. 기술은 계속해서 발전하지만 발전 정도는 점차 작아진다.

· 제품의 기능은 많아지고 옵션이 마케팅 수단이 된다.

· 이제 제품을 구매하고 사용하는 사람들은 성능 하나하나에 정통하며 성능에 대해 상당히 높은 수준의 대화를 나눌 수 있으며 제품의 모든 면에 대단히 민감하다.

4. 성숙

· 기술은 표준화되며 업계에서 거의 일반화되어 통용된다.

· 기술의 향상은 더 이상 이루어지지 않는다. 사람들은 오히려 기술이 더 향상되는 것에 저항한다.

· 기능과 옵션이 기본제품에 표준이 되어감에 따라 기능과 옵션의 선택폭이 작아진다.

· 점차 사용법이 쉬워진다. 심지어 지능이 떨어지는 사람조차도 제품을 간편하게 사용할 수 있다.

· 새로운 기술이 등장해 기존 기술을 퇴출시킬 가능성이 생긴다.

시장 상황에 따라
고객은 어떻게 달라지는가

1. 최초 구매자

· 모든 면에서 최고가 되려고 하는 사람들.

· 기회를 혼자서만 사용하기를 원한다. 최고의 특권을 누리려 하며 독특한 것을 좋아한다.

· 혁신적인 기술과 서비스를 원한다.

· 전에 이 기술을 접해본 적이 없는데도 세일즈맨의 도움을 받지 않고 혼자서 척척 사용할 수 있을 정도로 지식과 자원이 풍부하다.

2. 발전 지향적인 고객

· 향상된 솔루션과 성능을 원한다.

· 상당한 능력을 갖추고 있거나 갖추기 위해 불편함과 비용을 감수한다.

· 저마다 요구에 맞추어 최첨단 제품을 구매한다.

· 구매 결정을 내리기 위해 세일즈맨의 전문적인 설명을 요구하는 최초의 구매자이다.

3. 인간관계를 중시하는 고객

· 제품을 사용해본 적이 있어 제품에 대해 상당한 지식을 갖고 있다.

· 자신에게 필요한 기능이 무엇인지 정확하게 알고 있다.

· 자기만의 필요성에 맞추어 기능과 인도 조건을 바꿔보려고 한다.

4. 표준화된 고객

· 저렴한 가격의 표준 제품을 선호한다.

· 고민하지 않고 신속하게 구매한다.

· 대중이 선호하는 제품을 구매한다. 제품이나 인도 조건에 특별한 옵션을 바라지 않는다.

· 제품에 결점이 있어 만족하지 못할 경우 애프터서비스를 신속하게 받는다.

책에 등장하는
네 명의 세일즈맨 비교분석

성격 및 특기

클로저 카시우스

· 매우 정력적이며 외향적이다. 처음 만나는 사람을 쉽게 고객으로 만든다. 언제 어디서나 거래를 성사시킬 준비가 되어 있다.

· 시장에 등장하는 신제품에 관한 정보를 완벽하게 수집한다.

· 성공하려는 집념이 강하다. 돈에 대한 욕심이 많을 뿐 아니라, 세상을 변화시키려는 포부가 강하다.

· 주로 프레젠테이션을 해서 거래를 성사시킨다. 자신이 파는 제품을 구매하면 미래에 꿈같은 생활을 하게 될 것이라 설명한다.

마법사 토비

· 자신만만하며 순발력이 탁월하다. 팀원도 될 수 있고 팀 리더도 될 수 있다. 다양한 고객에게 필요한 저마다의 독특한 솔루션을 제공한다. 복잡한 문제를 쉽게 푸는 능력이 있다.

· 영업을 경영진으로 올라가는 디딤돌로 본다. 모든 일의 중심에 있기를 좋아한다.

· 복잡한 인간관계를 관리하는 데 뛰어나며 커뮤니케이션 기술이 탁월하다.

인간관계 구축자 빌더 벤

· 시민정신이 강하며 유쾌하고 사람을 좋아한다. 열심히 일하며 행복한 가정생활을 즐긴다. 매사에 긍정적이다.

· 세일즈 자체를 즐기는 동시에 조직의 안정과 소속감을 중시한다. 기업을 상대로 세일즈 하는 것을 좋아한다.

· 고객의 불만을 해결하고 거래를 성사시킨다. 고객과의 관계를 돈독하게 하고 지속적인 비즈니스 관계를 구축하는 능력이 있다. 항상 고객이 먼저 다가오게끔 유도한다.

세일즈 캡틴과 팀원들

· 쾌활하며 외향적이고 매사에 낙관적이다. 고객과 전혀 다를 바 없는 일상을 사는 사람들로, 매우 현실적이다.

· 편안한 분위기를 연출하는 데 탁월하다.

· 회사에서 기대하는 이상으로 잘 하려고 하지 않는다.

· 하루하루 재미있게 지내기 위해 열심히 돈을 모은다.

· 고객 서비스에 만전을 기한다. 직장에서 받은 피로를 푸는 재주가 뛰어나다.

시장 상황에 따른
판매 전략

클로저 카시우스

시장 기회: 전체 시장의 1퍼센트만 공략할 수 있다.

시장 상황: 탄생기 시장 대부분 고객이 차갑게 반응한다. 경쟁상대가 거의 없거나 전혀 없다. 당분간 시장을 혼자서 독차지한다.

판매 전략: 꿈을 구축한다. 고객의 환상과 욕망을 자극한다. 흥분을 자극하여 고객의 두려움을 떨쳐버린다.

마법사 토비

시장 기회: 전체 시장의 20퍼센트까지 공략할 수 있다.

시장 상황: 고속성장 시장 최첨단 기술이 처음 진입하는 시장. 만나는 고객 대부분은 반응이 신통치 않았다. 새로운 성능을 반갑게 맞이하는 고객도 있지만 대부분 고객은 그것의 필요성에 의문을 갖거나 가격에 저항한다.

판매 전략: 매번 3~5년에 걸쳐 제품을 재개발한다.

인간관계 구축자 빌더 벤

시장 기회: 시장의 70퍼센트까지 공략할 수 있다.

시장 상황: 점진적인 성장 시장 경쟁업체가 무수히 많다. 시장은 이미 달구어져 있다. 수많은 세일즈맨이 시장을 차지하려 덤벼든다. 성공하려면 다른 세일즈맨이 그냥 지나치는 틈새시장을 찾아야 한다.

판매 전략: 고객과 개인적으로도 친하게 지낸다. 창조적인 문제 해결, 신뢰할 수 있는 유통 체계, 세밀한 것에 대한 관심 등에 기반한 돈독한 관계를 발전시킨다.

세일즈 캡틴과 팀원들

시장 기회: 최대 94퍼센트까지 공략할 수 있다(나머지 6퍼센트는 새로 진입하는 기업과 특별한 지원이 필요한 고객이다).

시장 상황: 성숙기 시장은 규모의 경제를 갖추고 있는 거대한 조직이 있는 3~4개의 대형 공급업체가 지배하고 있다. 이 시점에서 새로운 비즈니스로 시장에 진입하려면 기존의 경쟁업체와 길고도 힘든 싸움을 벌여야 한다.

판매 전략: 고객이 구매 결정을 쉽게 내릴 수 있도록 한다. 판매에 장애가 되는 요소를 제거하는 데 최선을 다한다.

판매 접근 방식

클로저 카시우스

품목이 독특하고 고가일지라도 간단한 방법으로 고객을 유인한다. 한두 번의 만남으로 거래를 성사시킨다.

구매자/판매자 관계: 보통 판매를 하기 전에 만나본 적이 없다. 판매 후에도 만나지 않는다. 한 번 거래가 성사되면 그것으로 끝이다.

스타일: 매우 정력적이며 쉽게 흥분한다. 제품 자체보다는 비전, 꿈, 희망을 판다.

마법사 토비

무엇을 판매하든 과정이 복잡하다. 한두 번의 만남으로 거래가 성사되지 않고 수개월이 걸린다.

구매자/판매자 관계: 전에 거래를 한 적은 없지만 프로젝트를 수행하는 동안에 돈독한 관계를 맺는다. 판매 후에는 양측이 다른 길을 갈 수 있다.

스타일: 전문적이고 발전 지향적이며 상대를 가르치려고 한다. 자기가 상대방보다 기술적으로 우위임을 드러낸다. 복잡한 문제를 쉽게 푼다.

인간관계 구축자 빌더 벤

거래가 수년에 걸쳐 성사된다.

구매자/판매자 관계: 첫 거래가 이루어지기 전부터 앞으로 서로 신뢰할 수 있도록 깊은 관계를 맺는다.

스타일: 다정다감하고 친절하며 장기적인 필요에 의해 접근한다. 거래를 성사시키기 위해 먼 거리도 마다하지 않고 가는 자세를 가지고 있다.

세일즈 캡틴과 팀원들

고객과 세일즈맨과의 인간관계는 보통 짧은 만남으로 끝나지만 고객을 사로잡은 감동은 몇 년이고 지속될 수 있다.

구매자/판매자 관계: 피상적인 관계이다. 진정한 관계는 고객과 브랜드 간에 이루어진다.

스타일: 고객에게 정중하며 친절하다. 고객이 기분 좋게 그리고 신속하게 구매할 수 있도록 한다.

마케팅

클로저 카시우스

이상적인 회사 이미지: 첨단을 상징하며 개척정신이 뚜렷하다. 자금이 풍부할 뿐만 아니라 엄청난 성공을 불러올 잠재력을 갖고 있다.

거래를 성사시키려면: 기술을 직접 보여주고 잠재력을 공개해야 한다. 광고회사를 통해 이벤트를 연출한다. 고객으로부터 수차례 거절을 당한다.

선호하는 고객: 다른 사람에게 결재를 받을 필요가 없는 최고 의사결정자와 직접 대면한다.

마법사 토비

이상적인 회사 이미지: 스마트하고 발전지향적이며 타회사에 비할 수 없을 정도로 뛰어나고 향상된 기술력을 보유하고 있다. 시장의 표준보다 훨씬 뛰어난 고객 시스템을 제공한다.

거래를 성사시키려면: 가급적 제품을 널리 알린다. 업계 잡지에 자신의 이름으로 칼럼을 쓰기도 한다. 잠재고객에게 제품을 알리는 우편물을 발송한다. 기술 성과를 공개적으로 알린다. 세미나 등을 개최한다.

선호하는 고객: 동시에 여러 유형의 고객과 거래하는 경우가 많다. 그 조직에 맞는 적절한 접촉법을 연구해야 한다.

인간관계 구축자 빌더 벤

이상적인 회사 이미지: 신뢰가 두터우며 다년 동안의 경험이 축적되어 있다. 설립된 지 오래 되었으나 낡지 않았다. 현재의 표준을 유지하는 것을 선호한다.

거래를 성사시키려면: 무료로 서비스를 제공하고 인간관계를 이용하여 새로운 잠재고객과 접촉한다.

선호하는 고객: 들인 시간과 노력을 헛되게 하지 않기 위해 여러 차례 비즈니스를 반복할 수 있는 가능성이 있는 최고의 고객을 찾는다.

세일즈 캡틴과 팀원들

이상적인 회사 이미지: 검소하고 효율적이다. 상상할 수 없을 정도로 저렴한 가격에 품질을 제공한다. 어디서나 쉽게 찾아볼 수 있으며 시장을 지배하고 있다.

거래를 성사시키려면: 판촉품을 자주 제공하고 광고를 대대적으로 한다. 쿠폰과 기타 가격 인센티브를 제공하고 가끔 폭탄 세일도 한다.

선호하는 고객: 신용카드만 있으면 OK.

판매 방식

클로저 카시우스

세일즈 프레젠테이션: 지나치다 싶을 정도로 많은 비용을 들여 흥밋거리를 제공한다. 심지어 드라마틱한 효과를 쓰기도 한다.

일반적인 이의: "검증되지도 않은 새로운 물건에 내가 왜 그렇게 많은 돈을 써야 하죠?", "이 제품이 정말 제가 원하는 기능을 완벽하게 제공합니까?"

이의 해결 방법: 이 제품을 사면 앞으로 엄청난 기회가 올 것이라는 느낌을 준다. 꿈을 팔 뿐 세세한 것은 신경 쓰지 않는다.

거래 성사: 프레젠테이션을 마친 후 곧바로 고객에게 살 것인지를 물어본다. "예"라고 대답할 시간을 오래 주지 않는다. 고객에게 감정적으로 강하게 호소한다.

마법사 토비

세일즈 프레젠테이션: 형식적인 태도를 취하는 경향이 강하다. 세련된 시청각 자료와 안내물을 반드시 준비한다.

일반적인 이의: "높은 비용과 급진적인 변화로 인한 고통보다 이익이 많은가?", "이것이 정말 최고의 솔루션인가?"

이의 해결 방법: 제품을 사용했을 때의 실익을 구체적인 데이터를 제시

하며 보여준다. 고통보다 이익이 많을 것이라고 합리적으로 설득한다.

거래 성사: 최초 거래일을 제시한다. 제품의 성능을 직접 보여주기 위해 소규모의 시험 프레젠테이션을 연다.

인간관계 구축자 빌더 벤

세일즈 프레젠테이션: 주로 골프 코스나 고급 식당에서 프레젠테이션을 한다. 표준 정도의 제품을 뛰어나게 설명한다.

일반적인 이의: "우리가 특별히 요구하는 인도 조건을 준수할 수 있습니까?"

이의 해결 방법: 고객을 아낌없이 지원하고 협조한다. 특별한 요구를 잘 수용하고 조정한다.

거래 성사: 고객에게 필요할 때 그 자리에 있어야 한다. 악수만으로도 거래를 성사시킬 수 있다.

세일즈 캡틴과 팀원들

세일즈 프레젠테이션: 간단하고 짧게 기능과 옵션만을 설명한다.

일반적인 이의: "이 가격이 정말 제일 싼 가격인가?", "구매한 후 제품에서 하자를 발견하면 어떻게 해야 하나?"

이의 해결 방법: 경쟁업체의 가격에 맞추거나 경쟁업체의 가격과 비교하여 가능한 싼 가격에 공급한다.

거래 성사: 고객이 구매한 후 타사제품보다 싼 가격에 샀다는 느낌을 갖도록 한다. 반품정책, 최저가 보장제도 등을 도입한다.

이야기로 배우는 세일즈와 마케팅의 모든 것

마케팅 천재가 된 맥스

초판 1쇄 발행 2003년 10월 23일 **초판 45쇄 발행** 2018년 6월 8일
개정판 1쇄 발행 2018년 11월 12일 **개정판 10쇄 발행** 2024년 8월 21일

지은이 제프 콕스, 하워드 스티븐스
옮긴이 김영한, 김형준
펴낸이 최순영

출판2 본부장 박태근
W&G 팀장 류혜정
디자인 this-cover.com

펴낸곳 (주)위즈덤하우스
출판등록 2000년 5월 23일 제13-1071호
주소 서울특별시 마포구 양화로 19 합정오피스빌딩 17층
전화 02) 2179-5600
홈페이지 www.wisdomhouse.co.kr

ISBN 979-11-6220-285-2 [03320]